KB263727

브릭 원더스

목차

브릭 원더스에 오신 것을 환영합니다

나는 레고 팬으로서 수많은 레고 쇼와 대회, 전시회에 참가했다. 성에서부터 선착장, 우주선, 용에 이르기까지 레고로 표현한 거의 모든 작품을 봤다고 확신한다. 그래서 《브릭 시티Brick City》의 속편을 쓸 기회를 잡았을 때 나는 수천 년의 역사와 지구 상의 모든 대륙을 아울러 가능한 한 폭넓게 다루는 것이 당연하다고 생각했다. 그리하여 우리는 브릭으로 만든 전 세계의 불가사의를 선보일 수 있었다.

원래 고대 7대 불가사의 목록은 기원전 450년경 역사학자 헤로도토스가 엮은 것으로 알려졌다. 그 당시에는 현재 알려진 7대 불가사의 중 6가지만 목록에 포함되어 있었다. 알렉산드리아의 등대가 세워지기 전이었으므로 그 대신 바빌론의 이슈타르 문이 목록에 들어 있었다. 현재 우리가 알고 있는 7대 불가사의 그룹이 형성되도록 중세 시대에 이슈타르 문 대신 알렉산드리아의 등대를 목록에 포함한 것을 보면 숫자 7은 그 당시에도 특별한 의미가 있었다.

고대의 세계 7대 불가사의는 고대의 건축물들이다. 더 명확히 이야기하자면 대부분 유럽의 건축물이다. 아메리카와 극동 아시아, 오스트랄라시아(오스트레일리아, 태즈메이니아, 뉴질랜드 및 그 부근의 남태평양 제도를 통틀어 이르는 말) 지역의 역사적 기록은 아직 학자들에게 도달하지 않은 때였다. 따라서 나는 《브릭 원더스》에 7대 불가사의와 함께 현대(그리고 더 많은 고대)의 불가사의 몇 가지를 추가하기로 했다.

이 책의 첫 장에서는 고대의 7대 불가사의를 내가 좋아하는 형식, 즉 레고 브릭으로 재현한다. 나는 각각의 불가사의를 그 규모와 장엄함이 드러나도록 재현했으며 일부 작품에는 집에서 직접 만들어볼 수 있도록 자세한 조립 방법을 곁들였다. 고대 불가사의 대부분은 더는 존재하지 않으며 그중 몇몇은 역사에서 완전히 지워졌다. 그러므로 이 건축물들의 모습은 내가 가진 어느 정도의 지식을 바탕으로 추측을 더하여 완성했다는 점을 고려해주길 바란다.

다음 장에서는 다른 지역의 고대, 즉 고대의 학자들이 몰랐던 지역을 살펴본다. 내가 역사 속에서 선택한 7대 불가사의를 따라 남아프리카와 중국, 중동, 중세의 런던을 찾아간다. 이 불가사의들은 기술과 디자인에서 놀라운 위업을 이룩하고자 했던 인간의 노력과 독특한 지형이 결합하여 생긴 결과물이다.

《브릭 원더스》 3장에서는 이야기를 현시점으로 끌어와 현대의 불가사의를 살펴본다. 세상을 바꾸었거나 혹은 지구를 떠나는 일까지 가능하게 해준 7가지 발명품이다. 인터넷부터 미디어, 교통수단, 의학 기술에 이르기까지, 현대의 7대 불가사의는 우리가 사는 세상의 구조를 바꾸었고 지금의 생활양식을 영위하게 해주었다. 국제 우주 정거장 근처로 날아갈 때는 지구를 잠시 떠나는 일까지 벌어진다.

책의 마지막 장에서는 다른 어떤 불가사의들보다 더 오래된, 내가 자연에서 고른 세계의 7대 불가사의를 둘러본다. 이 장에서 우리는 지구 상에서 가장 먼 지역을 찾아간다. 그레이트배리어리프(오스트레일리아 동북 해안의 산호초 군락)와 아프리카 사바나는 우리의 생명과 밀접하게 연결되어 있다. 또한 이 땅의 마지막 대륙인 남극에 가서 남극 오로라를 보며 경이로움을 느껴본다.

모형을 직접 조립해보기로 했든 그저 작품 사진을 감탄하며 바라보기로 했든 《브릭 원더스》를 즐겁게 읽기 바란다. 그리고 직접 불가사의를 조립해보고 싶지만 내가 사용한 브릭이 없다고 해도 걱정하지 마라. 당신의 마음과 상상에서 우러나는 대로 브릭을 조립한다면 당신만의 불가사의를 만드는 데 아무런 문제가 없을 것이다.

워런 엘스모어

레고의 역사

이야기는 올레 키르크 크리스티얀센Ole Kirk Christiansen이 덴마크의 빌룬트Billund에서 목공 일을 시작한 1916년에 시작한다. 처음에 그는 목재 장난감을 만들었으며 1930년대 즈음 '잘 놀다'라는 뜻을 가진 덴마크어 문장을 축약하여 회사에 '레고LEGO'라는 이름을 붙였다. 1947년부터 재료를 플라스틱으로 바꾸었고, 1949년에는 '자동 결합 브릭Automatic Binding Brick'이라는 이름의 플라스틱 연결 브릭을 생산하기 시작했다.

초기 디자인은 오늘날 우리가 알고 있는 브릭과 매우 달랐다. 하지만 1954년 올레 키르크의 아들 고트프레트Godtfred는 레고 브릭(1953년에 정식 명칭이 되었다)에 문과 창문을 추가하면 제약이 거의 없는 창의적인 가능성이 생기리라고 생각했다. 곧 첫 번째 도시 계획 시스템이 공개되었지만, 레고 브릭은 아직 회사의 핵심 사업이 아니었다. 스터드Stud와 튜브Tube를 교합하는 시스템은 1958년에 개발되어 특허를 받았고, 이때 생산된 브릭은 여전히 오늘날 판매하는 브릭과 호환할 수 있다. 이 시기에 가장 중요한 혁신은 브릭을 서로 결합했을 때 움직이지 않고 모양이 유지된다는 점이었다. 1958년은 올레 키르크가 사망하고 고트프레트가 사업을 이어받은 해이기도 했다. 1960년에는 창고에 화재가 일어나 남아 있던 목재 장난감 재고의 상당량이 불에 탔으며 생산도 중단되었다. 그즈음 직원이 400명을 넘어선 레고 회사는 미국과 캐나다, 이탈리아에 진출할 태세를 갖추었다. 몇 년 지나지 않아 레고는 핀란드와 네덜란드, 홍콩, 오스트레일리아, 모로코, 일본을 포함한 여러 나라로 퍼져 나갔다. 레고의 침략이 시작된 것이다.

7

1966년까지 레고는 42개국에 진출했고 4.5볼트 모터로 달리는 최초의 레고 열차도 출시했다. 1966년은 덴마크 빌룬트에 최초의 레고랜드 테마파크가 문을 열어 첫날에만 3000명이 방문한 해이기도 하다.

레고는 우주선부터 해적선까지, 다양한 주제를 지닌 세트가 계속해서 출시되었다. 또한 그러한 세트에는 모터와 자석, 센서 같은 여러 기술적인 부품들도 포함되었다. 1977년에는 유아를 위해 브릭의 크기를 키운 레고 듀플로Lego Duplo가 출시되었고, 그다음 해에는 미니 피규어가 소개되어 처음으로 인간을 닮은 피규어가 레고로 만든 풍경 속에서 살 수 있었다.

수년 동안 많은 사람들이 레고에서 영감을 받아 놀라운 작품을 만들었고, 레고 작품으로 세운 기록을 오랫동안 유지한 경우가 거의 없을 만큼 매우 활발한 혁신이 일어났다. 지금까지도 기록을 유지하고 있는 가장 큰 레고 구조물은 덴마크의 레고랜드에 있는 시팅불Sitting Bull 조각상으로 높이가 거의 7.75미터에 달하며 150만 개의 브릭으로 제작되었다. 이 글을 쓰는 현재 레고로 만든 가장 높은 건물은 윌밍턴의 레드클레이통합학교 학생들이 제작한 건축물이다. 믿기 어렵겠지만, 그 건축물의 높이는 32.5미터에 달한다.

자랑스럽게도 나 또한 작은 기록을 세운 적이 있다. 나는 2012년에 열린 내 레고 쇼에서 넓이가 144제곱미터인 세계에서 가장 큰 모자이크를 만들었다. 다시 말해 나는 기네스 세계 기록 증서를 보유한 행복한 사람이다. 하지만 그 이후 이 기록은 최소한 두 번 이상 깨졌다. 레고 모형 제작자들의 열정과 헌신 덕분에 이런 기록들은 그다지 오래가지 않는다.

만리장성은 역대 중국 왕들에 의해 건축되었다. 모형에 관한 내용은 86~89쪽을 참고하라.

레고는 어디에서 구입할까?

필요한 브릭을 찾는 방법

현실 세계의 건축은 당신이 상점에서 보는 레고 세트보다 훨씬 더 복잡하다. 이 책에 나오는 많은 모형은 브릭을 같은 방식으로 반복하여 조립하거나 같은 부품을 대량으로 사용하여 만든다. 이런 과정을 거치다 보면 나만의 특별한 레고 구입 기술이 생긴다.

나의 첫 번째 조언은 당신이 현재 소장하고 있는 모든 브릭을 한데 모으라는 것이다. 레고는 큰 인기를 누리는 장난감이므로 다락이나 지하실, 부모님 댁 어딘가에 레고 부품이 들어 있는 상자가 있을 가능성이 매우 높다. 상자를 뒤져 당신에게 필요한 브릭이나 이를 대신할 브릭(예를 들어 2×4 브릭이 없는 경우 2×2 브릭 2개를 쓰는 것처럼 대체할 수 있는 브릭을 찾아라)이 있는지 살피고 조립을 시작하라. 이렇게 하면 필요한 브릭을 대부분 찾을 수 있고, 만일 약간 예외적인 색도 허용한다면 모든 준비를 완료할 수 있다.

하지만 정해진 색상과 모양의 브릭으로만 조립해야 하는 모형도 물론 존재한다. 86쪽의 만리장성은 황갈색Tan으로 제작했을 때가 가장 보기에 좋지만, 아마 흰색White을 사용해도 나쁘지 않을 것이다. 하지만 건물 앞면에 12가지 색상을 사용했다면 아무래도 멋진 인상을 남길 수 없었을 것이다. 그렇다면 모형 제작자들은 어디에서 브릭을 구할까?

당신이 덴마크나 미국, 캐나다, 영국, 독일, 프랑스, 말레이시아, 벨기에, 오스트리아에 산다면 레고 매장이나 레고랜드 테마파크를 찾을 수 있을 것이다. 이런 매장들에는 특별히 각각 다른 부품이 담긴 통이 벽면에 가득한 '픽어브릭Pick a Brick' 코너가 있다. 라임그린Lime Green 색상의 2×4 브릭이 필요한가? 이곳에서는 필요한 만큼 컵에 담는 방식으로 브릭을 구매할 수 있다. 극장에서 사탕을 고를 때와 비슷하다고 느꼈다면 정확히 짚었다. 픽어브릭 코너는 매우 훌륭한 구입처로 보통 부피나 무게 단위로 판매하기 때문에 브릭을 구매할 때 많은 비용을 절약할 수 있다.

가까이에 레고 매장이나 레고랜드 테마파크가 없더라도 절망하지 마라. 전 세계 여러 나라로 제품을 보내주는 레고 웹사이트(www.lego.com)의 온라인 픽어브릭 매장에 접속하는 방법이 남아 있다. 온라인 매장은 부품 단위로 요금을 청구하므로 주문하기 전에 어떤 브릭이 필요한지 신중히 결정해야 한다.

이 책에서 만드는 법을 설명한 대다수 모형은 레고 매장이나 온라인에서 구매할 수 있는 부품으로 조립할 수 있도록 설계했다. 하지만 때로는 모형 작업에 특정한 부품이 필요할 때도 있다. 이런 부품도 모두 레고 회사에서 만들어졌지만 50년이 넘는 역사를 거치는 동안 생산이 중단된 부품도 있다. 해결책은 (슬프게도 지금은 우리 곁에 없는) 진취적인 젊은 레고 팬, 댄 예젝이 고안한 브릭링크(www.bricklink.com)에서 찾는 방법이다. 레고 팬들이 필요한 부품을 무엇이든 구할 수 있도록 전 세계에 있는 수천 명의 판매자가 팔고자 하는 부품 목록을 이곳에 올린다(물건을 구매하려면 대부분 페이팔Paypal 계정이 필요한데 페이팔에는 구매자를 보호하는 기능이 있으므로 가입을 권장한다). 브릭을 구매할 때는 판매자가 사는 곳에 항상 주목하라. 부품 가격은 저렴할지 몰라도 운송비와 관세 탓에 구매 조건이 그다지 매력적이지 않을 수 있다. 또한 당신의 지갑을 항상 눈여겨보는 것이 좋다. 일단 클릭 한 번으로 레고 부품을 무제한으로 구매하는 호사에 익숙해지면, 순식간에 레고에 쓰는 비용이 불어날지도 모른다.

조립 요령

이 책을 넘기다 보면 책에 실린 레고 모형들이 동네 장난감 가게 선반에서 볼 수 있는 모형과는 다르다는 점을 눈치챌 것이다. 여기에는 이유가 있다. 내가 보통 받는 모형에 대한 첫 번째 질문은 "진짜 레고로만 만들었나요?"이다. 내 대답은 "그렇다"이다. 이 책의 모든 모형은 100퍼센트 레고 부품으로 만들었다. 하지만 브릭을 조립하는 방식은 당신이 익히 알고 있는 방법과 상당히 다를 수 있다.

이 책에 등장하는 많은 아이콘은 '스터드를 위로 향하게' 조립했다. 즉 브릭을 수직으로 쌓아올려 만들었다. 하지만 이런 방식으로 제작하지 않은 모형도 많다. 그 이유를 이해하기 위해선 공부가 필요하다.

레고 부품에는 브릭Brick과 플레이트Plate라는 2가지 기본적인 유형이 있다. 거의 모든 부품이 이 두 종류에서 파생되었다. 레고 브릭 1개의 높이는 레고 플레이트 3개의 높이와 같다. 플레이트는 모형에 단단함(예를 들어 훌륭한 밑면이 된다)을 더할 뿐만 아니라 같은 공간에 브릭 하나를 이용하는 것보다 3배 더 다양한 색상의 변화나 디테일을 표현할 수 있다. 더 작은 부품을 사용할수록 더 정확하게 표현할 수 있으므로 이 책에서는 가능한 한 많은 모형에 브릭 대신 플레이트를 사용할 것이다. 예를 들어 브릭 하나로는 어렵지만, 색깔이 대비되는 플레이트 3개를 사용하면 아래처럼 색색의 줄무늬를 만들 수 있다.

하지만 플레이트로 모형을 만드는 데는 한계가 있다. 고층 건물이나 표면이 평평한 자동차에는 잘 맞지만, 굴곡이 있는 표면과 살짝 돌출된 부분, 골조 작업을 할 때는 어떨까? 이런 구조들은 레고로 어떻게 만들까? 다행스럽게도 50년 이상 거슬러 올라 찾아보면 우리를 도와줄 수 있는 브릭들이 수천 가지나 된다. 지붕은 경사진 브릭으로 만들 수 있고 철제 기둥은 레고 테크닉LEGO Technic 시리즈 부품으로 대신할 수 있다. 만드는 법에 나오는 그림들을 보면 더 많은 예를 찾을 수 있을 것이다. 적절한 부품을 선택하면 놀랄 만큼 적은 양으로 모형을 제작할 수 있다.

레고 팬들이 브릭을 결합할 때 사용하는 중요한 기술이 하나 더 있는데 'SNOT'란 별명으로 불린다. 이는 '스터드를 위로 향하게 하지 않는다Studs Not On Top'는 의미로 조립할 때 무한한 가능성이 생기도록 브릭이나 플레이트를 옆으로 세우는 기법이다.

SNOT는 레고의 기하학적 구조가 지닌 또 하나의 간단한 원칙에 기반을 둔다. 레고 브릭은 높이가 레고 플레이트의 3배이고 너비는 플레이트의 2.5배이다. 다시 말해 아래 그림처럼 스터드 2개짜리 브릭의 너비는 플레이트 5개의 높이와 같다.

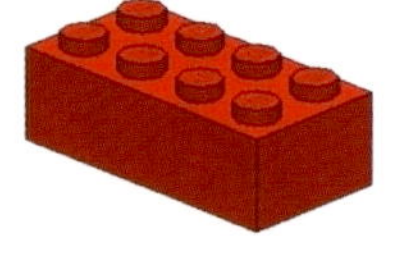
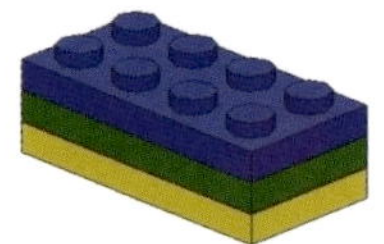

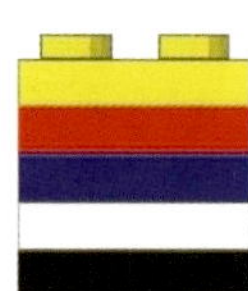

플레이트와 SNOT 기법을 활용하면 모든 면에서 작업의 정확성을 3배는 높일 수 있다. 또한 이러한 방식은 훨씬 더 흥미로운 가능성을 열어준다. 현재의 레고 부품으로는 불가능한 둥근 모양을 만들어야 하는가? 플레이트를 사용하면 곡선을 만들 수 있고 어떤 부분에서는 둥근 형태가 제대로 나오기도 한다. 하지만 굴곡이 급격해지면 이 방법은 그다지 유용하지 않다. 그러나 중간에 플레이트의 방향을 옆으로 돌리면 갑자기 모형이 훨씬 더 정확해진다.

옆으로 방향을 돌린 부품을 제자리에 고정하려면 브릭의 1면이나 2면, 혹은 4면 모두에 다른 조각을 끼울 수 있는 특별한 부품이 필요한데, 다행히도 이런 부품이 몇 가지 존재한다. 결국 브릭과 플레이트를 조합하고 슬로프Slopes와 경첩Hinges, 곡선형Curves 부품 등 구할 수 있는 모든 부품을 활용하면서 SNOT 기법까지 적용하면 이 책에 나오는 모형들을 만들 수 있다.

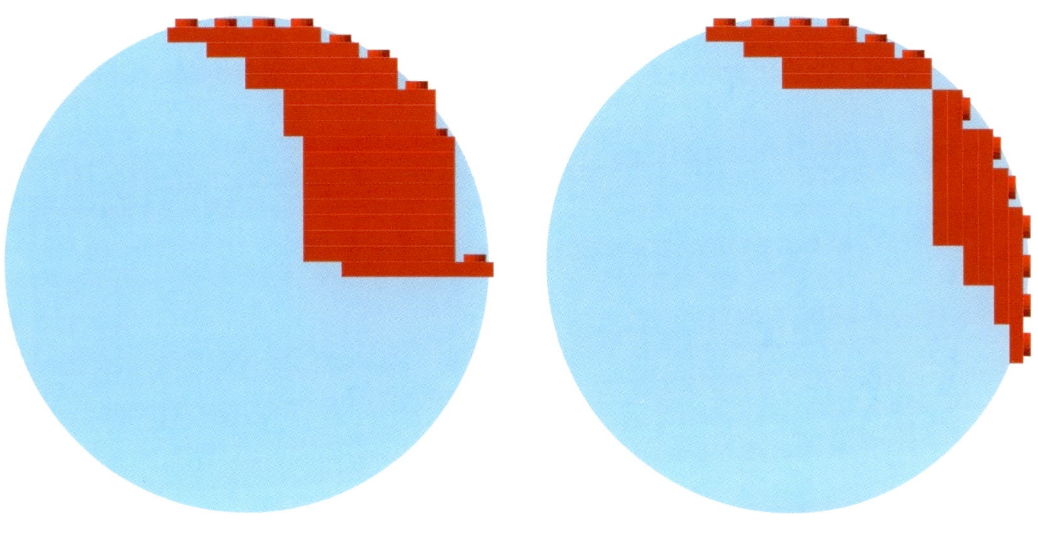

SNOT 기법을 쓰지 않고 곡선 만들기

SNOT 기법을 활용하여 곡선 만들기

CAD 모델링

우리에게 아무리 많은 레고 브릭이 있다고 해도 절대 충분하지 않다. 딱 알맞은 브릭이 전부 내 손에 있지 않은 상황에서 원하는 모형을 어떻게 만들까? 나는 《브릭 원더스》의 모형을 설계할 때 레고 CAD(컴퓨터 이용 설계) 소프트웨어를 사용했다.

CAD 소프트웨어가 있으면 가상의 레고 브릭을 사용하여 놀라운 모형을 만드는 일이 가능하다. 제한 없이 원하는 색상의 브릭을 마음껏 이용하여 최고의 레고 모형을 만들 수 있다. 사용 가능한 레고 CAD 시스템에는 크게 2가지 종류가 있는데, 둘 다 무료이다.

'레고 디지털 디자이너LEGO Digital Designer'는 레고 공식 홈페이지(ldd.lego.com)에서 무료로 내려받을 수 있으며 맥Mac이나 PC에서 사용할 수 있다. 일단 소프트웨어를 설치하면 현재 구해서 쓸 수 있는 레고 브릭의 총 목록을 내려받을 것이다. 선택할 수 있는 브릭이 엄청나게 많아서 시간이 좀 걸린다.

현재 새로운 버전의 레고 디지털 디자이너에는 '표준 모드Standard Mode'와 '확장 모드Extended Mode'가 있다. 표준 모드에서는 현재 존재하는 색상의 브릭만 쓸 수 있지만, 확장 모드에는 그런 제약이 없어 광범위한 브릭을 활용하여 모형을 만들 수 있다.

레고 디지털 디자이너의 진정한 이점 중 하나는 현실 세계에서 제작할 수 있는 작품을 만드는 데 도움이 되도록 설계되었다는 점이다. 따라서 당신이 화면에 브릭을 배치하면 브릭들이 자동으로 결합한다. 일단 설계를 마치면 온라인 설명서가 자동으로 생성되어 실제로 모형을 만들 수 있다. 프로그램을 '조립 안내 모드'로 변경하고 절차를 따르기만 하면 된다.

'엘드로 시스템The LDraw System'은 현재 사용할 수 있는 두 번째 레고 CAD 시스템이다. 엘드로는 레고 디지털 디자이너보다 먼저 생겼지만 레고 회사에서 만든 시스템이 아니라 레고 커뮤니티가 자체적으로 개발하여 관리하고 있다(www.ldraw.org). 당신이나 나와 같은 팬들이 말이다.

그렇다면 레고에서 무료 설계 소프트웨어를 제공하는데 왜 다른 프로그램을 사용할까? 내게 엘드로는 몇 가지 큰 장점이 있다. 첫째, 엘드로 시스템에는 이제까지 생산된 거의 모든 부품이 존재한다. 레고 디지털 디자이너에서 찾을 수 있는 목록보다 훨씬 더 방대한 양이다. 때로는 옛날 부품이 특정 모형의 특색을 더 완벽히 재현하기도 한다. 엘드로는 실제 브릭을 바탕으로 모든 부품 하나하나를 공들여 시스템에 끌어왔다.

이 책에 사용된 레고 CAD 설계도들을 보여주는 다양한 화면들.

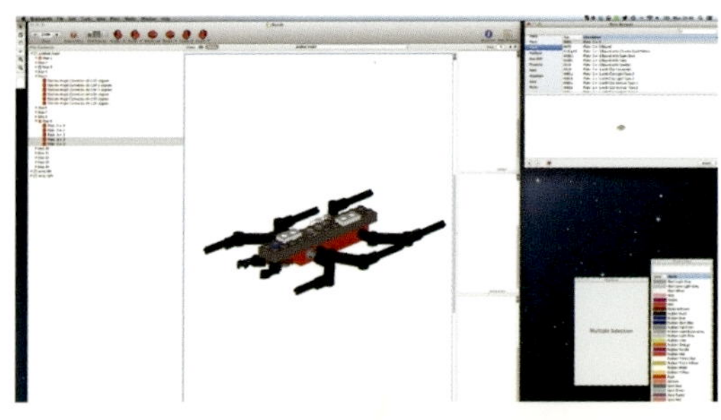

둘째, 엘드로 시스템을 사용하는 편집 소프트웨어는 레고 디지털 디자이너보다 훨씬 더 융통성이 있다. 예를 들어 내가 사용하는 브릭스미스Bricksmith라는 도구를 쓰면, 현실 세계에서는 불가능한 모형도 프로그램 안에서 만들 수 있다. 가끔 나는 모형을 설계할 때 전체적인 형태를 잡기 위해 1×1 브릭만을 사용한다. 물론 실제로 이렇게 조립하면 모형은 무너져버릴 것이다. 하지만 컴퓨터에서 모형을 만들 때는 부서질 걱정을 할 필요가 없다. 모형을 실제로 어떻게 고정해야 할지 신경 쓸 필요가 없다면 작업은 훨씬 더 빨라진다.

더 큰 작품을 만들 때 모형을 미세하게 조정하는 과정에서 현실 세계에선 불가능한 일들을 할 수 있다는 점도 편리하다. 같은 조건의 물리적 공간에 브릭 2개를 배치할 때 스터드를 신경 쓰지 않고 슬쩍 끼워 넣을 수 있다. 위아래에 어떤 브릭이 있는지 신경 쓰지 않고 1×8 브릭을 1×4 브릭 2개로 대신하기도 매우 쉽다.

물론 이런 융통성에는 단점도 있다. 엘드로 시스템을 이용하면 모형을 조립하여 완성하는 방법을 스스로 찾아내야 한다. 그런 다음 설명서도 자기 힘으로 만들어야 한다. 하지만 내게는 단점보다 장점이 더 많으므로 이 책의 모든 모형을 만들 때 나는 엘드로를 사용했다.

엘드로 시스템은 모형과 설명서를 만드는 데 사용할 수 있는 매우 다양한 도구들을 지원한다. 각각의 도구는 서로 조금씩 다르지만, 부품에 관해서는 모두 동일한 통합 데이터를 사용한다. 이 책을 만들기 위해 나는 모형을 설계할 때는 맥에서 브릭스미스 편집기를, 설명서를 만드는 작업에는 엘퍼브툴LPub Tool을 썼다. 이 소프트웨어를 개발하기 위해 애쓴 모든 이들과 'LDraw.org'의 모든 관계자에게 깊은 감사를 표한다.

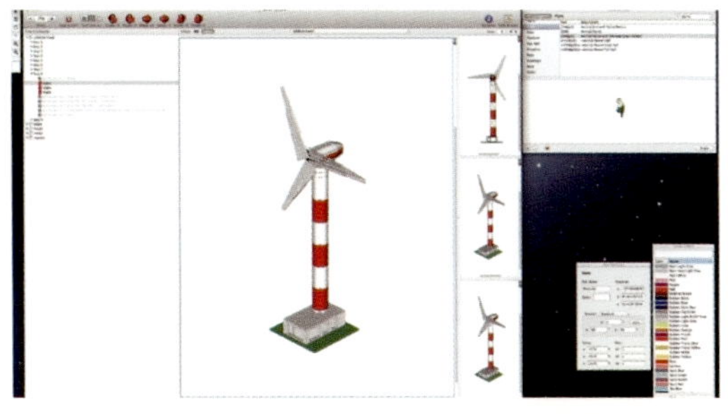

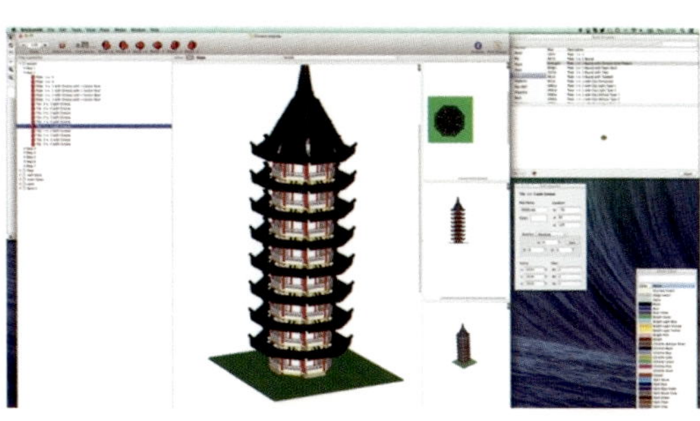

설명서 없이 즉흥적으로 레고 조립하기

즉흥적으로 만들기는 자유 등반과 약간 닮았다. 안전망이 존재하지 않는다. 이 책에 나오는 모형 대다수는 가능한 한 정확히 제작해야 하고, 많은 양의 작업을 요구하기 때문에 즉흥적으로 만들지 않았다. 따라서 설명서를 활용하는 쪽이 최선이다. 하지만 대다수 사람이 레고를 조립하고 그 과정에서 재미를 느끼는 방식은 사실 즉흥적 만들기이다. 상상력을 발휘하게 하고 숨어 있던 창의적 재능을 적절히 사용할 수 있도록 해주기 때문이다. 무작위로 모아놓은 브릭들로 어떤 모형을 만들지 떠올리는 일은 어렵지 않다. 혼자 힘으로 한번 시도해보라.

무엇이든 즉흥적으로 만들 수 있다. 어릴 때 우리는 구할 수 있는 부품을 모두 활용하여 우주선을 만들고는 그 모형이 정말 우주선이라고 믿었다. 하지만 나이가 들수록 우주선 모양에 대한 고정관념이 생겨 로켓과 총기, 매끈한 반구형 조종석을 만들지 말지를 미리 결정해버린다. 즉흥적 만들기를 즐기는 요령은 엄격하고 구체적인 접근법과 빈틈없는 정확성에 대한 필요를 잊고 그냥 시도해보는 것이다. 그리고 아이와 같은 상상력으로 작품을 재창조하는 것이다.

즉흥적 만들기에 도전하도록 스스로 격려하기 좋은 방법을 소개한다. 다음에 어른들을 위한 디너파티를 준비하게 되면 동네 장난감 가게에 가서 조그만 레고 세트를 손님 수만큼 사라. 부품이 많이 들어 있으면서도 가격이 낮은 크리에이터Creator 라인의 제품이 좋다. 이제 당신이 도전할 일은 세트에 들어 있는 부품만으로 자유롭게 조립하는 것이다. 우주선(혹은 로봇이나 자동차, 집)을 주제로 정하고 편하게 자리에 앉아라. 엄밀히 따져 어린 시절이 수십 년 전의 일이라고 할지라도 당신과 손님들이 무엇을 만들어낼 수 있는지를 보면 놀라게 될 것이다.

쌓여 있는 브릭들이 즉흥적으로 만든 멋진 모형으로 변신하도록 상상력을 발휘하라.

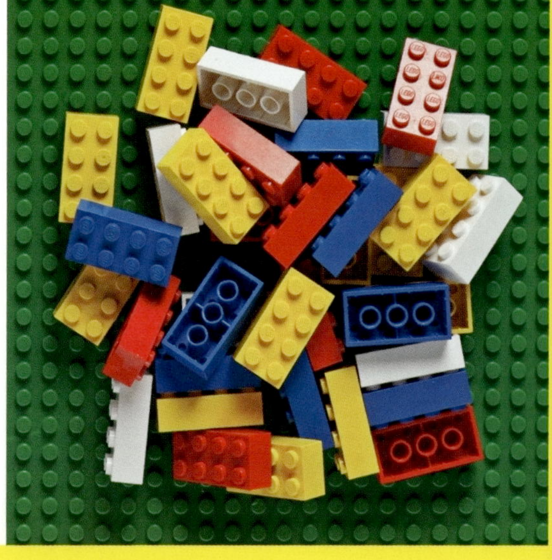

설명서

자주 받는 질문 중 하나는 내가 만든 모든 모형에 설명서가 있느냐이다. 《브릭 원더스》의 많은 모형에 설명서가 있지만 그렇지 않은 모형도 상당히 많다는 사실을 눈치챘을 것이다. 왜 내가 모든 모형에 설명서를 만들지 않는가를 이해하려면 모형 작업 뒤에 숨어 있는 과정을 알아야 한다.

《브릭 원더스》에 나오는 모형의 설명서를 만들기 위해 나는 먼저 엘드로 CAD 시스템에서 모형을 제작한다. 엘드로를 사용하면 공식 레고 세트에서 볼 수 있는 것과 매우 비슷한 형태로 정확한 설명서를 만들 수 있다. 보기에도, 느끼기에도 일관성 있는 이미지를 컴퓨터로 출력할 수 있으며 색상도 알아보기 쉽다.

하지만 CAD 소프트웨어에서 제작하기가 매우 어려운 모형도 있다. 모형에 곡면이나 경첩이 있는 경우 실제 브릭으로 모형을 제작하면 브릭이 서로 연결되는지를 매우 쉽게 알 수 있다. 제대로 끼워져 결합하거나 그렇지 않거나 둘 중 하나이다. 하지만 CAD 소프트웨어에서는 스터드와 관계없이 브릭을 서로 겹칠 수 있으므로 실제로 브릭이 연결되는지를 알기가 훨씬 어렵다. 예를 들어 80쪽에 나오는 알렉산드리아의 등대는 경첩으로 연결한 표면이 아주 많아서 CAD에서 모형을 만들기가 매우 어렵다.

크기가 문제가 되는 모형도 있다. 예를 들어 146쪽 파나마 운하의 컨테이너선은 CAD로 모형을 만들 수는 있지만 완성된 설명서의 분량이 어마어마할 것이다. 수만 개의 브릭이 들어가는 모형이라면 설명서만으로도 책 전체가 꽉 찰 것이다. 이런 모형의 설명서를 빼면 당신이 만들 수 있는 더 흥미로운 모형을 실을 공간이 생긴다.

일단 CAD로 레고 모형을 만들었다면 다음은 실제로 모형을 어떻게 조립해야 할지를 생각할 차례이다. 내가 사용하는 CAD 소프트웨어는 단계별 설명서를 자동으로 생성하지 않기 때문에 나는 몇 단계로 과정을 나누어야 할지, 어떤 단계에서 어떤 브릭을 조립해야 할지를 직접 결정해야 한다. 이 과정은 사실 매우 까다롭다. 따라 만들기에 너무 어려운 설명서를 만들고 싶지 않지만, 설명서가 지나치게 길어서도 안 된다. 내가 설계한 많은 모형에서는 특정 부품을 이상한 방식으로 고정하기도 하고 훨씬 나중에서야 다른 부품에 연결하기도 한다. 이런 방식 또한 복잡함을 유발한다.

마지막으로 설명서의 각 단계를 정했으면 조립하는 사람이 따라서 만들 수 있도록 엘퍼브 프로그램으로 과정별 개별 이미지를 만든다. 엘퍼브는 각 단계에 필요한 부품 목록도 자동으로 생성한다. 쉽게 이해할 수 있도록 내용을 조금 수정하고 나면 이제는 당신 차례이다.

만들고 싶은 모형에 설명서가 없다고 해도 걱정하지 마라. 레고 모형을 만드는 데 '옳고 그른' 방법이란 없다. 당신이 만든 모형이 자랑스럽다면 그걸로 충분하다. 레고 브릭은 장난감이라는 점을 기억하라. 그러므로 언제나 재미있어야 한다.

브릭에 이름 붙이기

당신은 이 부품을 뭐라고 부르는가?

나는 이 부품을 2×4 브릭이라고 부르지만 사실 4×2 브릭일 수도 있지 않을까? '8개짜리' 혹은 '로리'일지도 모른다. 모든 레고 부품에 공식 명칭이 있다는 사실을 알고 있었는가? 당신이 《브릭 원더스》에 나오는 모형을 만들고자 부품을 사려고 한다면 아마도 공식 이름을 아는 게 편할 것이다.

레고 부품에 이름을 붙이는 방식에는 크게 2가지가 있다. 첫 번째는 레고가 정한 공식 이름으로 부르는 것이다. 생산되는 모든 브릭에는 명백히 이름이 존재한다.

이름을 짓는 두 번째 방식은 엘드로와 브릭링크의 성인 레고 팬들이 사용하는 방법이다.

몇 가지 예외가 있긴 하지만 레고에 이름을 붙이는 방식은 매우 간단하다. 가장 기본이 되는 구성단위는 왼쪽의 1×1 브릭과 같은 '브릭'이다.

이를 기초로 짧은 쪽을 먼저 언급하는 방식으로 이름을 붙인다. 따라서 오른쪽 그림의 부품은 차례로 1×1, 1×2, 1×3, 1×4 브릭이다.

물론 기다란 브릭을 '4개짜리'라고 부를 수도 있다. 하지만 그렇게 부른다면 오른쪽 브릭들을 어떻게 구분할 것인가? 모두 다 스터드가 4개이다.

이것이 바로 레고 팬들이 이름을 동일한 방식으로 부르는 이유이다. 친구에게 둥근 2×2 브릭이나 1×4 브릭이 있느냐고 물어보는 편이 더 쉽다. 이름을 붙이는 방식이 서로 같다면 두 사람 모두 같은 부품을 가리키고 있다는 뜻이다. '브릭'에 관해 정리되었다면 이제 '플레이트'와 '타일Tile', '슬로프'로 넘어갈 차례이다. 이 부품들에도 동일한 구조가 적용된다. 이제 당신은 레고가 생산하는 4가지 기본 부품의 명칭을 알고 있다.

물론 생산되는 부품의 종류는 굉장히 다양하며 그중에는 전혀 브릭처럼 보이지 않는 매우 특수한 부품도 있다. 그래서 나는 보통 레고의 구성 요소를 가리킬 때 모양과 관계없이 '부품'이란 용어를 사용한다. 특히 특수 브릭을 포함할 때는 더욱 그렇다. 예를 들어 오른쪽 부품은 혹이 달린 1×1 브릭1×1 Brick with One Knob이다.

브릭에 이름 붙이기

레고는 덴마크 기업이므로 '혹Knob'이란 단어는 덴마크어를 번역한 말이다. 이렇게 인터넷에서 활동하는 다양한 국적의 팬들과 언어의 영향을 받아 팬들이 이름을 붙이는 방식과 레고의 공식 명칭이 나뉘는 경향이 생긴다. 영어에서는 브릭의 튀어나온 부분을 '혹'이 아닌 장식이라는 뜻의 '스터드Stud'라고 부른다. 나라에 따라서도 명칭이 달라 네덜란드어로는 'Nop', 덴마크어로는 'Knop'이라 불린다. 아치형 브릭 Arch Brick에 관해 이야기하자면 문제는 더 복잡해진다.

그렇다면 어떤 이름을 '올바르다'고 할 수 있을까? 레고에서 붙인 이름이 공식적인 명칭이긴 하지만 그렇다고 해서 다른 이름이 틀렸다는 의미는 아니다. 예를 들어 왼쪽은 1×2 울타리 브릭1×2 Palisade Brick이다.

하지만 울타리 브릭에 대해 물으면 레고 팬들은 무슨 이야기인지 모를 것이다. 레고 팬들에게 이 브릭은 1×2 통나무 브릭1×2 Log Brick으로 불리는데, 바로 여기에 문제가 있다. 우리는 레고에 브릭을 주문할 수도 있고 브릭링크에서 주문할 수도 있으며 다른 팬들에게서 살 수도 있다. 따라서 애석하게도 이를 해결할 쉬운 방법은 존재하지 않는다. 때로는 2가지 이름을 모두 알아야 한다. 특히 윗면이 곡선인 2×1×1⅓ 브릭Brick 2×1×1⅓ with Curved Top 혹은 아치가 달린 1×1×1⅓ 브릭Brick W. Arch 1×1×1⅓이라고 불리는 오른쪽 그림과 같은 부품은 더욱 그렇다.

왼쪽의 부품들은 각각 1×4 아치형 브릭과 1×4 곡선형 슬로프지만 양쪽 다 곡선이 있는 1×4 브릭이라고 부를 수도 있다.

튼튼하게 조립하기

브릭으로 나만의 불가사의를 만들고자 할 때 맞닥뜨릴 문제 중 하나는 오래 견디도록 튼튼하게 모형을 만드는 일이다. 수천 년은 아니더라도 최소한 친구들에게 보여줄 때까지는 버텨야 한다.

빈틈이 전혀 없도록 모형을 만들면 튼튼하리라고 생각할지도 모르지만, 나는 이 기술을 잘 사용하지 않으며 당신도 아마 마찬가지일 것이다. 모형을 빈틈없이 견고하게 만드는 기술은 브릭의 양과 시간, 둘 다를 고려할 때 비용이 너무 많이 든다. 문제가 한 가지 더 있다. 지나치게 무거워서 무너지는 경향이 있다는 점이다. 모형에 유연성이 없으면 쉽게 부서질 수 있다. 그렇다면 어떻게 해야 튼튼한 모형을 만들 수 있을까?

튼튼한 모형을 만들기 위한 첫 번째 기술은 간단하다. 가능한 한 모든 브릭을 일부분씩 겹쳐 쌓아라. 일부를 포개지 않고 1×2 브릭을 나란히 배치하여 그대로 쌓아올리면 힘을 거의 받지 못하지만, 실제 벽돌을 쌓듯 일부분을 겹쳐가며 쌓으면 훨씬 더 튼튼하다.

풍경을 만들거나 더 큰 모형을 제작하고자 한다면 지붕이나 바닥을 떠받칠 내부 지지대를 만들어야 할 수도 있다. 이때도 브릭을 일부분씩 겹쳐 쌓으면 시간을 절약할 수 있고 무게도 줄일 수 있다. 이렇게 쌓은 브릭을 지붕에 제대로 연결하면 무너뜨리지 않고 이동할 수 있는, 튼튼하고 가벼운 그물망 구조의 모형이 될 것이다.

큰 건축물의 모든 스터드를 반드시 서로 연결할 필요는 없으며, 적어도 특정한 방식으로만 연결할 필요가 없다는 조언을 처음에는 이해하기 어려울지도 모른다. 커다란 2개의 플레이트를 서로 포개면 매우 튼튼한 토대가 되리라고 생각하겠지만, 사실 모형의 크기가 커질수록 이런 방식은 점점 더 통하지 않는다. 예를 들어 16×16 플레이트를 서로 포개어보라. 아마 튼튼하지 않을 것이다. 많은 수의 스터드를 서로 연결하면 모든 스터드가 제대로 결합하지 않을 수 있다는 점이 문제이다. 플레이트 사이에 공간이 생기면서 가운데 부분이 휘어질 것이다.

정말로 튼튼한 토대를 만들려면 샌드위치처럼 플레이트-브릭-플레이트 순으로 쌓아보라. 평평한 플레이트 위에 브릭(이때 1×16 브릭을 쓰면 좋다)을 포갠 후 그 위에 플레이트를 한 장 더 깐다. 이렇게 하면 변형되지 않는 튼튼한 표면이 완성된다.

당신이 제작하는 불가사의의 모형이 매우 크다면 아마 모형을 움직일 방법에 대해서도 궁금해지기 시작할 것이다. 커다란 모형은 멋지지만 언제나 이동시켜야 할 순간이 온다. 이 문제를 해결하고 싶다면 레고가 생산하는 대형 모형인 모듈러 빌딩The Modular Buildings 시리즈를 살펴볼 것을 권한다. 이 시리즈는 쉽게 해체할 수 있는 3층 혹은 4층 규모의 건물을 조립하는 세트이다.

비밀은 모형을 여러 층으로 제작하여 각 층을 타일 형태의 테두리나 새로 나온 스터드 2개짜리 1×4 플레이트로 연결하는 데 있다. 새로 출시된 플레이트는 모형을 분리할 위치를 조정할 때 훌륭한 역할을 한다. 이 부품은 아래에 있는 브릭과 놀라운 결합력(레고 용어로는 '클러치 파워Clutch Power'라고 불린다)을 자랑하지만 상대적으로 위쪽 브릭과의 클러치 파워는 약하다. 따라서 모형이 쉽게 분리되는 지점을 지정할 수 있다.

현대 불가사의의 하나인 후버 댐(156쪽 참고).

연습 프로젝트

역사 속으로 여행을 떠나기 전에 레고 조립 요령을 다시 한번 돌아보면 도움이 될 것이다. 이 책에 실은 설명서를 만들면서 가능한 한 따라 하기 쉽게 설명하려고 노력했지만, 당신이 한동안 레고를 만지지 않았다면 일부 조립 기법이 생소할지도 모른다.

그래서 여기에 배울 기회를 마련했다. 글자를 조립하는 방법을 보여주기 위해 나는 현대 불가사의 중 166쪽에 나오는 구텐베르크 인쇄기 모형에서 이동식 활자 하나를 선택했다. 일단 문자 'B'를 익히고 나면 나머지는 어렵지 않을 것이다.

당신이 초반에 브릭을 몇 층 쌓고 나면 내가 사용한 첫 번째 기법을 눈치챌 것이다. 나는 문자 'B'의 모서리를 곡선으로 만들고 싶었지만 내가 사용한 부품(윗면이 곡선인 2×1×1⅓ 브릭 또는 부품 번호 6091)에는 한 가지 형태만 존재한다. 곡선이 아래로 떨어지는 부품은 있지만 이와 짝을 이루는 상승 곡선 모양의 부품은 없다. 이 문제를 극복하기 위해 나는 부품 일부를 거꾸로 뒤집어 조립해야 했다.

다음으로, 설명서에서 모형 전체를 한 덩어리로 만들지 않았다는 점을 알아챌 것이다. 대다수의 공식 레고 모형과 마찬가지로 나는 '부속 모형Submodel'을 여럿 만들었다. 이 모형은 일부를 거꾸로 뒤집어 조립하기 때문에 밑에서부터 차례로 조립하도록 설명서를 만들면 조립할 때 무너져버린다는 사실을 알 수 있다. 따라서 나는 부속 모형을 먼저 조립한 다음 이를 본체에 연결한다. 이렇게 하면 모형을 더 쉽게 조립할 수 있다.

문자를 만들 때 이용한 속임수가 하나 더 있는데 이 방법은 공식적인 레고 시리즈에서 사용되는 경우가 매우 드물다. 이 모형에는 서로 전혀 연결되지 않은 부분이 꽤 있다. 모형 일부를 거꾸로 뒤집어 조립하기 때문에 일반적인 모형에서처럼 스터드를 이용해 서로 연결할 수 없다. 188쪽의 트위터 로고에서 본 것처럼 헤드라이트 브릭Headlight Brick(부품 번호 4070)을 써서 해결하는 방법이 하나 있다. 하지만 이 모형에서 나는 간단한 해결책을 선택했다. 모형의 두 부분을 서로 맞닿게만 하는 방법이다.

이제 문자 'B'를 완성했으니 'BRICK'이라는 단어의 나머지 글자에 도전해볼 차례이다. 이번에는 설명서가 없지만 그것도 재미의 일부분이다. 《브릭 원더스》의 많은 모형에 설명서를 실었지만 설명서가 포함되지 않은 모형도 많다. 모형을 조립하여 나만의 불가사의를 만드는 일은 당신과 당신의 상상력에 달렸다.

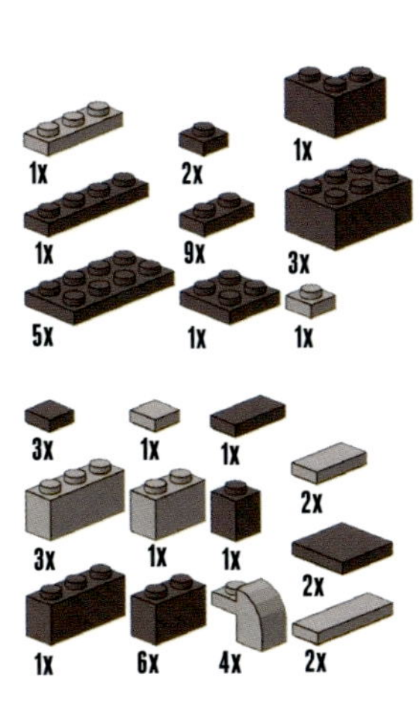

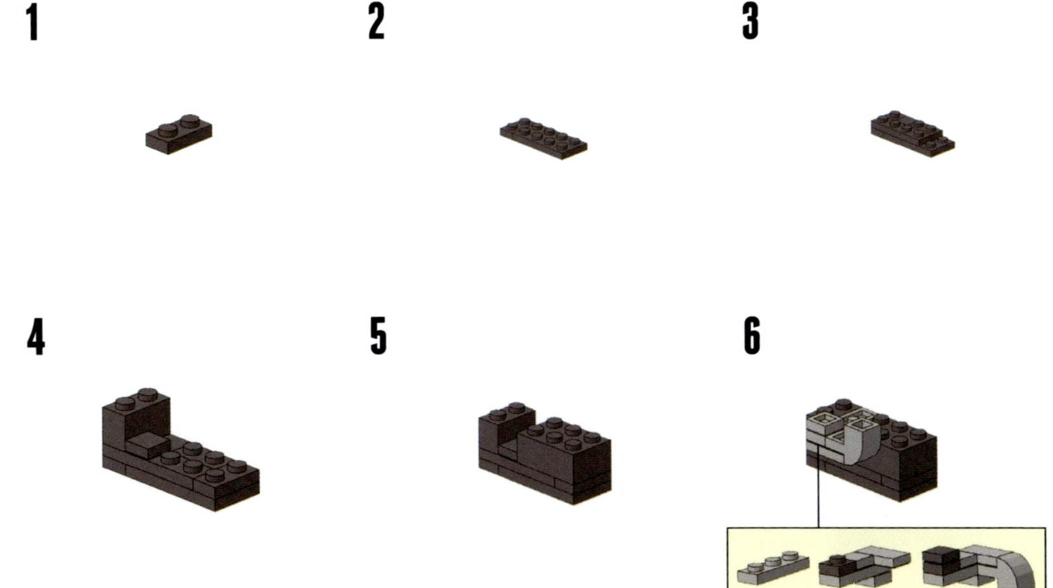

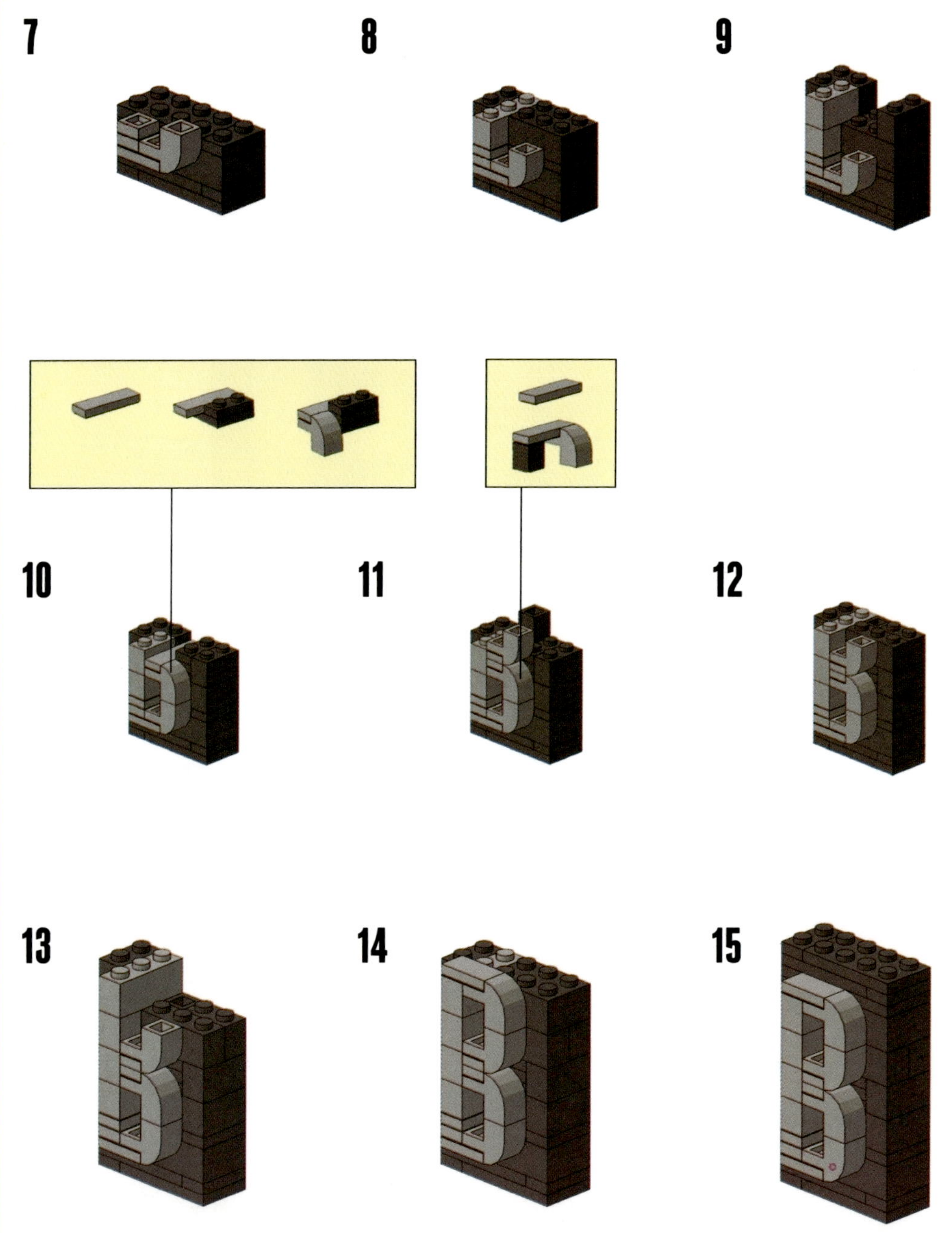

7
8
9
10
11
12
13
14
15

대 불가사의 중
나인 구텐베르크
쇄기(166쪽).

모자이크

레고 모자이크는 원칙적으로 매우 간단하다. 레고의 색상에는 한계가 있지만 다행히도 멋진 그림 한 점을 완성하기에는 충분하다. 따라서 당신이 만나게 될 어려움은 어떤 이미지를 선택하느냐와 어떻게 해야 레고 타일로 그 이미지를 가장 잘 표현할 수 있는가이다. 제작 과정에 도움이 될 만한 몇 가지 요령을 소개한다.

처음으로 접할 어려움은 모자이크 그림을 선택하는 일이다. 나 자신의 모습이나 좋아하는 만화 캐릭터, 혹은 마음에 드는 이미지라면 무엇이든 선택해서 모자이크로 만들 수 있다. 매우 복잡한 이미지라면 모자이크의 효과를 최대화하기 위해 멀리 떨어진 상태에서 이미지를 보아라. 이미지에 그림자나 세밀한 요소가 많을수록 레고 모자이크로 변환하기는 더 어려워질 것이다. 그러므로 가능하면 색깔과 특징이 분명하게 드러나는 단순한 이미지를 택하라. 지금부터는 당신의 컴퓨터에 작업하고자 하는 이미지가 있다고 가정하고 이야기하겠다.

이미지를 레고 모자이크로 변환하는 방법에는 여러 가지가 있다. 사실 레고 모자이크는 해상도를 낮춘 그림에 불과하다. 이미지가 레고 타일로 만든 것처럼 픽셀로 보이기 시작할 때까지 컴퓨터에서 그림의 선명도를 줄인다. 하지만 이 방법이 항상 통하지는 않는다. 이미지를 알아볼 수 없게 되거나 들어가는 색이 너무 많아지는 경우를 종종 발견한다. 이때가 바로 레고 모자이크 소프트웨어가 유용한 시점이다.

색상 수와 이미지 크기를 자동으로 줄여서 당신이 택한 이미지를 레고 모자이크 형식으로 전환해주는 소프트웨어는 매우 많다. 나는 이 책에 소개한 모자이크를 만들기 위해 픽토브릭Pictobrick(www.pictobrick.de)과 포토브릭스Photobricks(www.photobricksapp.com)를 이용했다. 둘 다 사용법이 매우 간단하며 모자이크를 어떤 크기로 만들고 싶은지, 들어가는 색의 가짓수를 줄이기 위해 어떤 방법을 사용할지를 당신에게 물을 것이다. 전환이 끝나면 어떤 브릭을 어디에 배치해야 하는지가 산출되고, 당신은 레고로 그 이미지를 복제하기만 하면 된다.

무엇이든 레고 모자이크로 표현할 수 있다. 100만 개가 넘는 브릭으로 만든 모자이크가 계속 등장하면서 줄곧 세계 기록이 깨지고 있다. 그러므로 좋아하는 이미지를 생각해보라. 만들어보고 싶다는 바람만 있다면 당신도 가능하다.

자연 불가사의 중 하나인 남극 오로라 모자이크(198쪽).

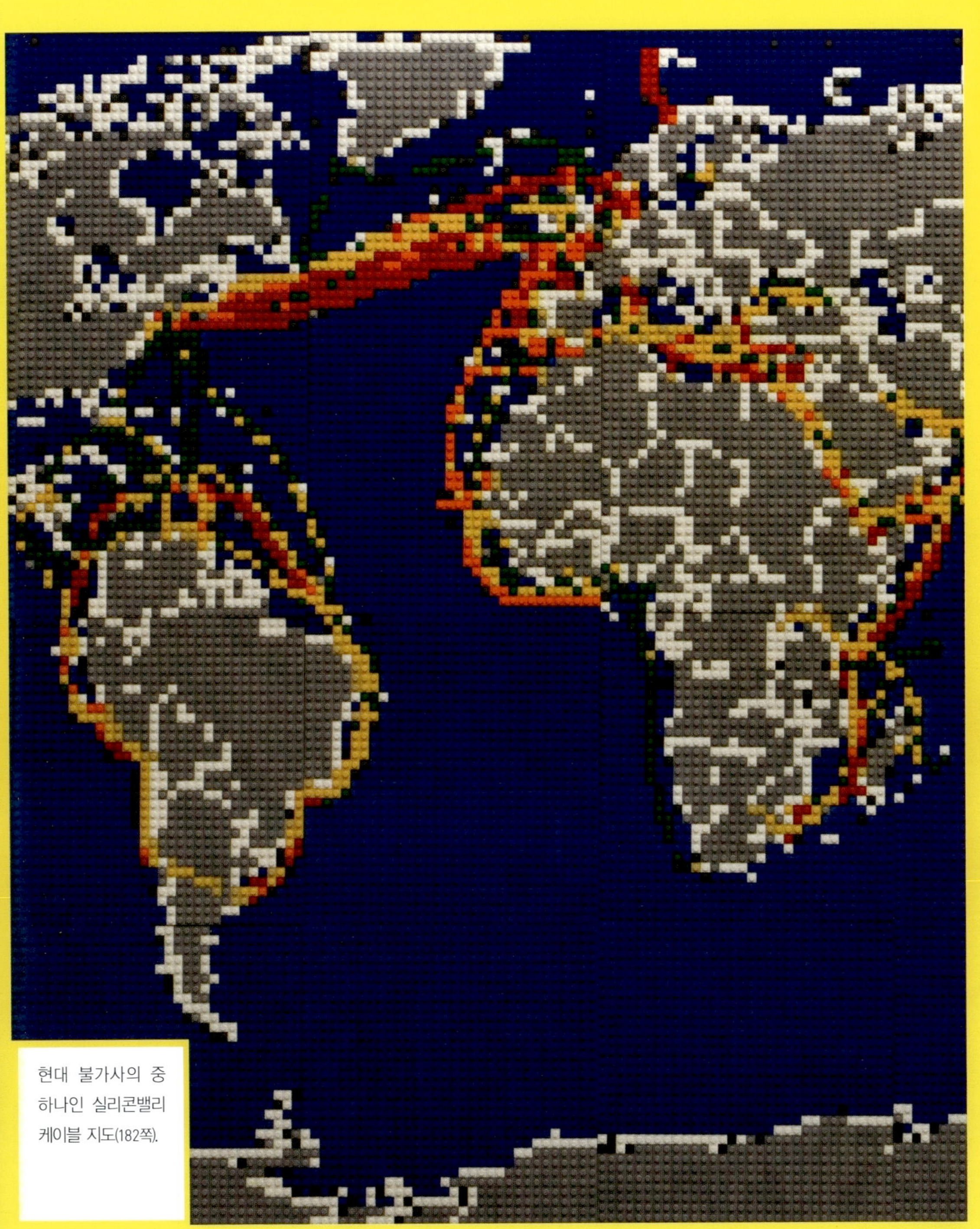

현대 불가사의 중
하나인 실리콘밸리
케이블 지도(182쪽).

레고 브릭과 관련해 계속 반복되는 문제가 하나 있다. 바로 브릭을 분류하는 일이다. 소장한 브릭 양이 아주 적지 않다면, 알맞은 레고 부품을 찾는 데 걸리는 시간이 실제로 모형을 조립하는 일보다 분명 오래 걸릴 수 있다. 그렇다면 어떻게 해야 할까? 브릭을 분류하는 가장 좋은 방법은 무엇일까?

당신이 소장하고 있는 브릭의 양이 매우 적어 한두 세트뿐이라면 레고를 분류하는 확실한 방법은 아예 분류하지 않는 것이다. 선택할 수 있는 브릭이 많지 않다면 상자 하나에 모든 브릭을 보관하는 게 합당하다. 하지만 레고가 많은 경우에도 이런 접근법에는 이점이 있다.

나는 각종 색상의 브릭을 대량으로 갖춘 작업실에서 조립하지만, 때로는 부품을 조금만 사용했을 때나 마구 섞여 있는 브릭 더미에서 부품을 골라 그 안에서 영감을 받아 조립할 때 가장 창의적인 작품을 만들었다. 그러니 가끔은 레고를 분류하지 않는 쪽이 실제로 도움이 될 수도 있다.

하지만 소장한 레고의 양이 늘어나면 대다수 사람은 꺼내서 조립하거나 보관하기 더 쉽게 레고를 분류하는 쪽을 택한다. 분류 방법은 다양하지만 많은 사람이 선택한 방식은 색상이나 브릭의 종류로 나누는 방법이다. 레고 팬들이 브릭을 정리하려고 주로 가장 먼저 선택한 방식은 색상으로 분류하는 방법이다. 하얀 집을 만들고 싶다면 하얀색 브릭이 든 상자를 꺼내 조립하는 편이 확실히 더 쉽다.

색상으로 분류하는 방법에는 분명한 약점이 하나 있는데, 그건 바로 검은색이다. 불빛이 아주 밝지 않다면 검은색 브릭이 들어 있는 상자에서 부품을 구분하기가 매우 어렵다. 검은색 부품들이 한데 결합한 것처럼 보여 원하는 부품을 결코 찾을 수 없다. 브릭이 늘어날수록 색상 분류만으로는 감당하기가 어렵다는 사실도 깨닫기 시작할 것이다. 당신에게 파란색 브릭이 든 아주 커다란 상자가 하나 있다면 양쪽에 스터드가 달린 파란색 1×2 브릭 1개가 필요할 때 어떻게 찾을 수 있겠는가?

많은 레고 팬이 색상별 분류법에서 진보하여 유형별로 분류하는 방법을 택한다. 개별 서랍이나 상자에 서로 다른 부품을 각각 보관하므로 부품을 찾기가 쉽다. 하지만 브릭이 늘어나면서 모든 부품에 각각의 서랍을 마련하는 일은 그다지 현실적이지 않다는 사실을 깨닫게 된다. 아마 서랍이 수만 개는 필요할 것이다. 따라서 부품끼리 그룹을 짓는다. 레고 테크닉 부품을 한데 모아 함께 보관하고 타일도 같은 방식으로 보관한다. 부품별로 분류하는 방법은 대부분 소장 규모가 중간 정도일 때 잘 맞는다.

당신이 '일류 모형 제작자'의 범주에 들어가게 되거나 나처럼 직업을 가진 사람으로서 레고를 전문적으로 조립한다면 이에 걸맞은 규모의 접근법이 필요하다. 내 작업실에는 엄청난 양의 브릭이 있는데 세어본 적은 한 번도 없지만 거의 수백만 개에 달한다.

알아보기 쉽게 라벨을 붙인 서랍에 색상이나 유형별로 브릭을 분류하라.

전문적인 모형 제작자들은 부품과 색상, 둘 다를 기준으로 분류하는 방법을 주로 선택한다. 이는 하나의 특정한 조각을 찾기가 쉽다는 의미임과 동시에 회색 브릭 전체를 찾는 일도 빠르게 해낼 수 있다는 뜻이다.

사람마다 자신에게 가장 잘 맞는 체계가 있을 것이다. 실제로 나는 작업실에서 2가지 시스템을 동시에 사용한다. 모형을 계획할 때 내게 가장 중요한 요소는 브릭이 서로 연결되는 방식이다. 내 작업실 벽은 나사를 보관할 때 쓰는 것과 동일한 수백 개의 서랍으로 둘러싸여 있다. 나는 이 서랍에 색상과 상관없이 유형별로 부품을 보관한다. 이는 하나의 브릭을 다른 브릭과 어떻게 연결해야 할지 알고 싶을 때 재빨리 부품을 찾아 확인해볼 수 있다는 의미이다. 나는 보통 설계가 정확히 들어맞는지 시험 제작을 하는데, 이때 색상은 중요치 않다.

하지만 《브릭 원더스》에 나오는 작품처럼 커다란 모형을 만들 때는 알맞은 모양과 색상의 브릭을 갖추는 것이 중요하다. 이때가 바로 내 메인 보관창고가 제 역할을 하는 시점이다. 나는 브릭을 유형과 색상, 둘 다로 분류하여 보관한다. 일단 색상으로 먼저 분류하기 때문에 보관창고는 초록색 구역, 파란색 구역 등으로 나뉜다. 각 구역 안에는 많은 서랍이 있고 각 서랍 안에는 부품이 들어 있다. 나는 부품끼리 섞이지 않도록 특정한 모양과 색상의 브릭을 지퍼백 형식의 주머니에 각각 보관한다.

따라서 조그만 모형을 재빨리 만들고자 할 때, 나는 필요한 모든 부품을 내가 앉은 의자 가까이에서 찾을 수 있다. 큰 모형을 만들 때는 필요한 부품이 들어 있는 주머니를 선택할 수 있다. 하얀색 브릭이 다량 필요하다면 서랍을 통째로 비울지도 모른다.

레고 브릭을 잘 분류하여 보관하고자 할 때 부딪히는 진짜 문제는 딱 하나이다. 먼저 브릭을 분류해야만 한다!

서로 다른 부품이 담긴 많은 양의 비닐백을 분류할 때는 더 큰 서랍을 이용할 수도 있다.

온라인 자료

모든 나이의 레고 팬들에게는 현실에서든 온라인상에서든 활발하게 활동하는 큰 규모의 커뮤니티가 있다. 만약 《브릭 원더스》를 읽고 영감을 얻었다면 당신도 한번 가입해보는 건 어떨까?

레고 게시판

초기에 사람들 대부분이 다른 레고 팬들과 상호작용할 때 사용하는 수단은 아마도 'community.LEGO.com'의 레고 게시판일 것이다. 레고 게시판은 레고그룹이 운영하는 기업의 공식 포럼이다. 참여를 원하는 사람이라면 누구에게나 열려 있지만 레고가 공식적으로 운영하는 게시판이기 때문에 가입 아이디가 필요하다. 좋은 소식이라면 레고 아이디는 무료이며 만들기가 매우 쉽다.

레고 게시판에서 주의해야 할 중요한 사항 중 하나는 검열이 매우 심하다는 점이다. 이 포럼에는 연령 제한이 없으므로 당신이 쓴 글이 게시되기 전에 모두에게 안전한지 확인하는 과정을 거친다. 하지만 이 때문에 활발한 토론이 이루어지지 않는다거나 참여하는 사람이 적거나 하지는 않다. 내가 이 글을 쓰는 순간에도 5만 명이 넘는 사람들이 게시판을 둘러보고 있다.

리브릭Rebrick

리브릭(rebrick.LEGO.com)은 레고의 소셜 미디어 플랫폼이다. 레고 게시판과 달리 청소년과 성인을 대상으로 운영되며 전 세계의 레고 팬들이 만든 놀라운 작품들을 소개한다.

리브릭의 목적은 단순히 사진이나 비디오, 링크를 보관하는 것이 아니라 모든 콘텐츠의 링크를 레고 팬들이 한곳에서 '즐겨찾기'할 수 있도록 하는 것이다. 딜리셔스Delicious나 핀터레스트Pinterest, 레딧Reddit, 디그Digg를 이용해본 적이 있다면 리브릭이 매우 친숙하게 느껴질 것이다. 이런 사이트를 이용해본 적이 전혀 없다면, 리브릭이 놀라운 레고 콘텐츠 링크를 제공하는 훌륭한 자원이라고 생각하라.

리브릭에서는 공식적인 레고 시리즈를 소개하거나 구매를 권유하는 내용을 찾을 수 없다. 다른 여러 팬 커뮤니티와 마찬가지로 당신이나 나와 같은 레고 팬들이 설계한 모형, 즉 '나만의 창작품My Own Creations, MOCs'에 초점을 맞춘다.

레고 쿠수LEGO CUUSOO

직접 만든 레고 세트가 상점에서 팔리는 모습을 보고 싶은 당신을 위한 사이트는 바로 레고 쿠수(lego.cuusoo.com)이다. 쿠수는 원래 일본인이 생각해낸 아이디어인데 더 널리 알려진 킥스타터Kickstarter나 인디고고Indiegogo와 성격이 비슷하다. 지원을 잘 받은 하나의 아이디어가 현실이 될 수 있다는 것이 이 사이트의 기본 개념이다.

레고 쿠수에서는 나만의 아이디어를 생각해내 사이트에 제안할 수 있다. 생각해낸 것을 반드시 레고로 완성해야 하거나 100퍼센트 확정된 아이디어일 필요는 없지만, 시선을 끌 만큼 훌륭해야 한다. 일단 쿠수 사이트에 자신의 생각을 제안했다면 그다음 할 일은 아이디어를 가능한 한 널리 홍보하는 것이다.

하나의 생각을 레고 세트로 만들기 위해 첫 번째로 도전해야 할 일은 사이트에서 당신의 아이디어에 표를 던질 1만 명의 지지자를 모으는 것이다. 그러면 쿠수 운영팀은 어떤 작품을 공식 레고 세트로 출시할지 살펴보기 위해 1만 표 이상을 얻은 모든 작품을 일 년에 4차례 검토한다. 지금까지 4개의 쿠수 세트가 출시되었으며 더 많은 작품이 고려 단계에 있거나 생산 과정에 있다. 그렇다면 기다릴 이유가 무엇이 있겠는가?

리브릭커블Rebrickable

레고 그룹이 지원하는 웹사이트는 매우 광범위하지만 일단 팬 커뮤니티에 발을 담그면 접근할 수 있는 콘텐츠의 범위는 훨씬 더 넓어진다. 리브릭커블(rebrickable.com)은 모든 레고 모형 제작자들이 어느 정도 시간이 지난 후 특정한 시점에 부딪히는 딜레마인 '내게 이 모형을 만들 만한 충분한 브릭이 있는가?'라는 문제를 해결하는 것이 목표인 팬 사이트이다.

리브릭커블에서는 선택한 각각의 작품과 함께 그 모형을 만드는 데 필요한 모든 부품 목록을 볼 수 있다. 그뿐만 아니라 당신이 소장하고 있는 공식 레고 세트 목록을 올릴 수 있어 소장한 세트에 들어 있는 브릭으로 어떤 모형을 만들 수 있는지 알 수 있다.

리브릭커블은 레고 팬 커뮤니티에서 개발된 여러 기술을 한데 모아놓은 훌륭한 사이트이다. 엘드로 편집기로 만든 3D CAD 파일을 분석하고 이를 온라인 시장인 브릭링크의 정보와 결합하여 어떤 모형을 만들 수 있을지를 정할 때, 완전히 새로운 방식을 제안한다.

블로그와 팬 사이트

레고 관련 블로그와 팬 사이트 수는 매일 늘어나고 있다. 내 블로그인 'warrenelsmore.com'처럼 개별적인 인물과 관련이 있는 사이트도 있고 'brickshelf.com'처럼 수천 명의 팬이 만든 작품을 소개하는 곳도 있다. 뉴스 사이트도 있고 토론 사이트도 있으며 그 외에도 각종 성격을 띤 사이트들이 존재한다.

수많은 웹사이트 중에서 내가 정기적으로 방문하는 레고 팬 사이트가 몇 개 있는데 아마도 이곳들부터 방문해보면 좋을 것이다. 첫 번째로 '전 세계의 레고 수집가들을 위한 최고의 온라인 리소스'를 표방하는 브릭세트(brickset.com)이다. 하지만 나는 이 문구에 동의할 수 없다. 이 사이트를 다소 과소평가한 표현이기 때문이다. 브릭세트는 이제까지 만들어진 모든 레고 세트에 관한 가장

방대하고 완벽한 데이터베이스를 갖추고 있을 뿐만 아니라 당신이 소장하고 있는 세트도 기록할 수 있다. 또한 최신 레고 뉴스와 세트에 관한 리뷰를 소개하고 활발한 토론 포럼을 주최한다.

유로브릭(eurobricks.com)은 유럽에 기반을 두고 있지만, 결코 대륙에 국한되지 않는다. 유로브릭은 거대한 온라인 토론 포럼을 운영할 뿐만 아니라 회원들의 작품과 제품 관련 뉴스에도 초점을 맞춘다. 또한 회원들이 직접 작성한 세트 리뷰로도 잘 알려졌다. 이제는 리뷰 수준이 굉장히 높아져서 초보 비평가들을 가르치는 '아카데미'도 운영한다.

내가 자주 찾는 마지막 사이트는 브라더스브릭(brothers-brick.com)이다. 브라더스브릭은 주로 전 세계의 레고 팬들이 제작한 최고의 작품을 소개하는 데 초점을 맞춘다. 소개된 모형은 대부분 수준이 굉장히 높아서 제작자들은 이 사이트에 자신의 작품이 소개되면 매우 기뻐한다.

플리커Flickr, 유튜브, 페이스북 등……

레고만을 위한 웹사이트가 엄청나게 많지만, 온라인상의 레고 콘텐츠는 여기에 국한되지 않는다. 당신이 플리커나 유튜브, 페이스북, 트위터를 선호하든 혹은 또 다른 소셜 미디어 사이트를 선호하든, 레고 팬들은 분명 어디에서나 강력한 존재감을 드러낼 것이다. '레고'로 한번 검색해보라.

고대 불가사의

기자의 피라미드

기자Giza의 피라미드는 기존의 세계 7대 불가사의 중 유일하게 현존하는 건축물이지만, 그 크기를 고려할 때 그다지 놀랄 만한 일은 아니다. 가로, 세로가 각각 230미터에 높이가 147미터로 레고로 완벽히 재현해내기엔 규모가 너무 크다. 완성했다면 피라미드는 온통 반짝이는 하얀 돌로 뒤덮이고, 이 색상의 브릭은 거의 남아나지 않았을 것이다. 그래서 우리는 피라미드의 마지막 모서리를 마무리하는 숙련공들의 모습을 강조하기로 했다.

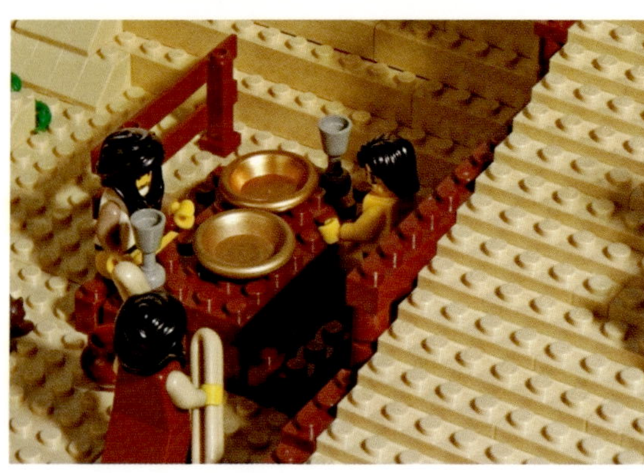

우리의 생각과는 반대로 건축에 동원된 사람들은 노예가 아니라 숙련된 노동자들이었다. 얼마나 많은 사람이 필요했는지에 대해서는 의견이 분분하지만, 어쨌든 피라미드를 완성하기까지는 적어도 10년 이상 걸렸을 것이다.

스핑크스

기자의 스핑크스는 하나의 암석으로 된 세계에서 가장 큰 조각상으로 높이가 70미터에 이른다. 만들어진 지 2500년이 넘었지만 여러 가지 독특한 특징들이 지금까지도 아주 잘 보존되어 있다. 알려진 바와 같이 코는 남아 있지 않으며 역사학자들은 16세기에 부러졌으리라고 추측한다.

미니 스핑크스

이집트의 국가적 상징인 이 조각상의 이름은 그리스 신화에서 유래했다. 스핑크스는 고대 도시 테베의 길목을 지켰다고 전해지는데, 수수께끼의 답을 정확히 맞히는 사람만이 그곳을 무사히 지날 수 있었다고 한다. 아래의 미니 스핑크스는 위협적인 느낌이 덜 들도록 설계했다.

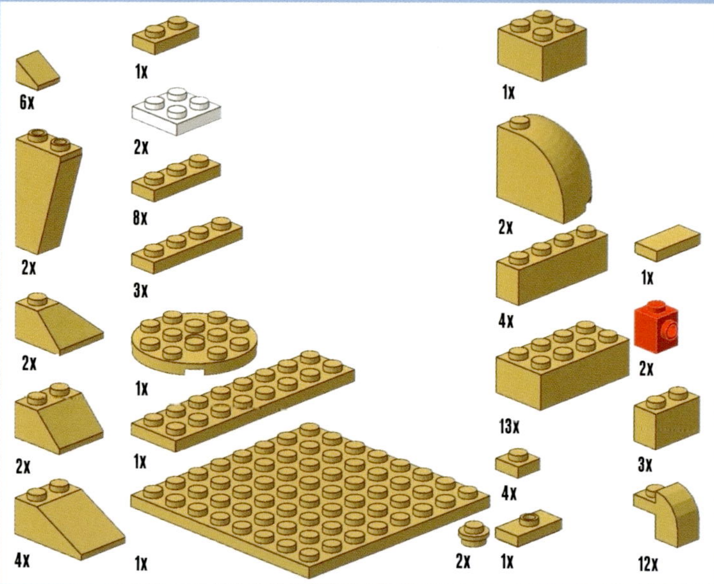

1

2

3

4

5

6

7

8

9

10

11

12

13

14

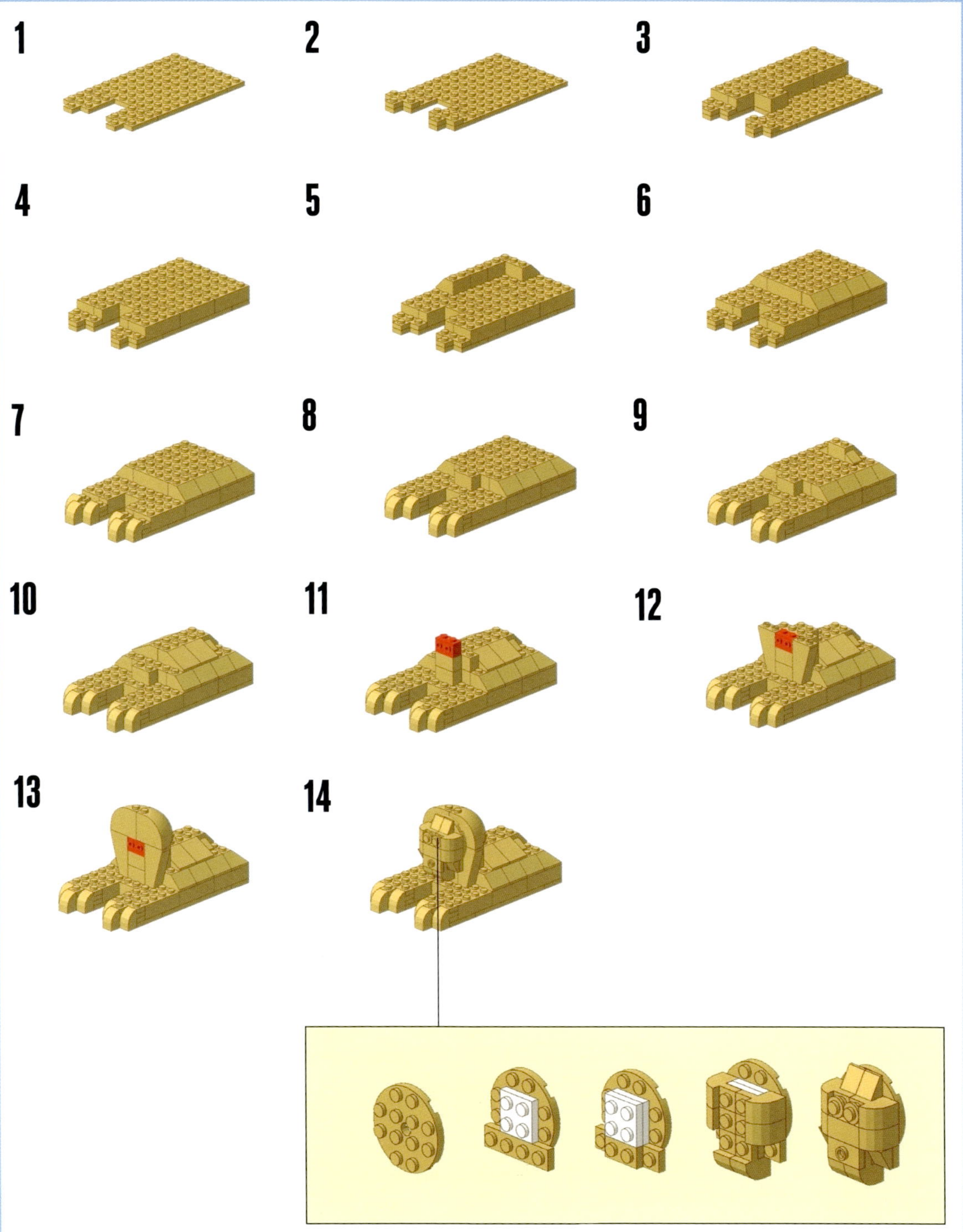

스카라브

고대 이집트에서는 스카라브Scarab를 성스러운 생물로 여겨 숭배했다. 오늘날에는 쇠똥구리라고 불린다. 스카라브의 형태는 상형문자로 새겨졌을 뿐만 아니라 부적과 부장품, 보석 디자인에도 활용되었다. 쇠똥구리가 레고 모형 크기만큼 자라는 경우는 드물지만 실제로 16센티미터까지 자라는 종도 있어, 우리가 만든 모형이 실물 크기처럼 보이게 한다.

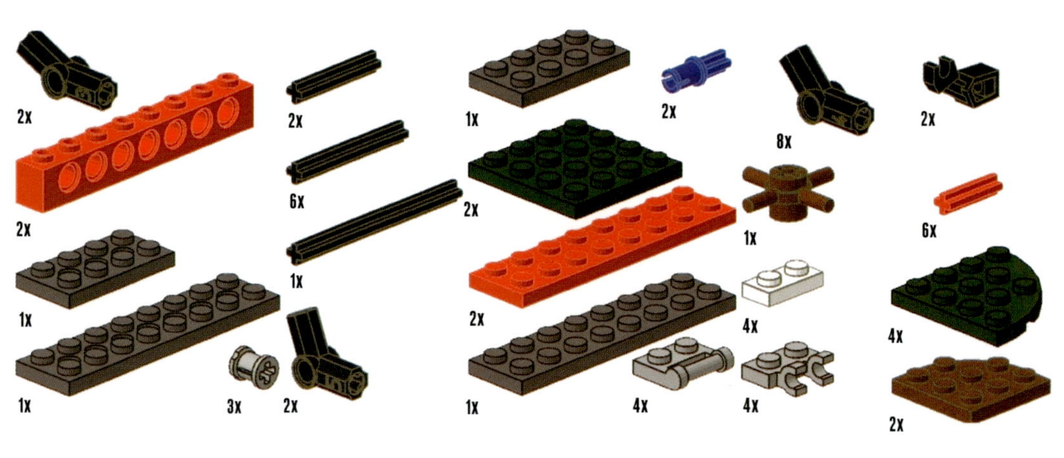

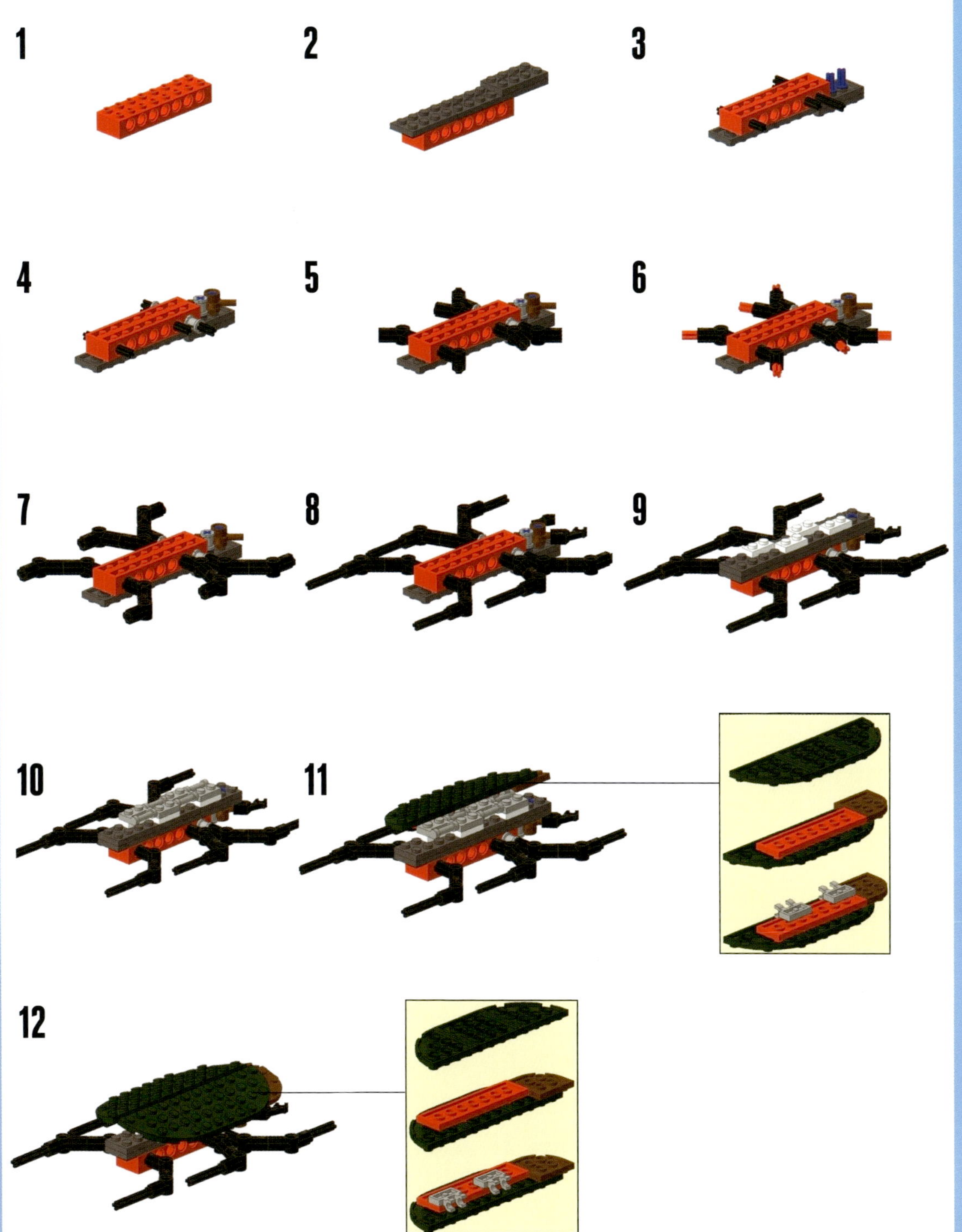

1
2
3
4
5
6
7
8
9
10
11
12

바빌론의 공중정원

바빌론의 공중정원이 실제로 어떻게 생겼
는지 아는 사람은 아무도 없다. 사실 우리
는 정원이 어디에 있었는지도 정확히 알
지 못한다. 기원전 600년경 네부카드네자
르 2세가 건축한 것으로 알려진 이 정원
은 아마도 아내를 위한 선물로 지어졌을
것이다. 아내가 메디아Media(이란 서부의 고
원, 또는 그곳에서 번창한 왕국)의 식물을 그
리워하자 왕은 아내에게 돌기둥 위로 높
이 솟은 기막히게 멋진 정원을 만들어주
었다. 가뭄이 가장 혹독한 시기를 포함하
여 1년 내내 물이 공급되었던 이 정원은
세계의 불가사의 중 하나가 되었다.

실제 정원의 모습을 보여줄 증거가 전혀 없어서, 네덜란드의 화가 마르텐 반 헴스케르크가 18세기에 제작한 판화를 바탕으로 상상을 조금 더해 모형을 제작했다.

트라이림

트라이림Trireme은 그리스의 선박으로 알려
졌지만 사실 고대 지중해 전역에서 사용된
배다. 이 배는 양쪽에 노 젓는 인부를 층층
이 배치하여 빠르고 날렵했으며 전투에 알
맞았다. 엄밀히 따지면 양옆에 노가 세 줄
씩 있어야 하지만, 이렇게 작은 크기의 레
고 모형에서는 그냥 상상으로만 만족해야
할 것이다.

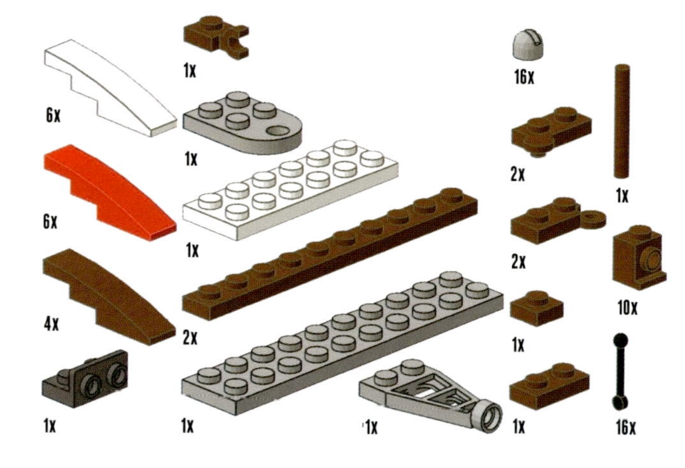

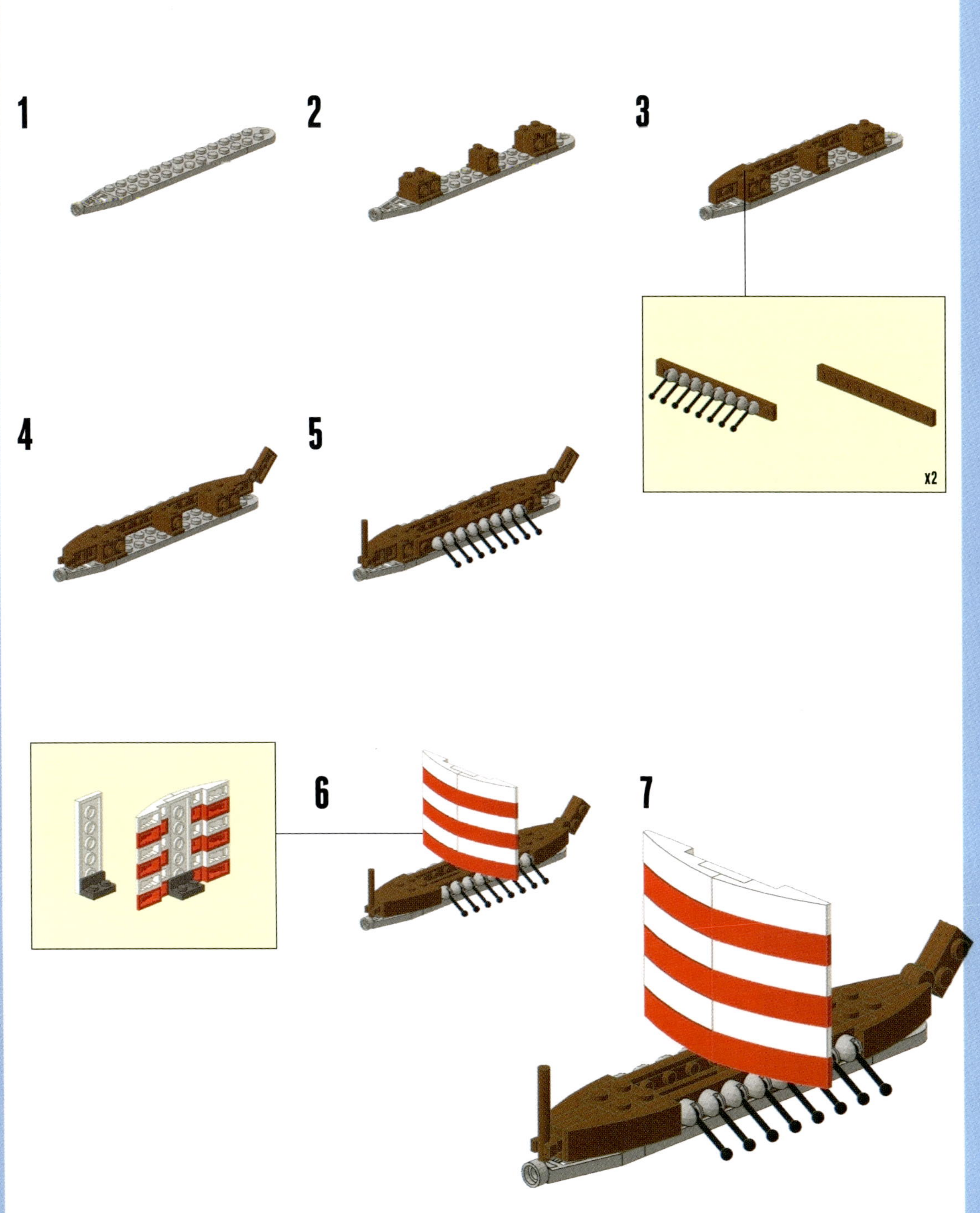

분수와 나무

모든 여왕의 정원 한가운데에는 움직임과 소리를 더하고 공기도 식혀주는 분수가 있어야 한다. 특히 날씨가 더운 중앙아시아의 정원이라면 더욱 그렇다. 레고로 분수를 만드는 과정은 간단한데 물이 폭포처럼 층층이 쏟아지는 모습을 연출하기 위해 원뿔 Cone 모양 브릭을 위아래로 뒤집어 주요 부분을 만드는 것이 요령이다. 야자수 나무는 정원의 전경을 아주 잘 보완해준다.

1

2

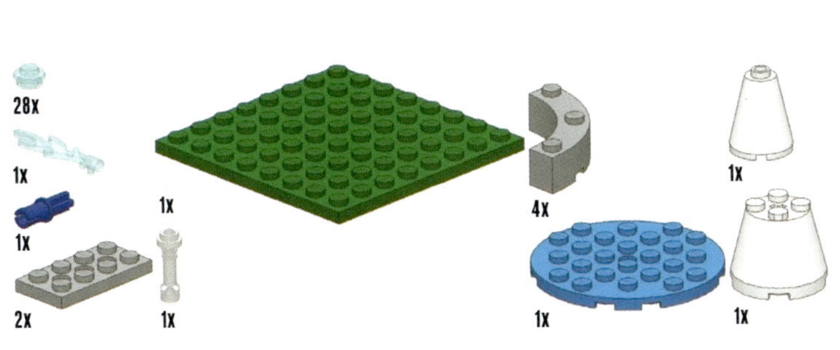

1

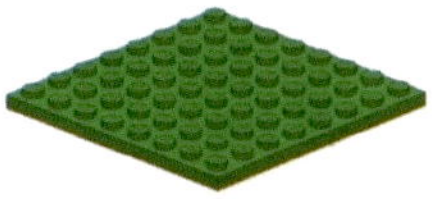

2

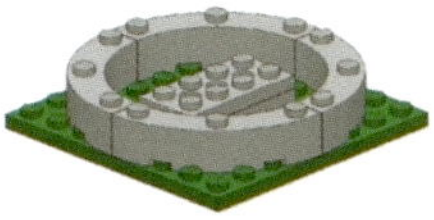

3

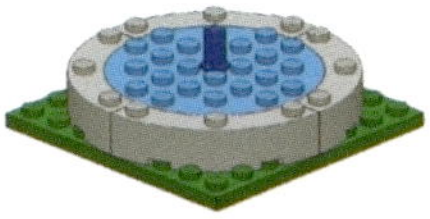

4

5

6

7

올림피아의 제우스 상

제우스는 고대 그리스 신들의 왕이었다. 올림피아의 제우스 상은 제우스 신전 안에 있었는데 고대에 세워진 가장 큰 조각상 중 하나이다. 높이가 13미터로 신전에 간신히 들어가는 크기였다. 조각상에 표현된 제우스의 이미지는 호메로스가 《일리아드》에서 묘사한 내용에서 영감을 받았다고 한다. 나무 뼈대에 상아와 금으로 된 판을 이용하여 만든 이 조각상은 오늘날의 기준으로 봐도 굉장히 멋진 모습이다.

애석하게도 이 조각상은 로마 제국 시대에 파괴된 것으로 보인다. 고고학자들이 제우스를 조각한 페이디아스의 작업장에서 한쪽에 '페이디아스의 것'이라고 새겨진 컵을 포함한 여러 유물을 발견했을 때 확인된 바로는 이 조각상은 기원전 435년경에 세워졌다.

벼락

당신의 눈에는 이 모형이 벼락으로 보이지 않을지도 모르지만 고대 그리스인의 눈에는 분명 벼락으로 보일 것이다. 우리는 고대 그리스의 수많은 항아리에서 볼 수 있는 벼락을 모형으로 제작했다. 제우스가 들고 있는 벼락은 원래 그리스 신화에 등장하는 외눈박이 괴물인 키클롭스에게서 받은 선물이었다. 아마도 제우스의 손안에서 엄청난 힘을 발휘한 부기였을 것이나. 당신은 이 벼락을 조심히 휘두르리라고 믿는다.

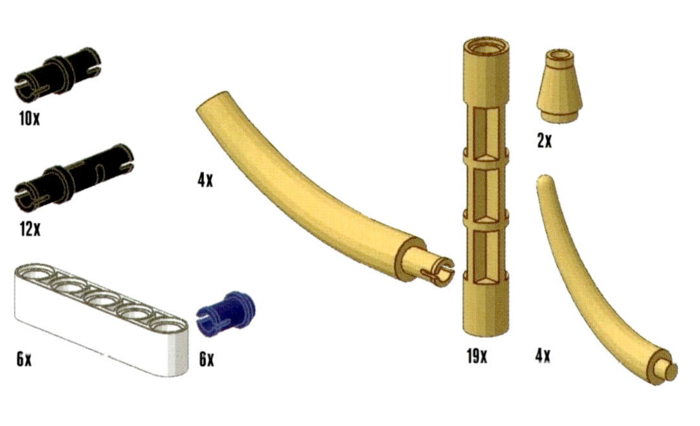

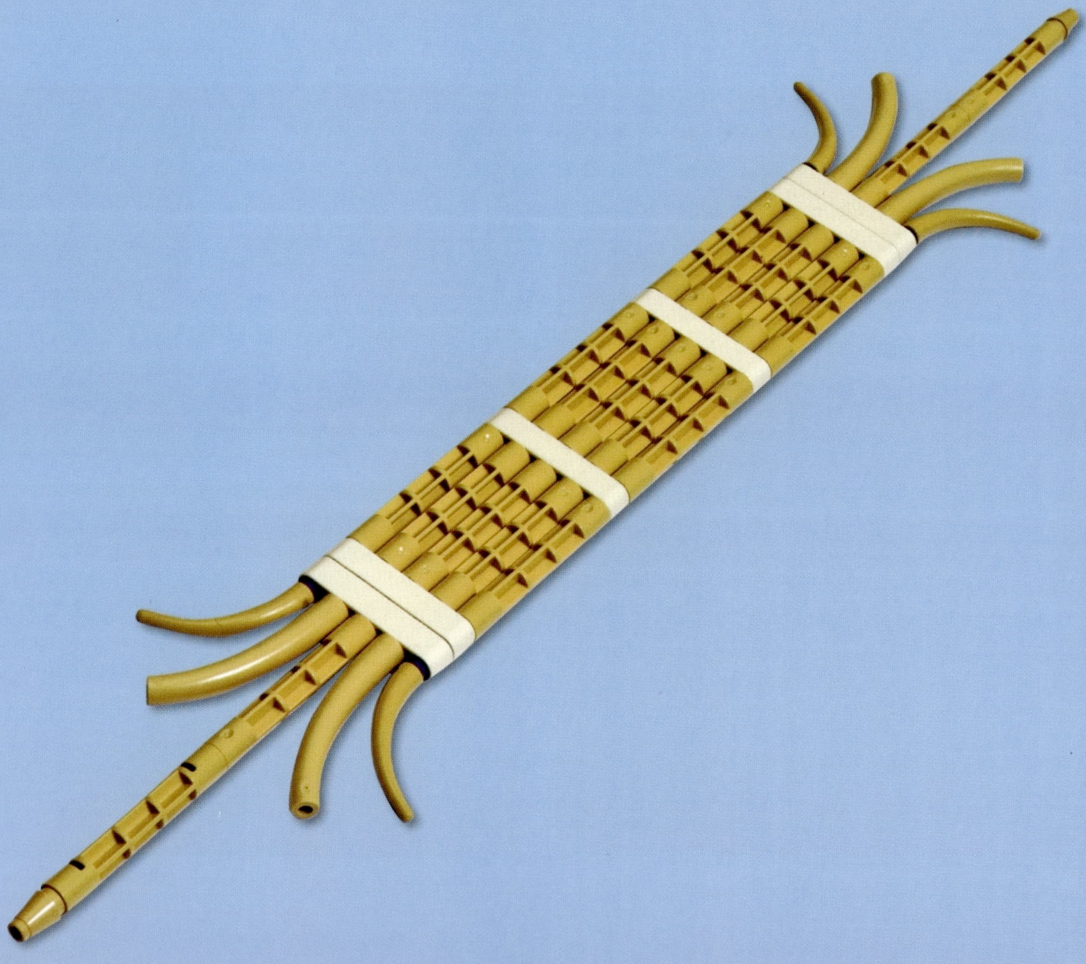

1

2

3

4

5

6

7

x2

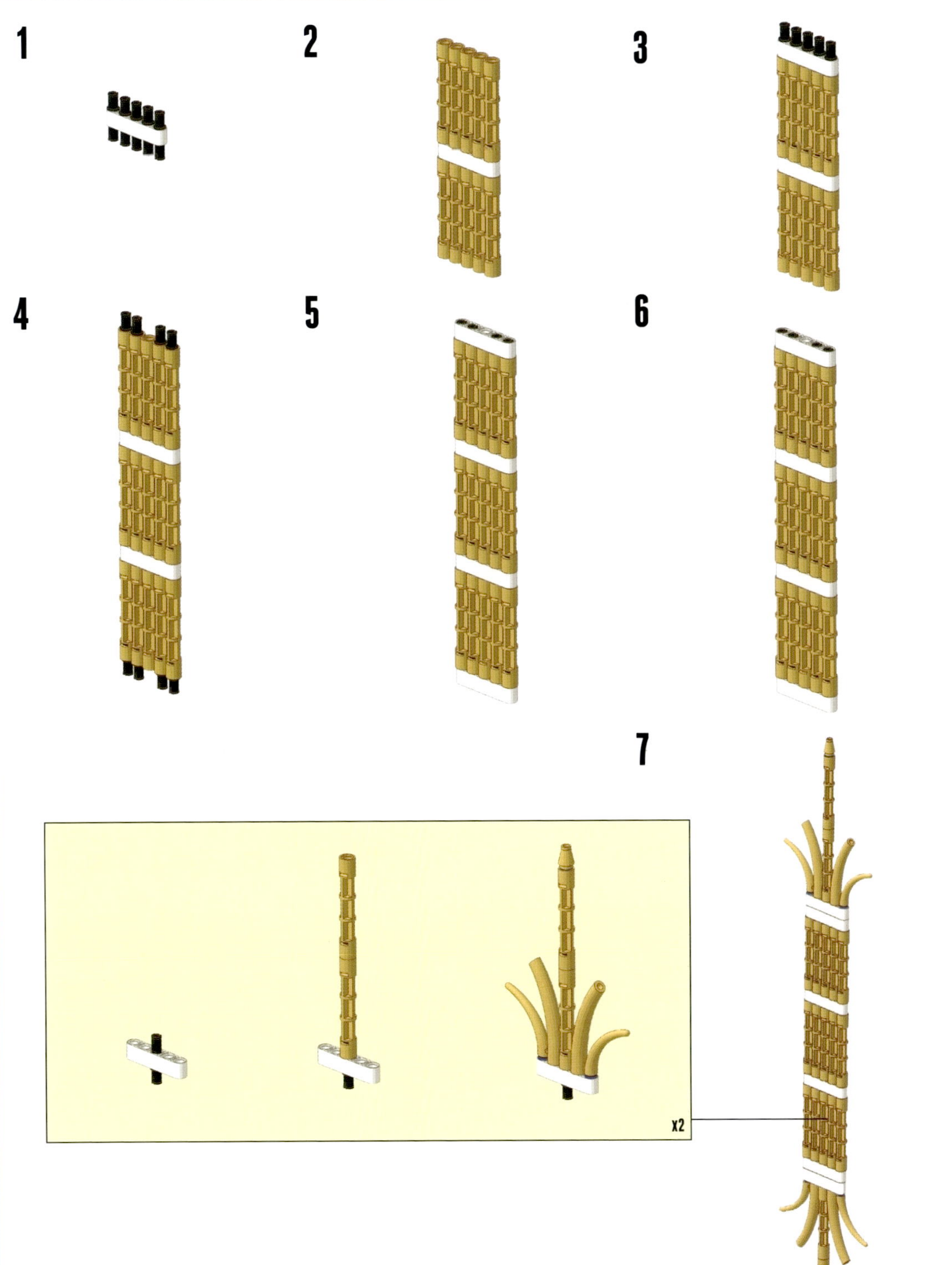

리시크라테스 기념비

합창단 우승을 기념하는 리시크라테스 기념비Lysicrates Monument는 기원전 334년, 현대의 후원자들이 그러하듯 음악에 관심이 있는 한 부유한 후원자가 세웠다. 아크로폴리스 근처인 아테네에 있는 이 기념비가 당신 눈엔 왠지 익숙하게 느껴질지도 모른다. 에든버러에서부터 시드니, 뉴욕에 이르기까지 전 세계에 비슷한 형태의 기념비가 많으므로 충분히 그럴 수 있다.

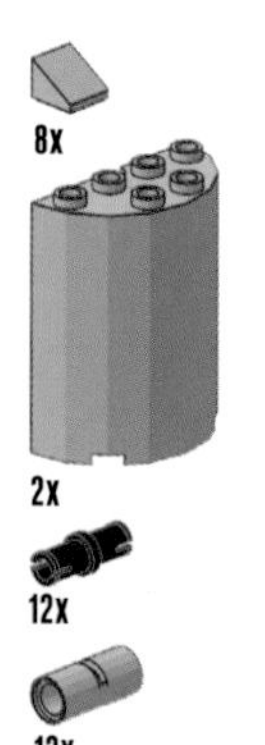

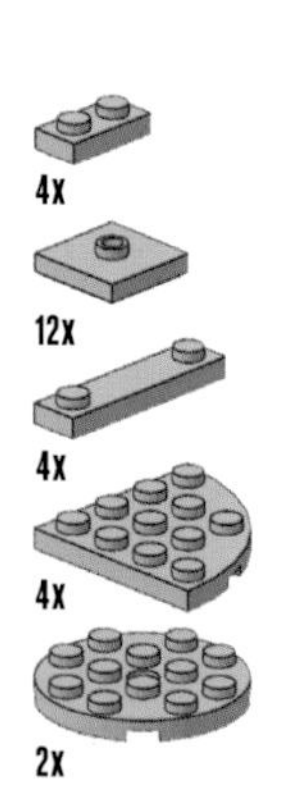

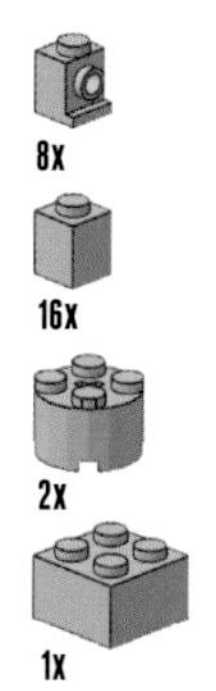

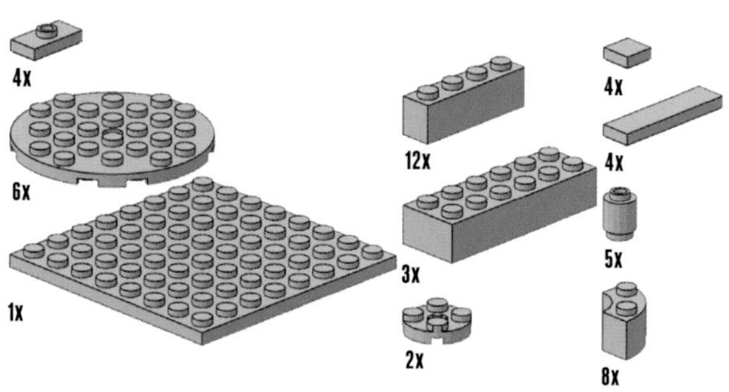

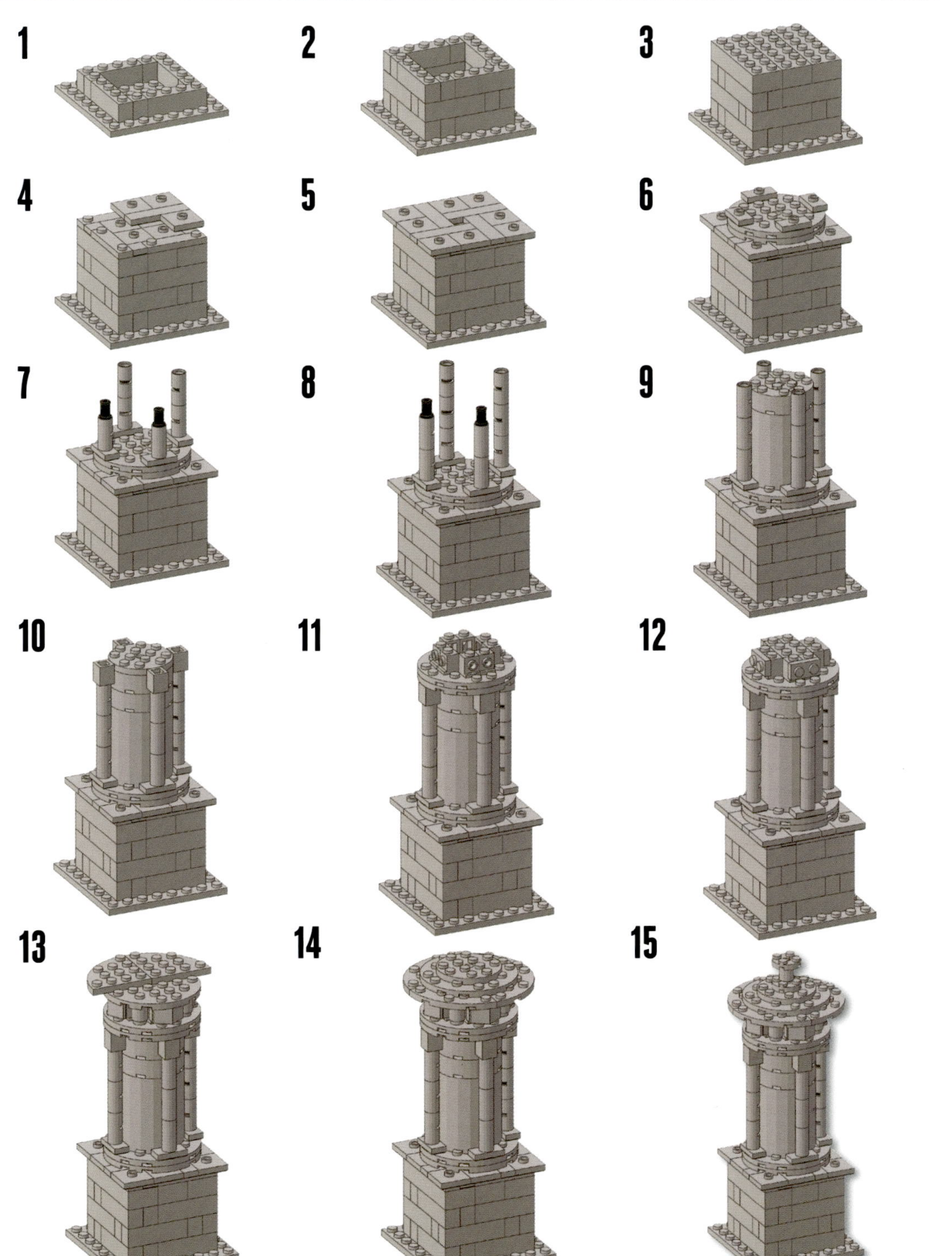

아르테미스 신전

여기에 재현한 아르테미스 신전은 사실 같은 장소에서 세 번째로 지어진 신전으로, 건물을 새로 지을 때마다 규모가 더 커지고 웅장해졌다. 장식은 금으로 되어 있었으며 모든 기둥은 18미터 높이만큼 솟아 있었다. 가로 69미터, 세로 137미터 규모로 오늘날 현대식 경기장 옆에 세워져 있어도 이상해 보이지 않을 것이다.

이 신전은 사냥의 여신이자 제우스의 딸인 아르테미스에게 바쳐졌다. 기원전 400년까지 존속했으며 그 이후 신전의 돌들은 다른 여러 건축물과 마찬가지로 다른 건물을 짓는 데 사용되었다.

기둥머리

아르테미스 신전은 기둥 127개가 모두 똑같이 생겼다. 대리석으로 만든 기둥들은 거대한 지붕을 떠받칠 만큼 튼튼했다. 또한 가장 인상 깊은 불가사의로 불리는 건축물 중 하나인 만큼 매우 정교하기도 했다. 우리는 측면이 둥근 2×2 브릭Round 2×2 Profile Brick을 사용하여 둥글고 세로로 홈이 난 기둥을 재현했으며, 기둥들을 결합하면 파르테논 신전과 같은 효과를 낼 수 있다.

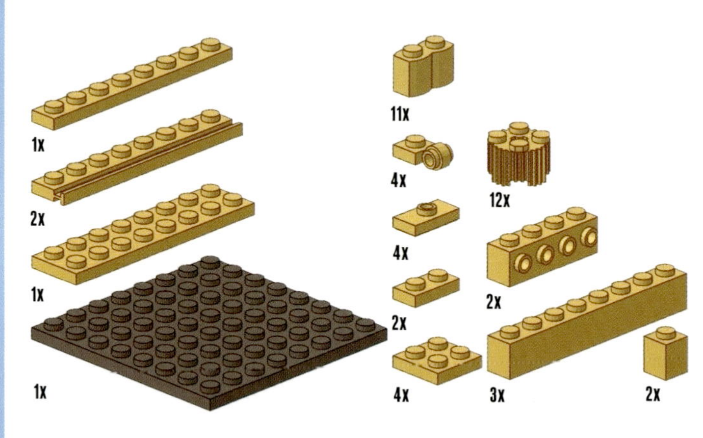

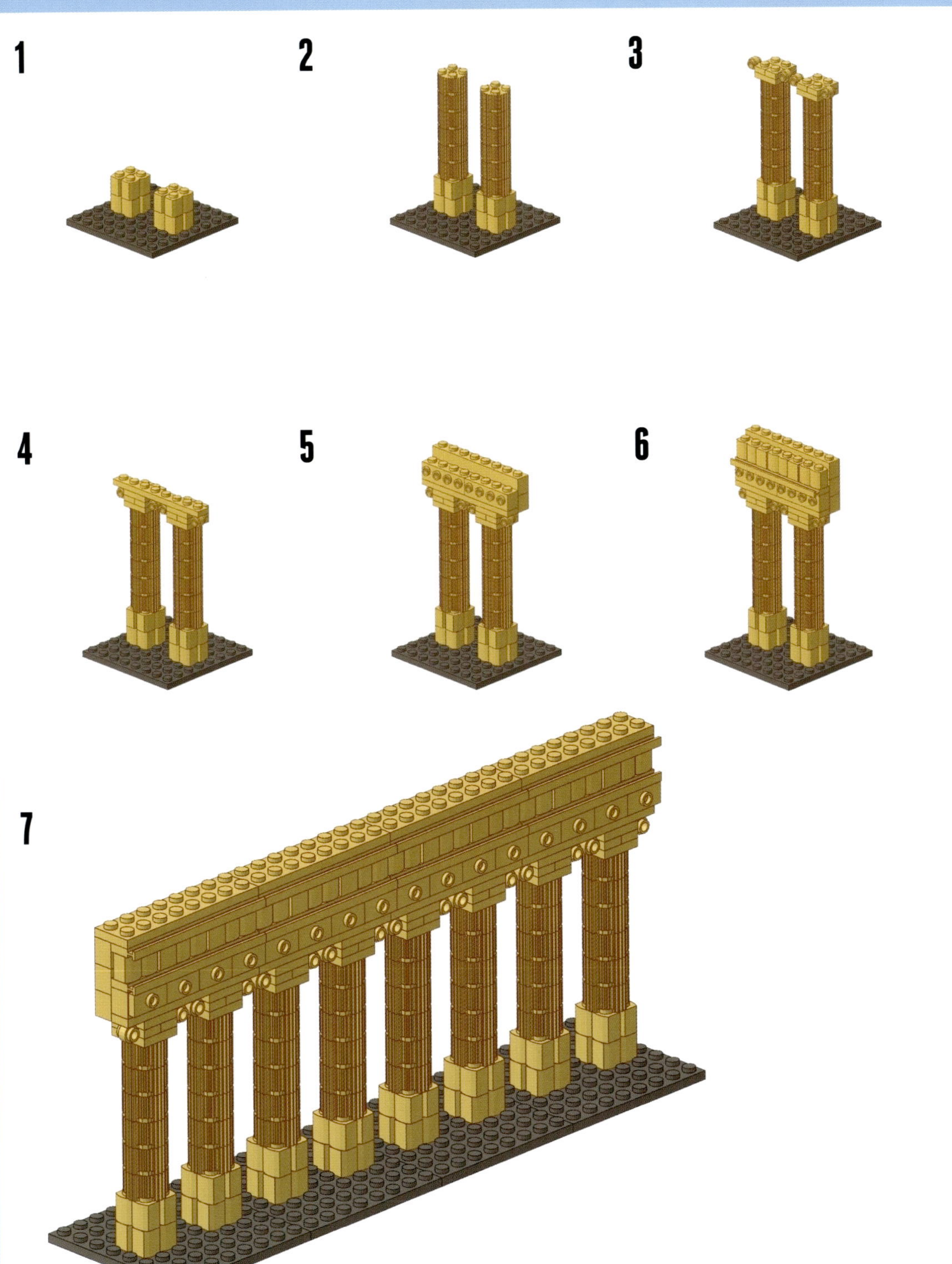

1
2
3
4
5
6
7

제단

그 당시의 다른 많은 신전과 마찬가지로 아
르테미스의 제단도 신전 바깥에 있는 별
도의 건물에 있었다. 레고 모형에서는 제
단의 기둥을 재현하기 위해 울타리를 사용
했으며 제단 바깥쪽 둘레를 따라 살짝 튀
어나온 부분을 표현할 때는 점퍼 플레이트
Jumper Plate를 사용했다.

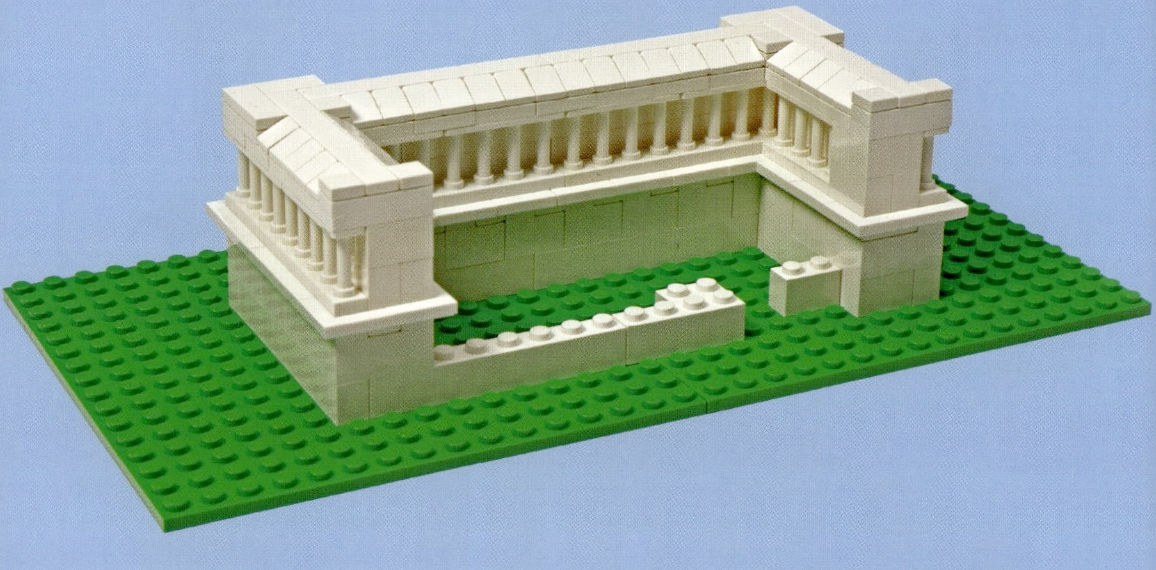

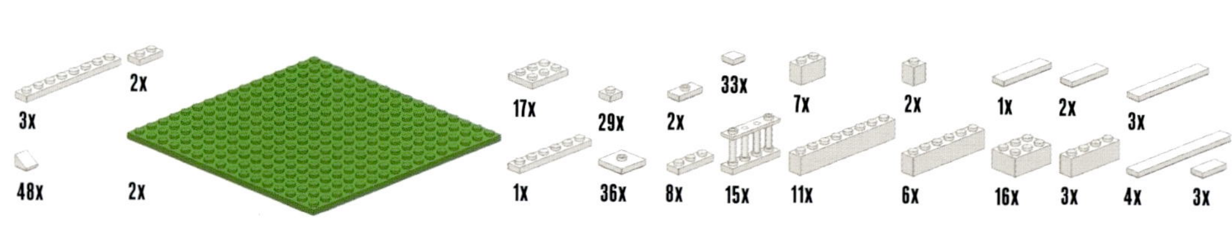

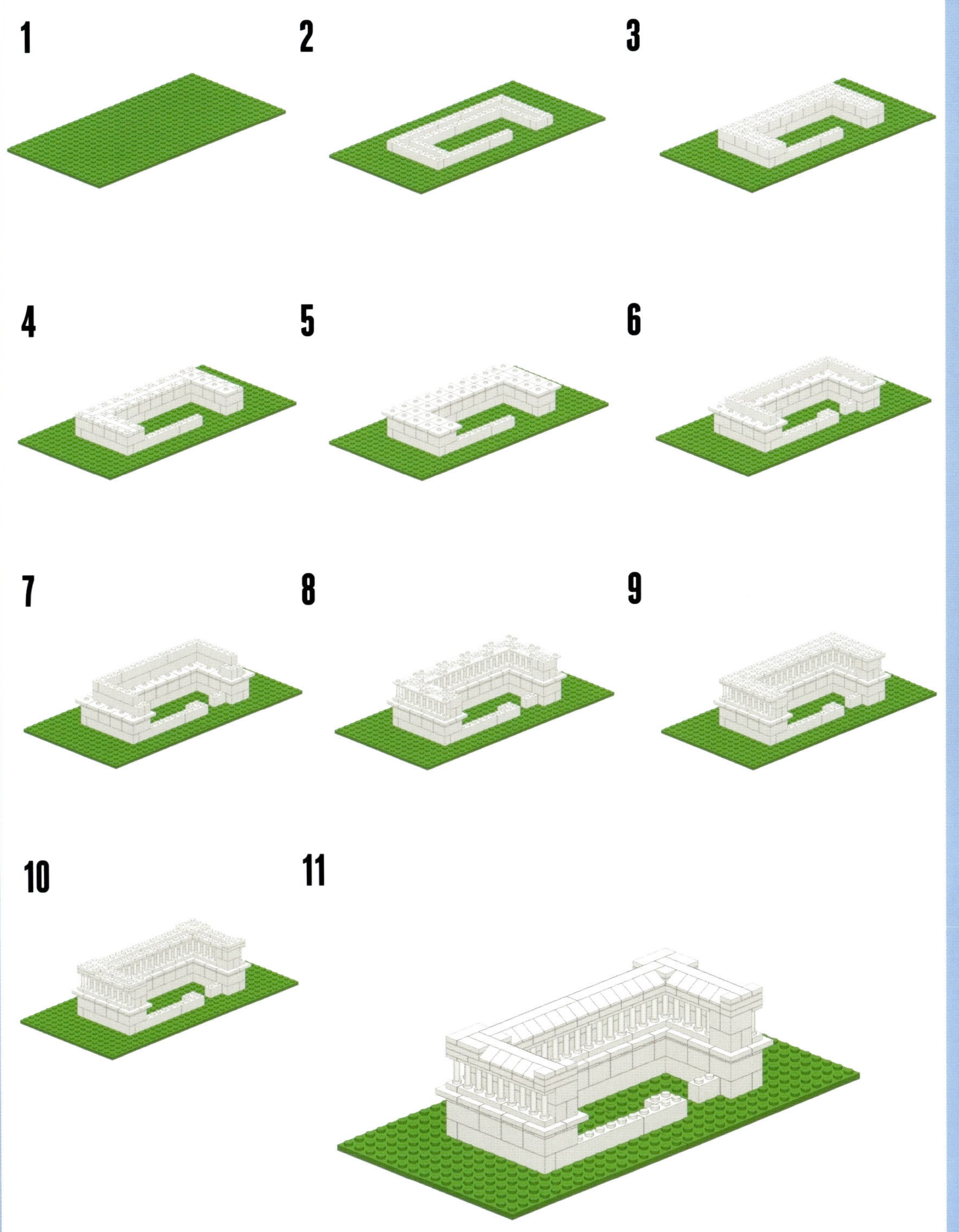

1
2
3
4
5
6
7
8
9
10
11

할리카르나소스의 영묘靈廟

할리카르나소스에 있는 영묘는 아르테미시아가 자신의 남편(이자 오빠)인 마우솔로스에게 바치기 위해 지은 건축물이다. 그리스 최고의 예술가들이 조각 의뢰를 받았으며 무덤의 모든 면을 각각 다른 조각가가 맡았다. 아르테미시아는 영묘가 완성되기 전에 죽었지만 조각가들은 작품을 완성할 때까지 그곳에 남았다.

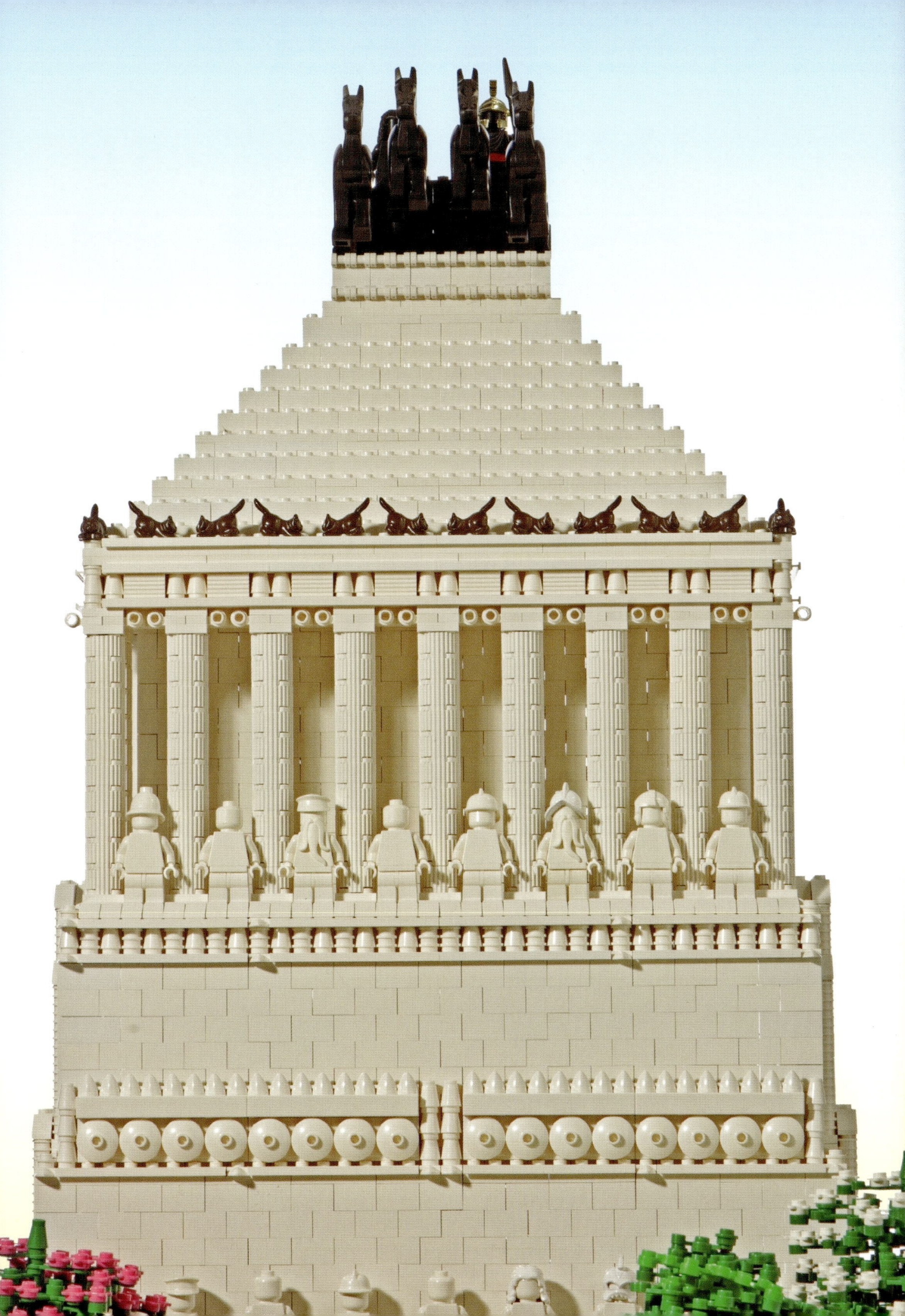

완성된 할리카르나소스 영묘는 매우 아름답다고 알려져 고대의 세계 불가사의 중 하나가 되었다. 영묘가 있던 위치는 오늘날 터키의 보드룸 지역으로 지금은 무덤의 토대만 남아 있다.

트로이 목마

적의 도시에 잠입하는 데 실패했다면 커
다란 목마를 만들라! 이야기에 의하면 트
로이전쟁 당시 그리스는 10년 동안 트로
이를 포위했지만 정복하지 못하다가 한
가지 묘수를 떠올렸다. 그들은 배를 타고
그곳을 떠나는 척하면서 선물로 웅장한
목마를 남겼고, 트로이 사람들은 고마워
하며 목마를 성벽 안으로 끌고 들어갔다.
하지만 목마 안에는 그리스 전사들이 적
들 모르게 숨어 있었다. 도시에 밤이 찾아
오자 전사들은 목마에서 몰래 빠져나와
트로이 안으로 아군을 모두 불러들였다.

1 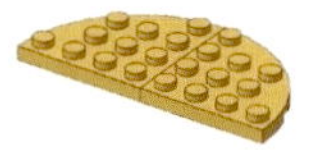

2 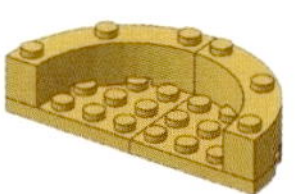

3 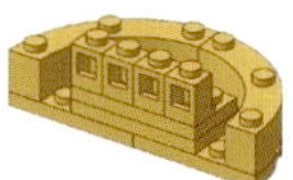

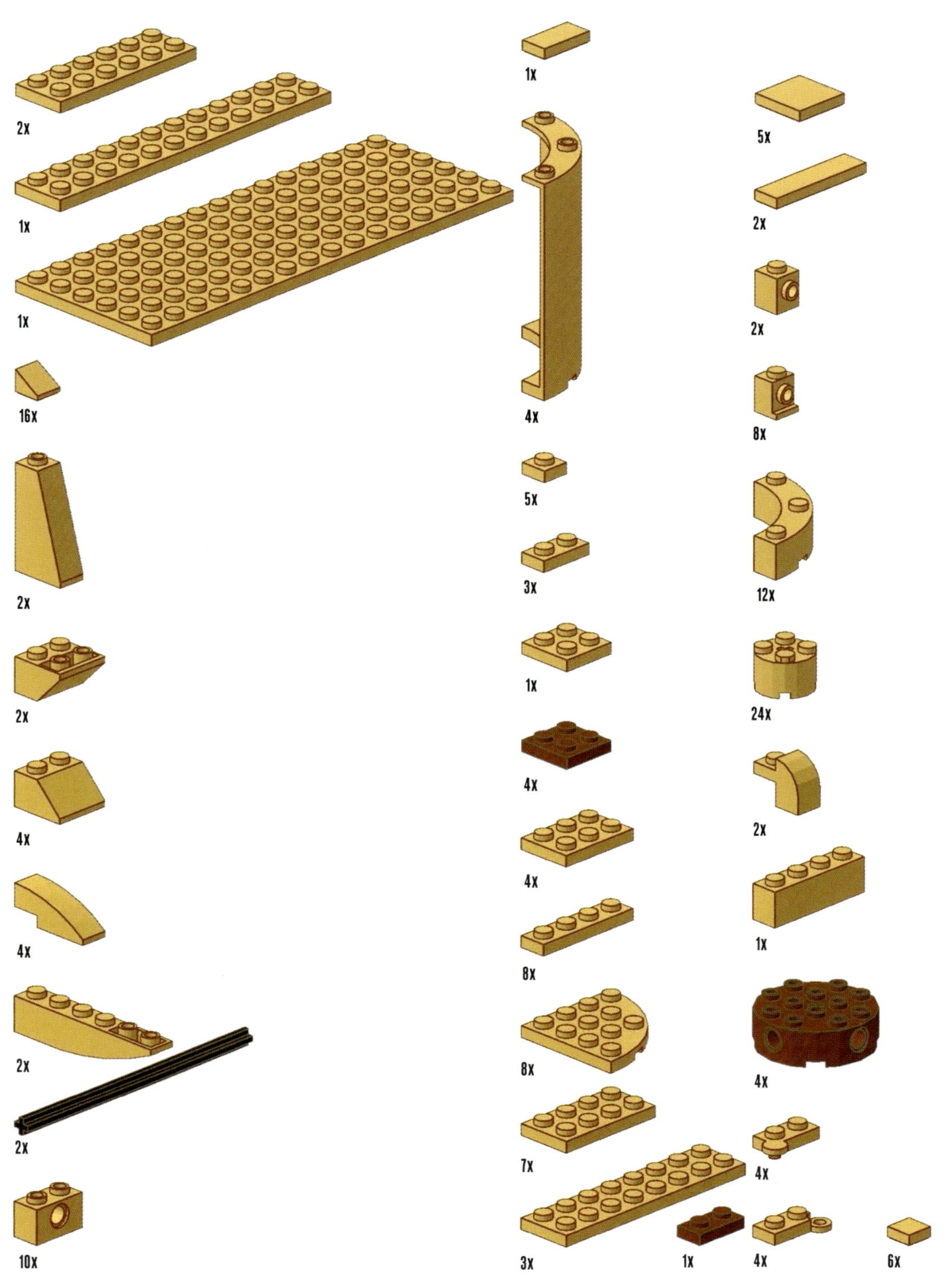

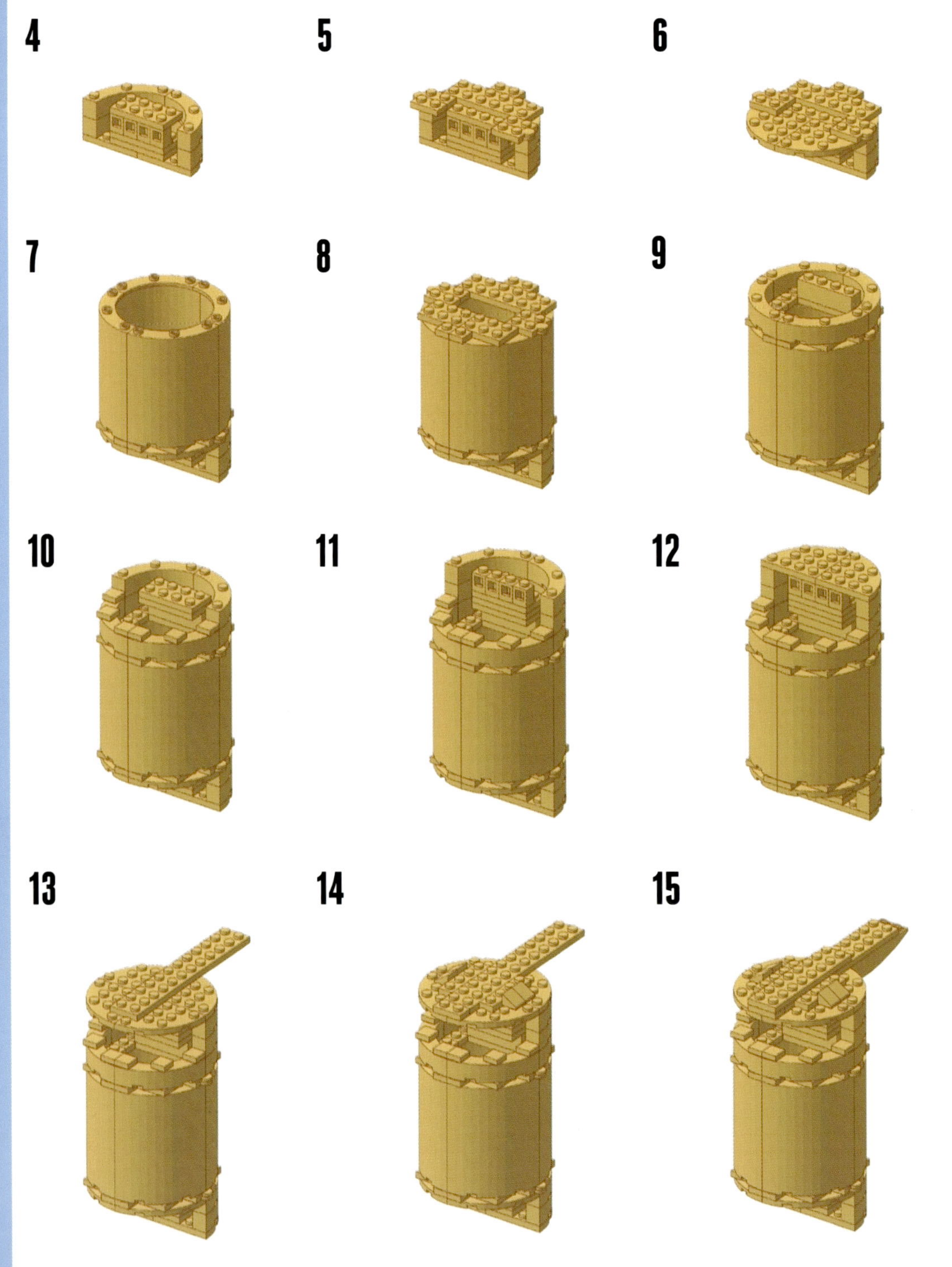

16

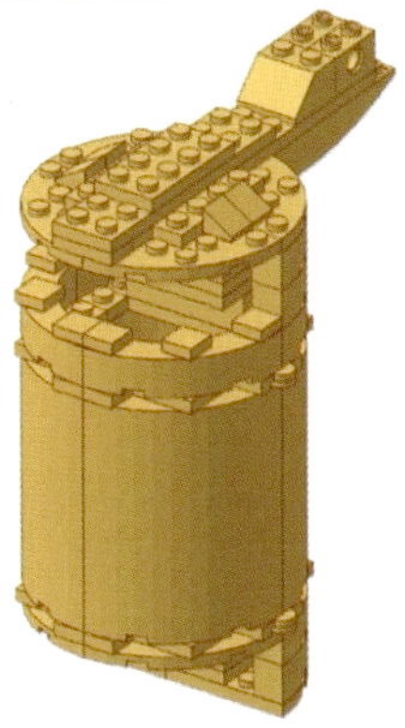

17

18

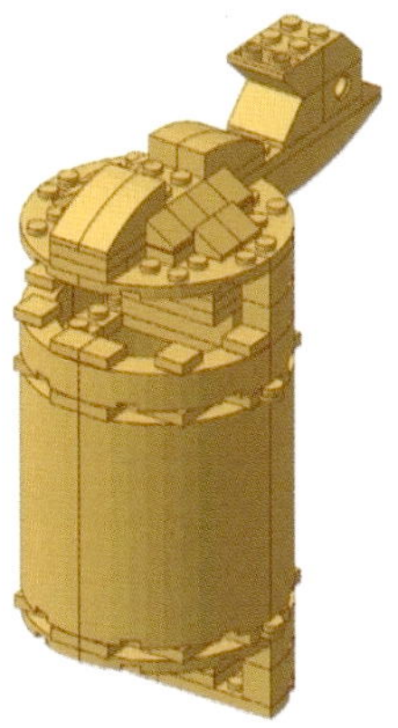

19

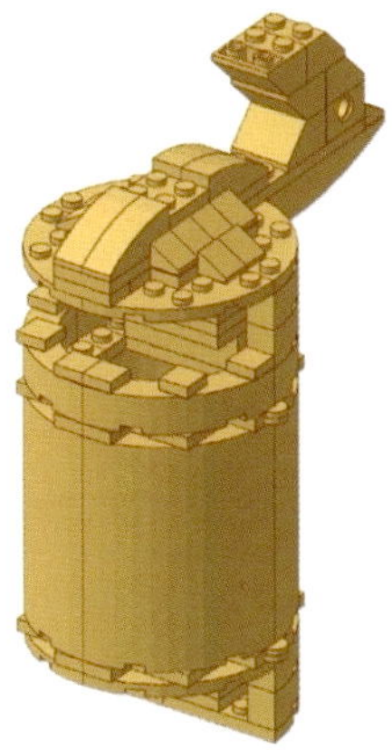

20

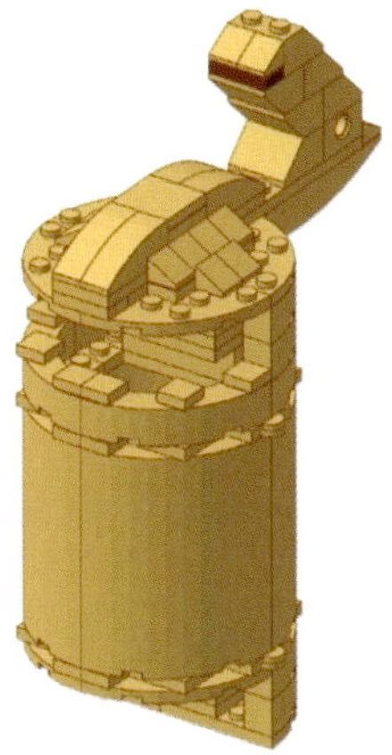

21

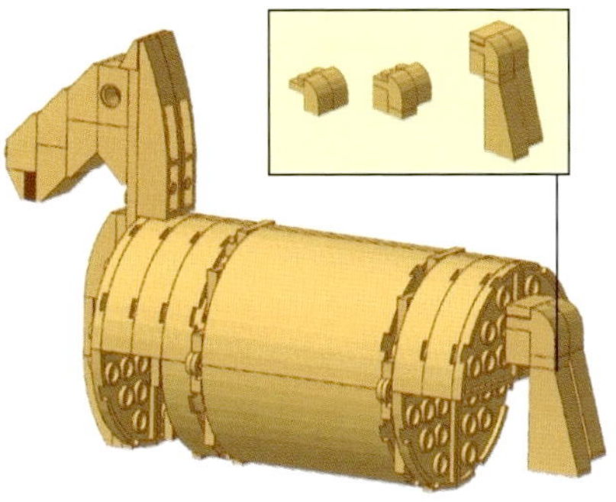

전차

스키타이족Scythians은 아시아의 스텝 지대에 살던 고대 부족이며 그리스인들도 잘 알고 있었다. 그들은 공격적인 전사로 유명했으므로 이와 같은 전차를 많이 사용했을 것이다. 차축에 튀어나와 있는 칼에 다치지 않도록 주의하라!

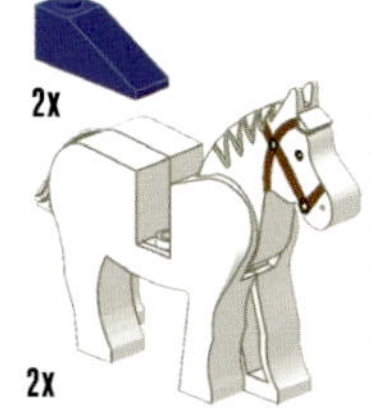
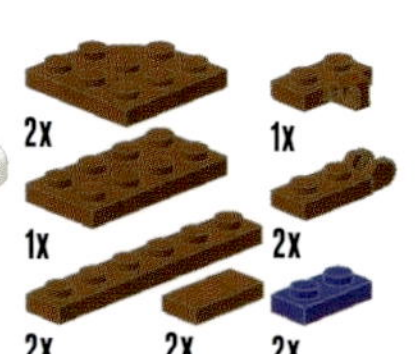
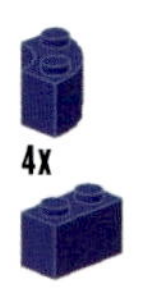
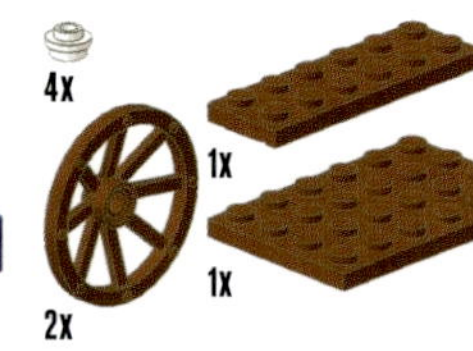
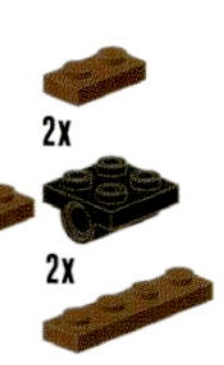
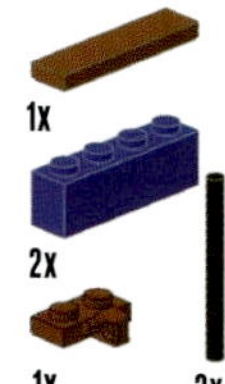

1

2

3

4

5

6

7

8

9

10

11

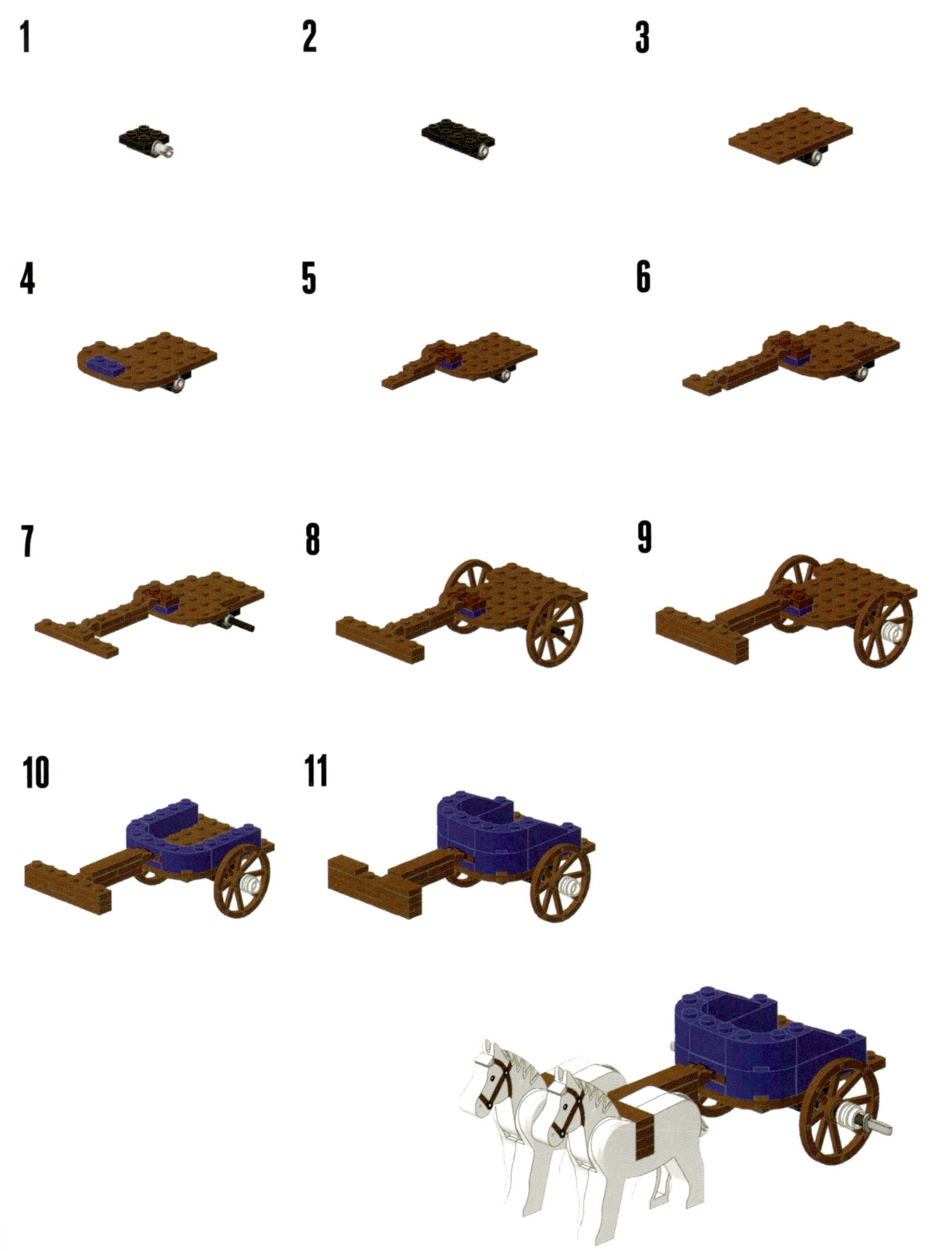

로도스 거상

로도스 거상Colossus of Rhodes의 일반적인 이미지는 항구 입구에 다리를 하나씩 걸치고 서 있는 거대한 조각상의 모습이지만 애석하게도 실제 모습은 그렇지 않았던 것 같다. 기원전 300년경에 세워진 이 조각상은 입구 한쪽에 서 있었을 가능성이 더 높은데, 그래도 여전히 30미터의 높이를 자랑하는 인상적인 광경을 보여준다. 거상은 기원전 226년에 지진으로 파괴될 때까지 50년밖에 그 자리를 지키지 못했다.

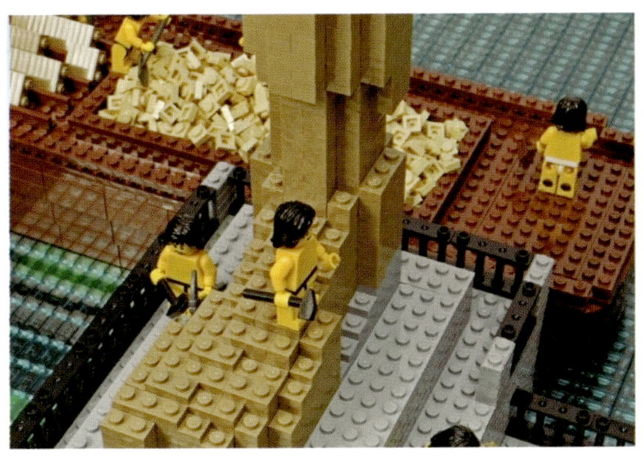

로도스 거상의 유적은 매우 인상적이어서 800년 이상 관광지로 명성을 누렸다. 19세기 후반의 건축가들도 이 디자인을 매우 사랑해서, 뉴욕 자유의 여신상을 설계할 때 기초로 삼았다.

미니 거상

미니 거상은 실제 조각상만큼 거대하지 않 겠지만 적어도 만들기는 더 쉽다. 또한 레 고 브릭으로 만들었기 때문에 실제 조각상 을 무너지게 한 기원전 226년의 지진과 같 은 재난에도 쉽게 버틸 것이다.

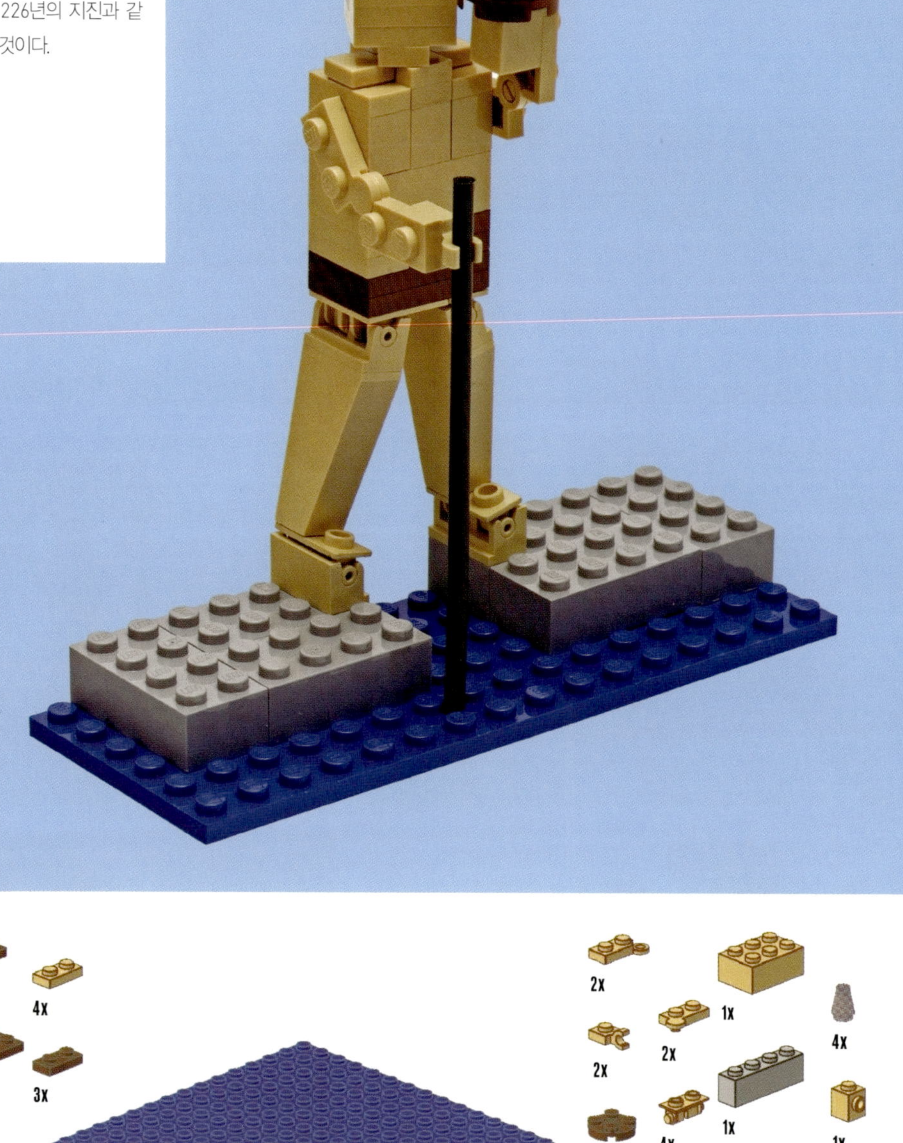

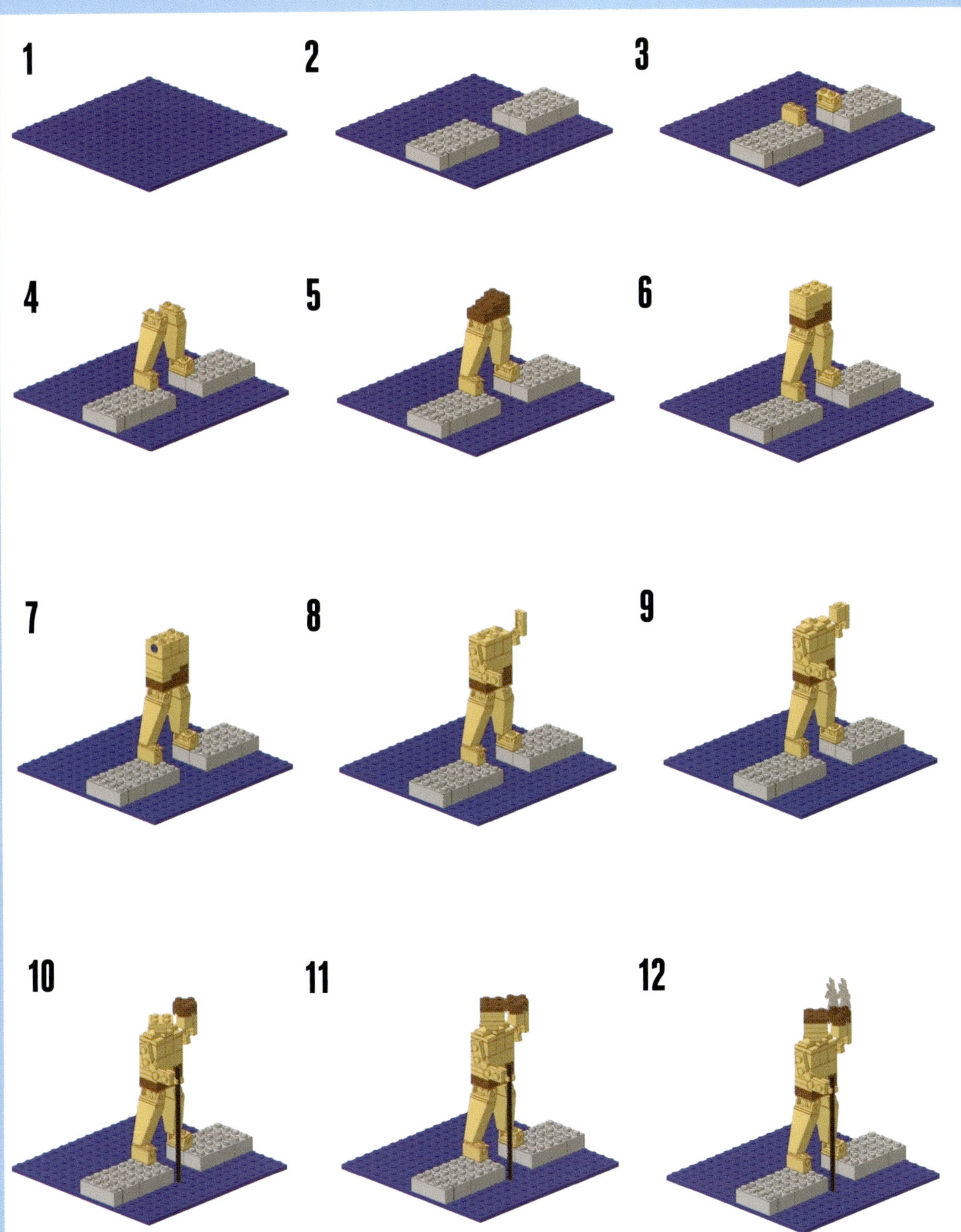

아르키메데스의 지렛대

아르키메데스는 지렛대에 관해 이런 글을 남겼다. "내게 설 땅을 주면 지렛대로 지구를 움직여 보이겠다." 지렛대로 지구를 움직일 수 있다는 그의 말은 틀리지 않지만 그렇게 하려면 아주 멀리 떨어진 곳에서 있어야 한다(그리고 지렛대를 받칠 매우 튼튼한 물체가 필요하다). 하지만 모형으로 만든 이 작은 지구를 움직이는 일은 그다지 어렵지 않을 것이다.

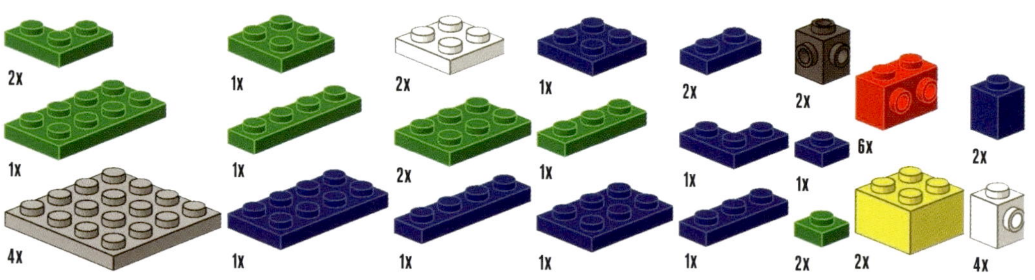

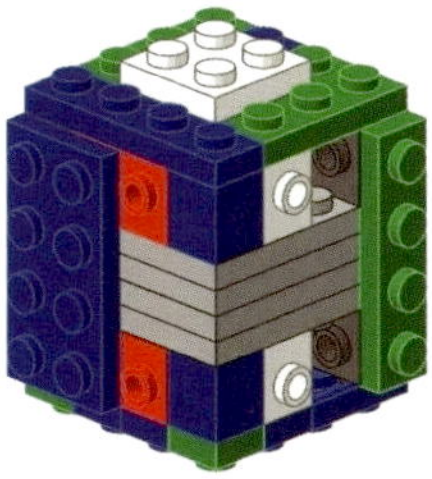

알렉산드리아의 등대

알렉산드리아의 등대는 수 세기 동안 지구 상에 건설된 건축물 중 가장 높은 구조물 이라는 명성을 누렸다. 파로스라는 연안 섬 에 서 있던 이 등대는 기원전 250년경 이 집트 뱃사람들이 항구로 안전하게 들어올 수 있게끔 길을 안내하는 역할을 했다. 지 진으로 피해를 보았음에도 1480년 마지막 돌이 도난을 당해 근처의 요새를 짓는 데 쓰일 때까지 가까스로 살아남았다.

한창때의 등대는 높이가 122미터에 달해 기자의 피라미드에 맞먹었으며 수 마일 떨어진 곳에서도 볼 수 있었다. 건축 비용으로 800달란트 정도가 들었다고 하는데 오늘날로 치면 300만 달러에 해당하는 금액이다.

방아두레박

방아두레박은 물을 끌어올릴 때 쓰는 가장 오래된 도구 중 하나인데 지금도 여전히 사용되고 있다. 장대의 한쪽 끝에 추를 달아 물이 가득 담긴 반대편 두레박의 무게와 균형을 맞춘다. 방아두레박을 사용하면 노력을 거의 들이지 않고도 물을 끌어올릴 수 있어, 땅에 물을 대거나 마실 물과 목욕물을 얻는 데 사용했다.

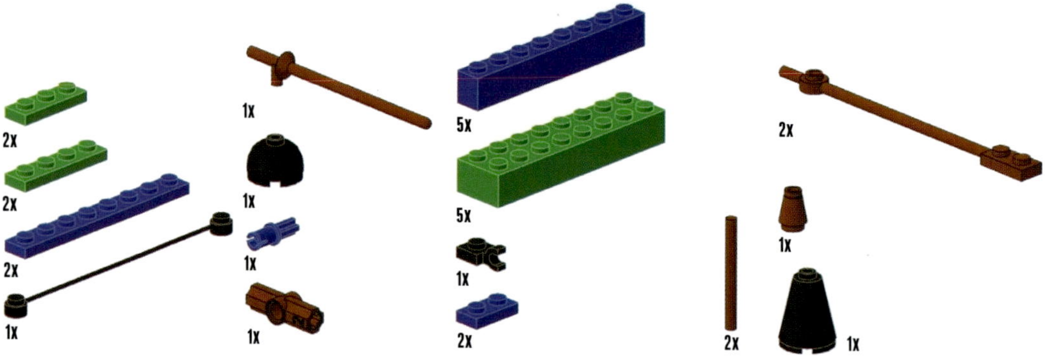

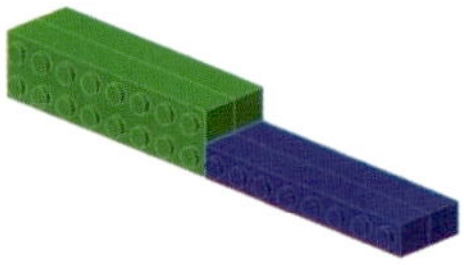

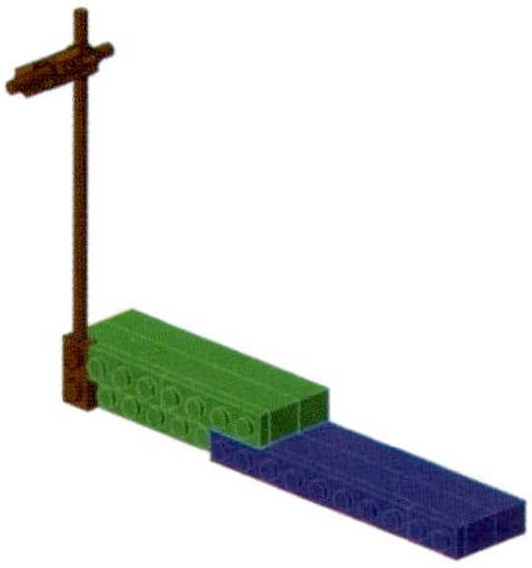

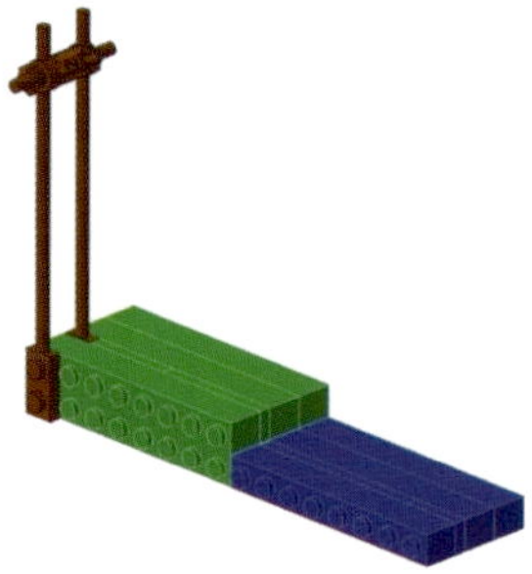

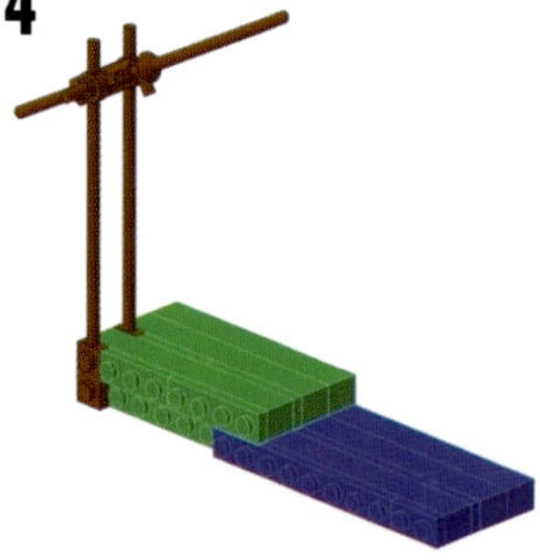

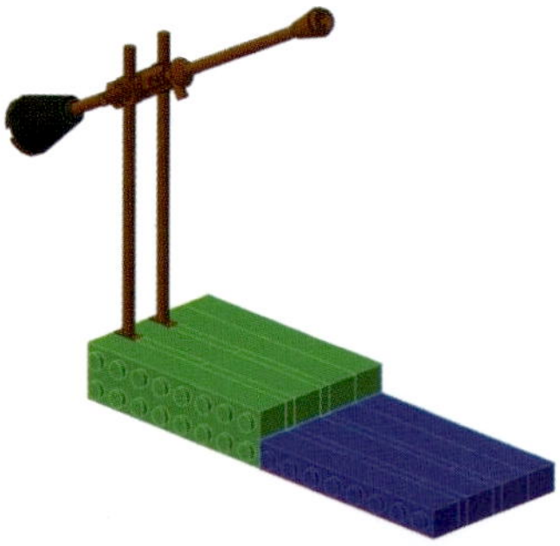

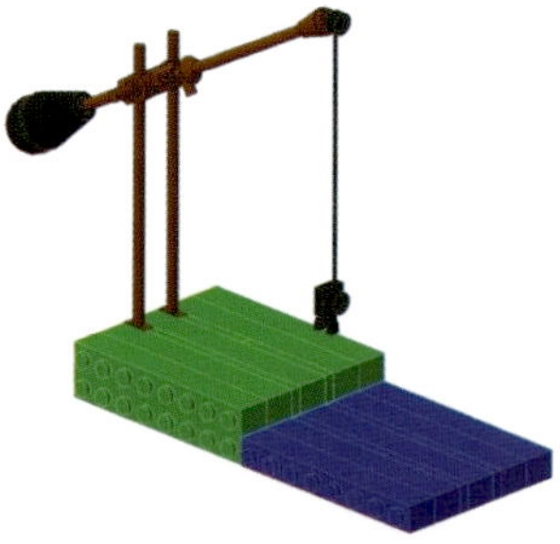

펠루카

펠루카Felucca는 커다란 삼각돛이 달린 북 아프리카의 전통 돛단배이다. 그러나 이 배를 샌프란시스코에서도 자주 볼 수 있었다는 사실을 알고 있는가? 명성이 높은 피셔맨스워프Fisherman's Wharf는 한때 샌프란시스코 만을 항해하던 펠루카 낚싯배들의 선착장이었다. 애석하게도 샌프란시스코에서 더는 볼 수 없지만 이집트의 나일 강에서는 여전히 인기가 높다.

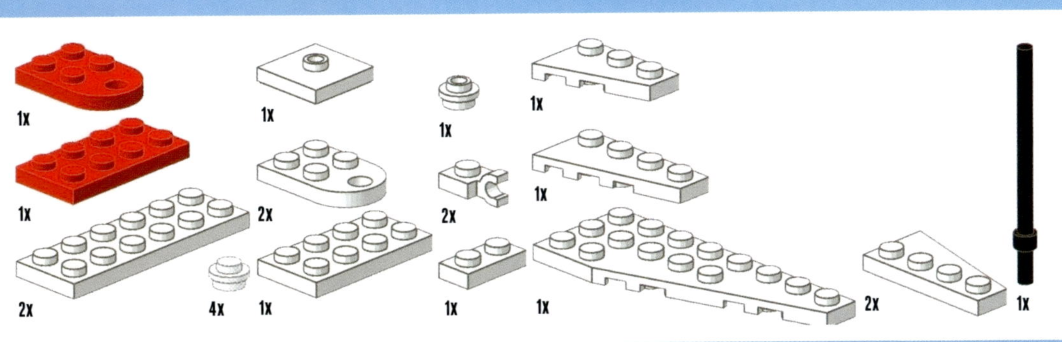

1  **2** 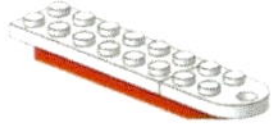 **3**

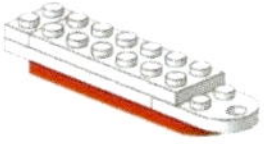

4 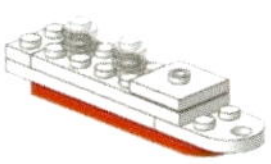 **5**

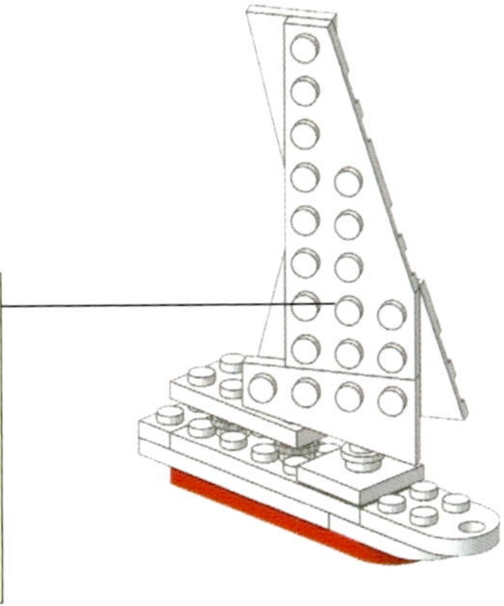

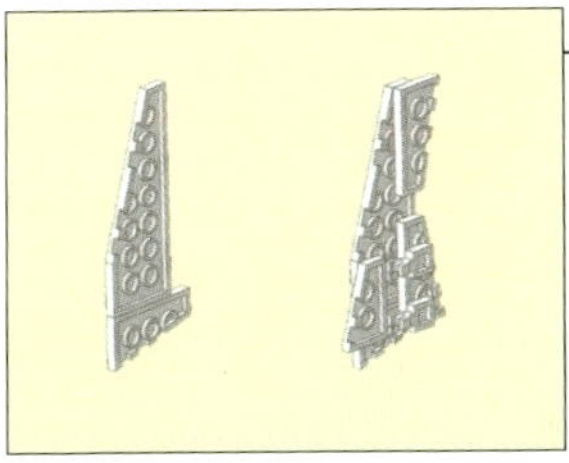

역사 불가사의

중국의 만리장성

중국의 만리장성은 우주에서 보이는 유일한 건축물로 언급되는 경우가 많다. 사실 이 이야기가 진실은 아니지만, 그렇다고 해서 만리장성 규모의 명성에 손상을 주지는 않는다. 길이가 6000킬로미터가 넘는 이 성은 장식을 목적으로 한 건축물이 아니다. 기원전 700년에서 200년 사이에 집권한 여러 왕은 북쪽의 적들로부터 나라를 보호하려는 목적으로 만리장성을 건설했다.

비단길에서 아시아 대륙으로 통하는 국경을 통제할 때 쓰이던 만리장성은 이제 매년 수천만 명의 방문객이 찾는 중국에서 가장 유명한 관광명소가 되었다.

중국의 용

중국의 용춤은 세계적으로 유명하다. 여럿이 힘을 합쳐 길거리를 다니며 춤을 추는데, 중국의 새해 축하 행사의 하이라이트로 등장하는 경우가 많다. 우리가 브릭으로 재현한 용이 9조각으로 구성되어 있음을 눈치챘을지 모르겠지만 이는 우연이 아니다. 중국 사회에서 9는 완벽한 숫자로 인식되어왔으며, 대부분 용이 최소한 아홉 부분 이상으로 분리된다.

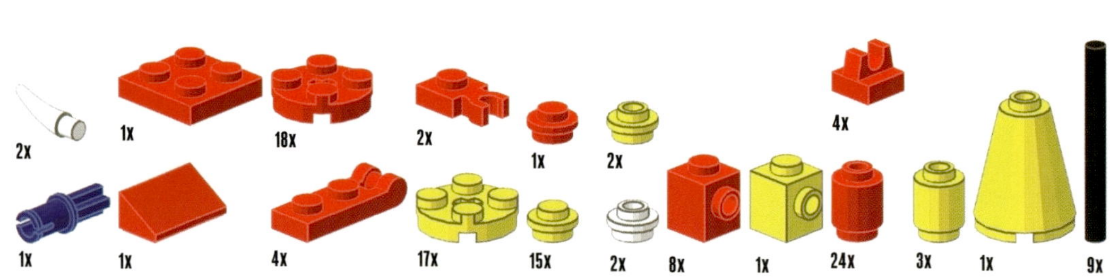

1

2

3

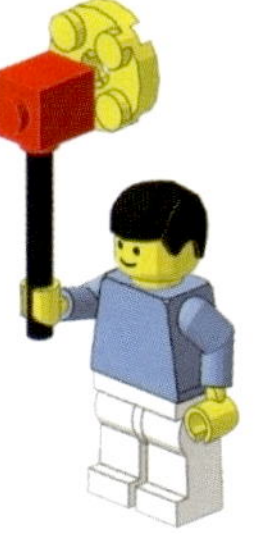   

4

중국의 탑

중국의 탑은 수세기에 걸쳐 크기와 모양이
바뀌었지만 여전히 한눈에 알아볼 수 있다.
원래는 유물이나 종교와 관련된 물품을 보
관하는 용도로 지어졌으나 그와 동시에 언
제나 멋진 장관을 연출하기도 한다. 처음에
는 탑을 건축할 때 돌과 벽돌을 이용했는
데 이후에는 나무가 가장 널리 쓰였다.

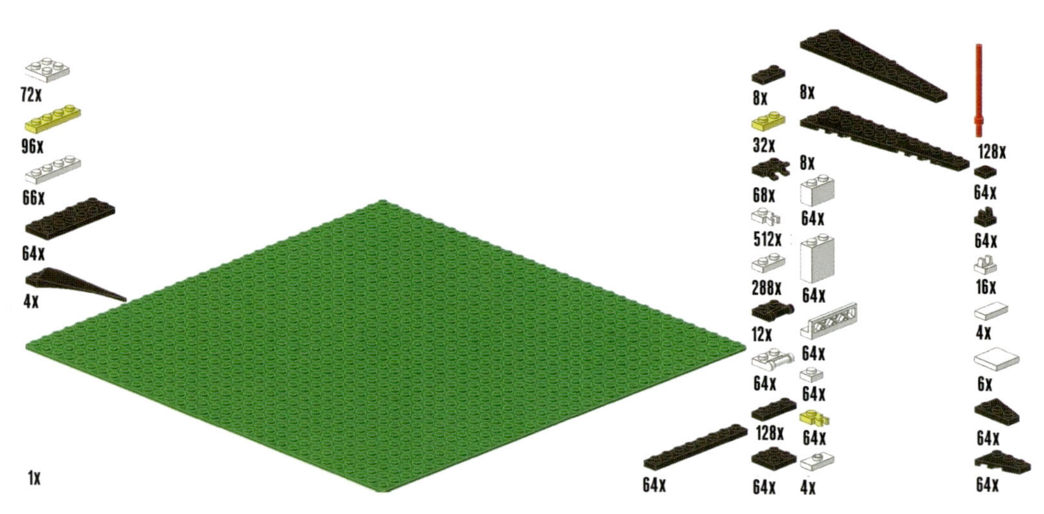

1

2

3

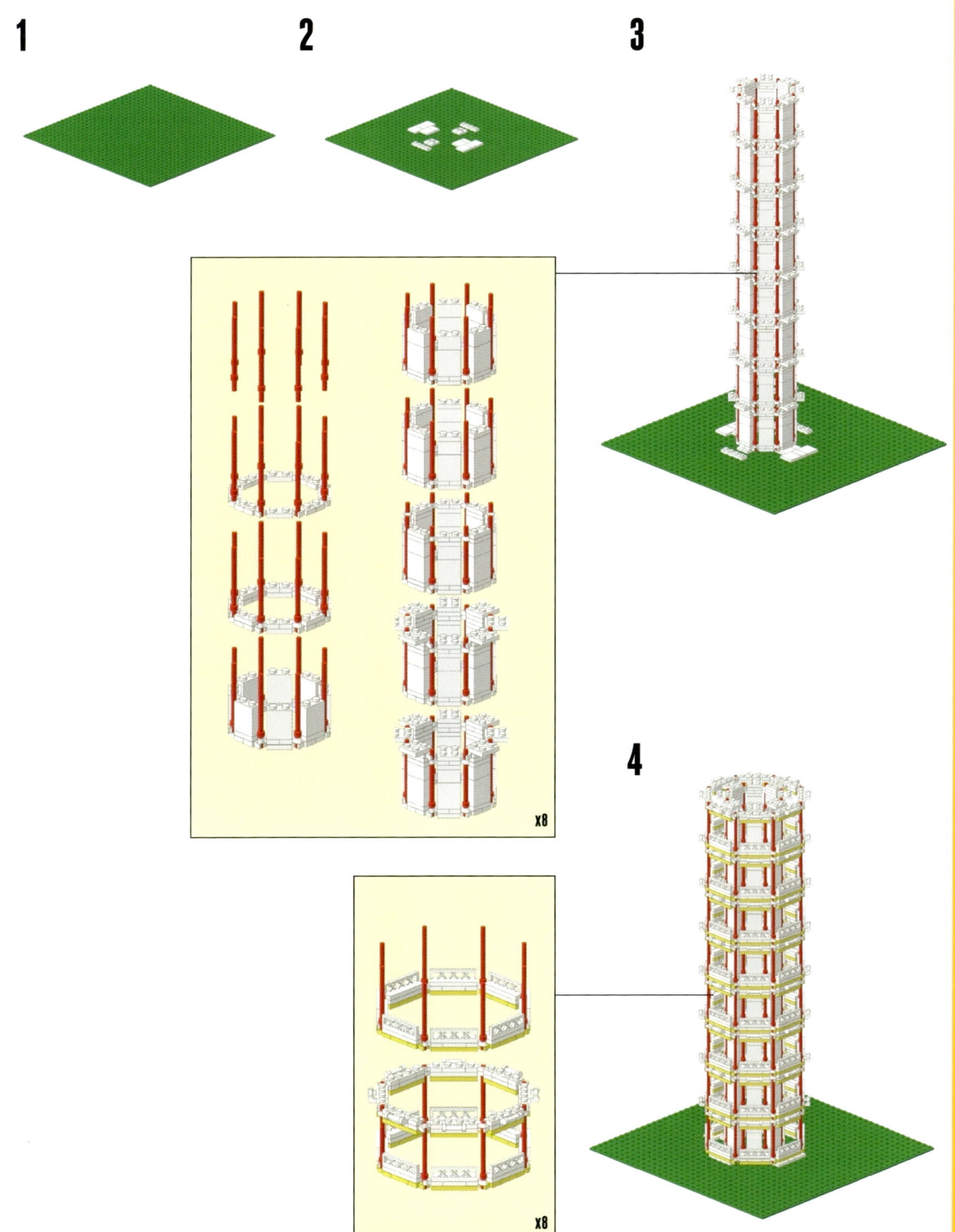

4

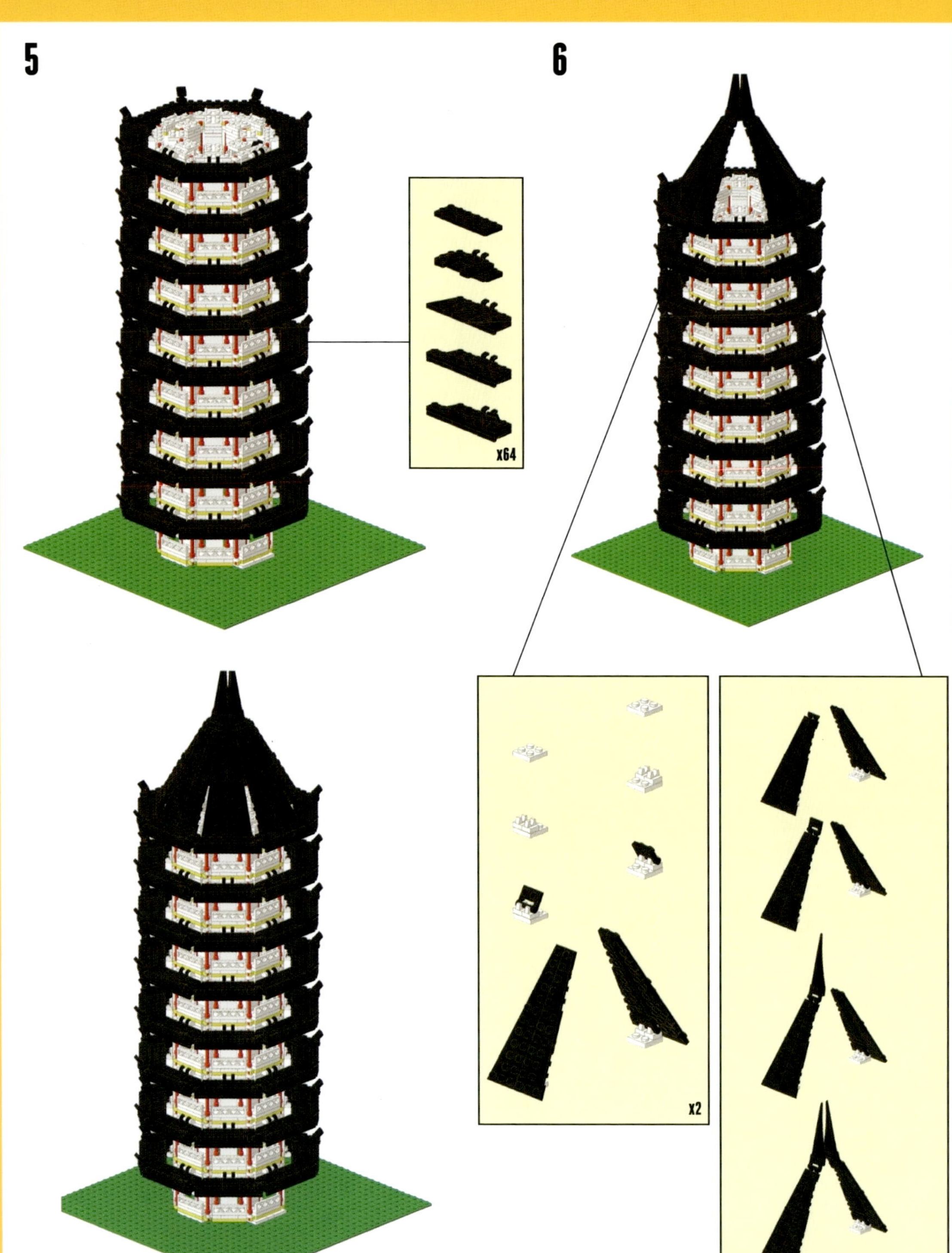

5
6
x64
x2
x2

마추픽추

마추픽추Machu Picchu는 페루에 있으며 지대가 해수면으로부터 약 2500미터 높이에 있다. 하지만 이러한 자연조건도 잉카인들이 이 놀라운 도시를 건설하는 일은 막지 못했다. 1450년경에 건설된 이 도시는 스페인 정복자들이 남아메리카에 들어올 때까지 100년밖에 지속되지 못했다. 깎아지른 절벽과 함께 우루밤바 강으로 삼면이 둘러싸여 있으며 잉카인들의 안전한 피난처를 목적으로 설계되었다. 그렇기에 사실 마추픽추의 정확한 위치는 비밀로 간직되어왔다. 마추픽추가 군사적 요새였는지, 사원이 모여 있는 곳이었는지, 또는 그저 놀라운 경관을 자랑하는 도시일 뿐이었는지는 지금도 알 수 없다. 어느 쪽이든 세계적으로 인정받는 불가사의임은 틀림없다.

마추픽추 열차

당신에게 마추픽추를 방문할 행운이 찾아 온다면 도중에 한 번은 이 열차를 탈 가능성이 높다. 마추픽추 열차는 최대 4000미터 높이까지 올라간다. 이는 로키 산맥이나 유럽의 알프스 산맥에 맞먹는 높이다.

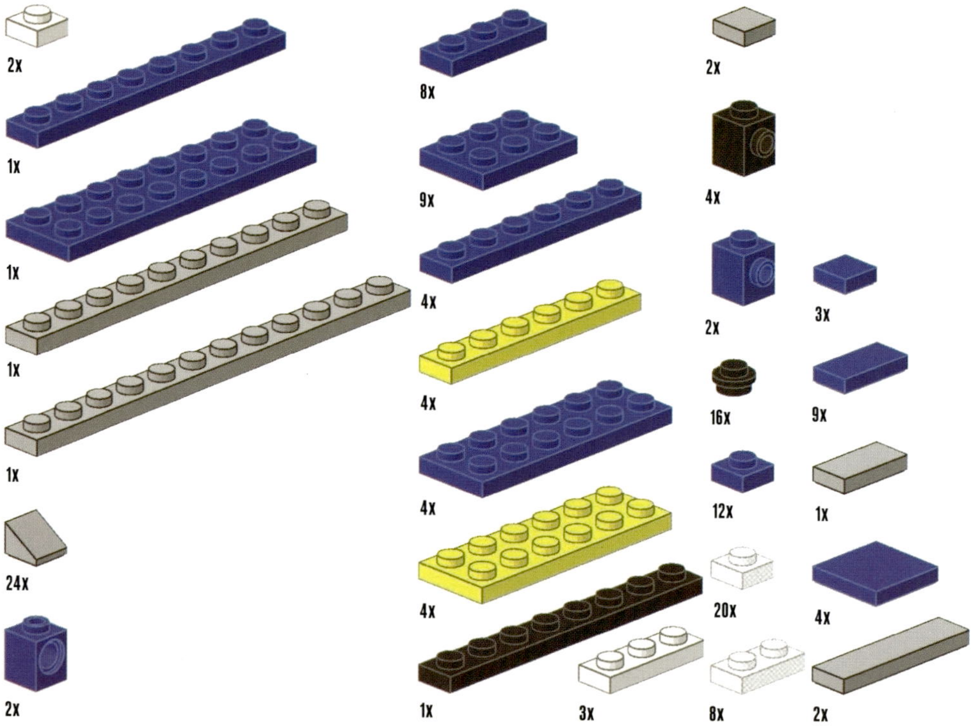

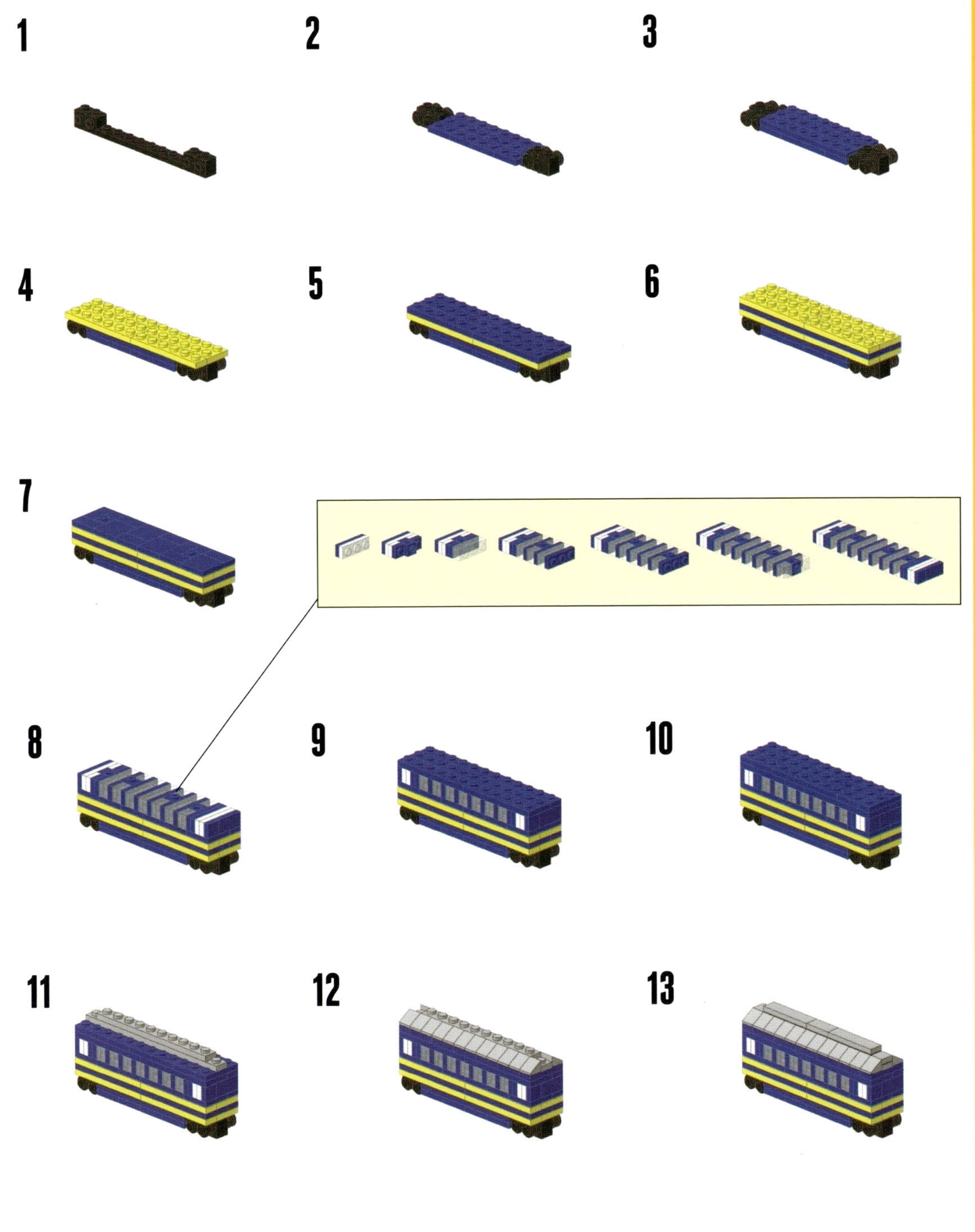

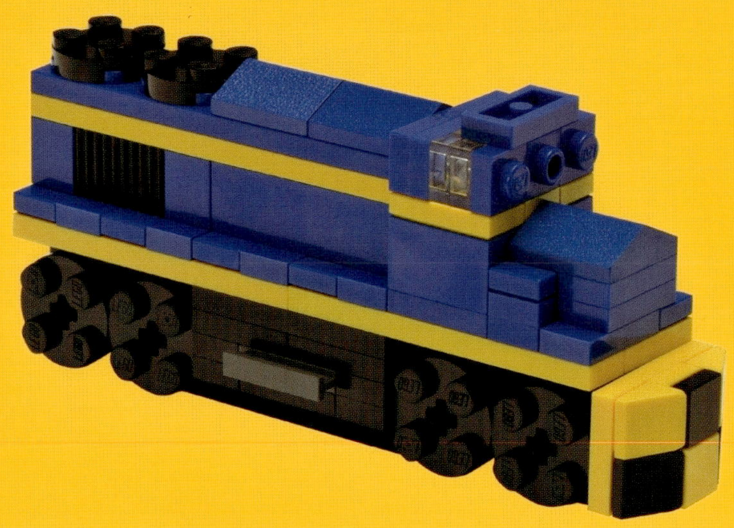

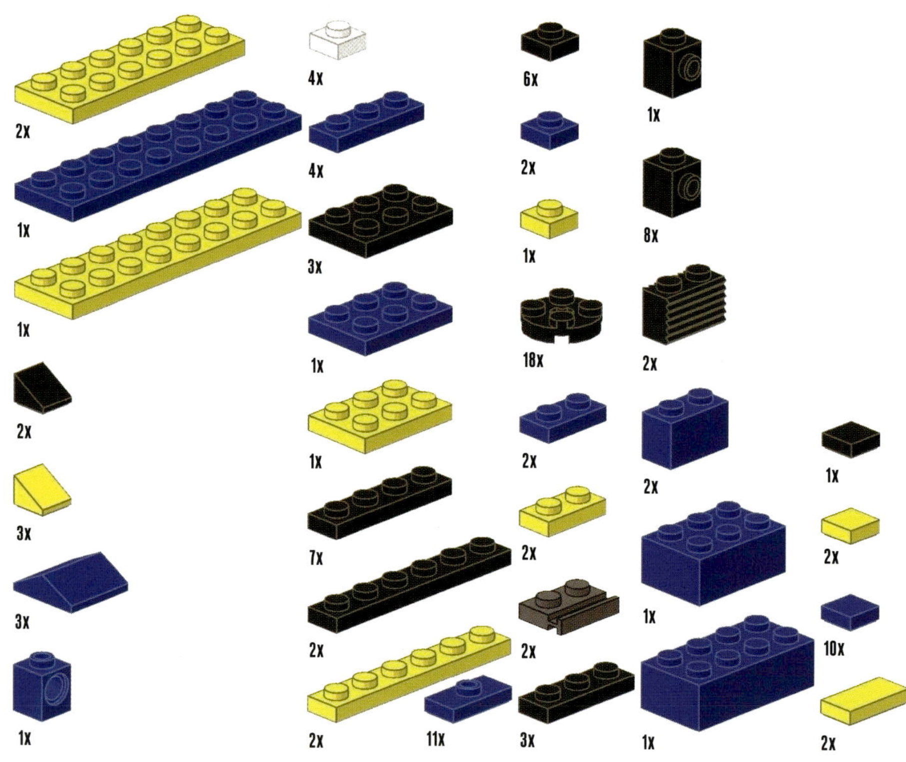

1

2

3

4

5

6

7

8

9

10

11

12

13

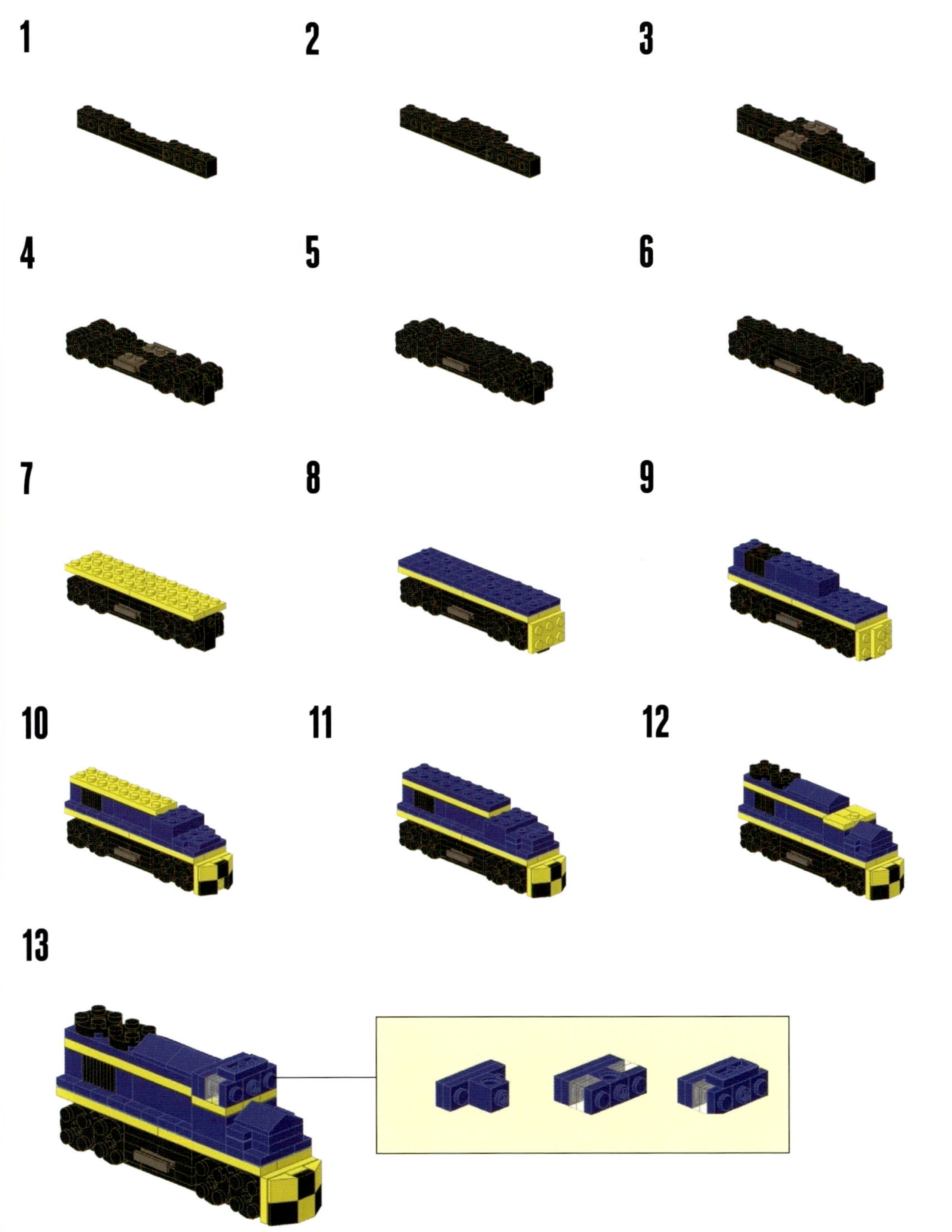

콘도르

콘도르Condor는 날아다니는 새들 중 세계에서 가장 큰 새로서 날개의 길이가 3미터가 넘을 만큼 자라기도 한다. 또한 수명이 굉장히 길어 최소 50년을 넘게 산다. 세계에서 가장 오래 산 콘도르는 100세라는 엄청난 나이에 세상을 떠났다! 안데스 콘도르는 페루의 국가 상징으로 잉카인들은 아마 이 새를 흔히 보았을 것이다.

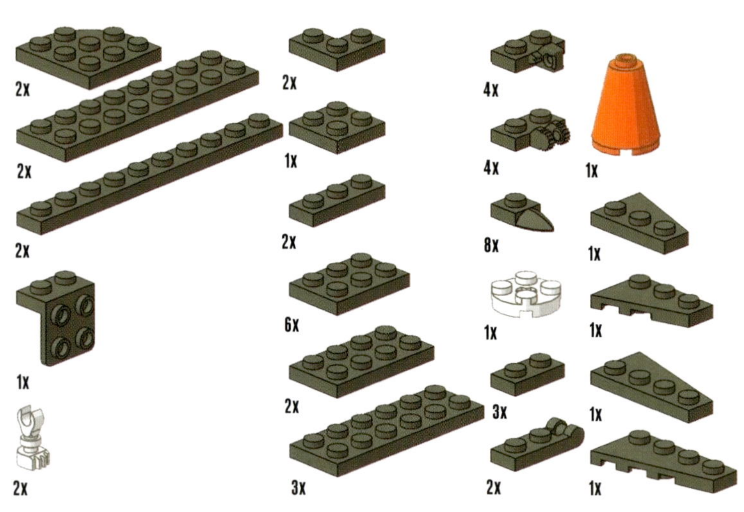

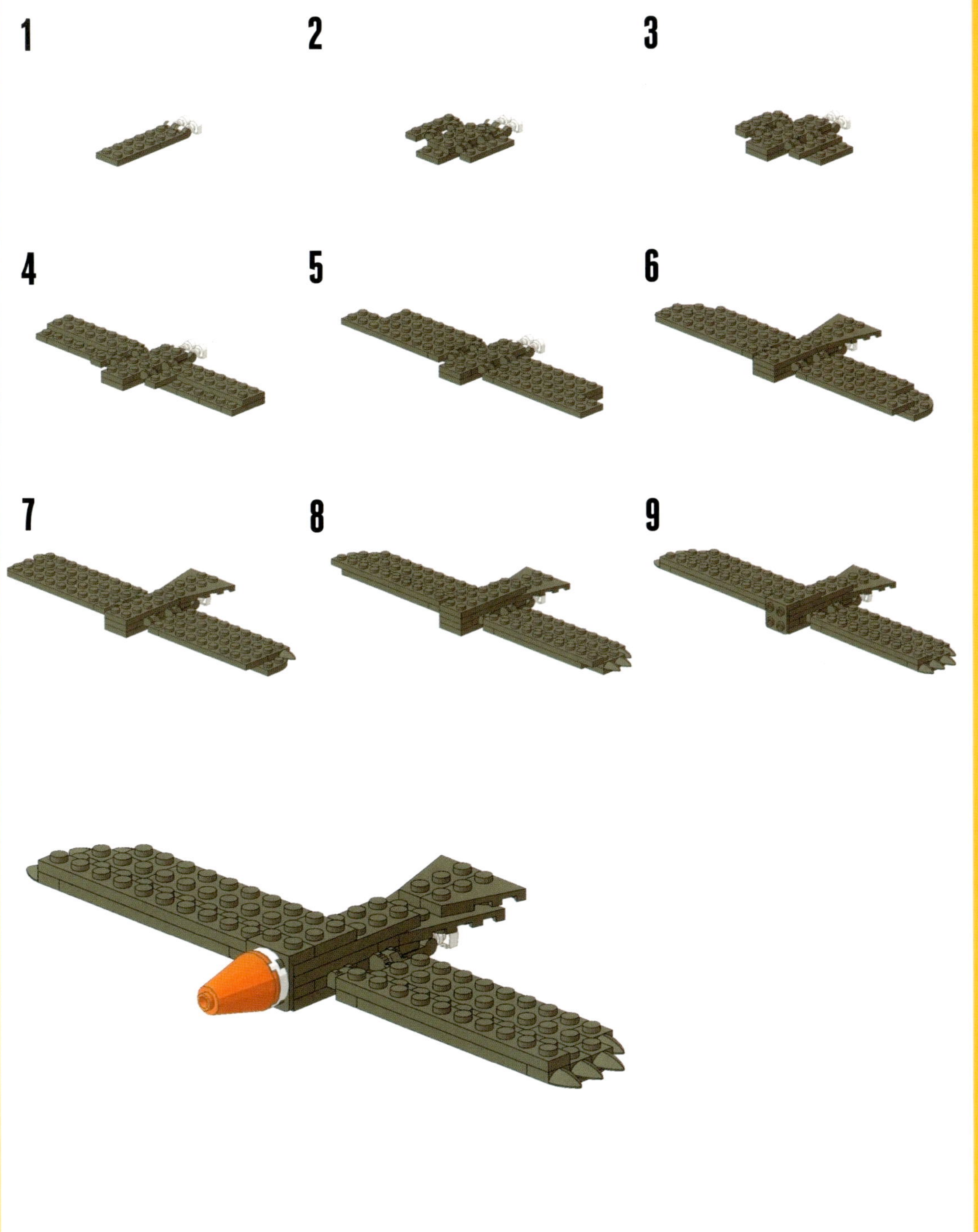

1
2
3
4
5
6
7
8
9

올드런던브리지

올드런던브리지Old London Bridge는 원래 대
리석으로 만들어진 다리였다. 왕 헨리 2세
의 의뢰로 1176년에 건설되기 시작했으며
존 왕이 집권하던 1209년에 마침내 완성
되었다. 완공까지 33년이 걸린 이 다리는
길이가 245~275미터, 너비가 8미터였으
며 19개의 아치가 다리를 지탱했다. 현재
이 자리에는 교통을 목적으로 1973년에
개통한 콘크리트와 강철로 만들어진 도로
용 다리가 놓여 있다.

올드런던브리지 양 끝에는 입구를 지키는 초소가 있었으며 건설 비용 일부를 도로 거두기 위해 다리를 작은 구획으로 나누어 임대했다. 얼마 안 가 다리는 최대 7층 높이의 100개가 넘는 가게로 붐비었다. 사실 가게들이 지나치게 늘어난 나머지, 건물이 강 쪽으로 2미터 이상 돌출되거나 다리의 통행로 폭이 4미터 정도밖에 남지 않을 때도 많았다.

중세의 집

올드런던브리지가 건설된 후 시간이 흐를 수록 다리를 따라 건축된 건물들의 크기가 점점 더 커졌다. 따라서 이 작은 가게는 다리 역사 초기의 모습이었을 것이다. 보 구조가 잘 보이는 건물이며 이런 구조 덕분에 위층이 1층보다 튀어나오도록 지을 수 있다.

1

2

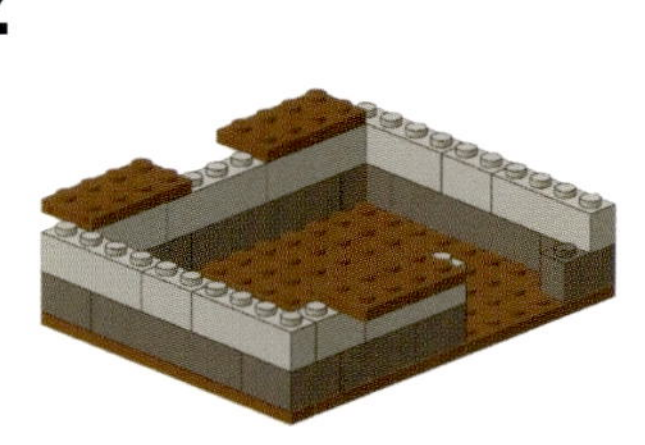

3

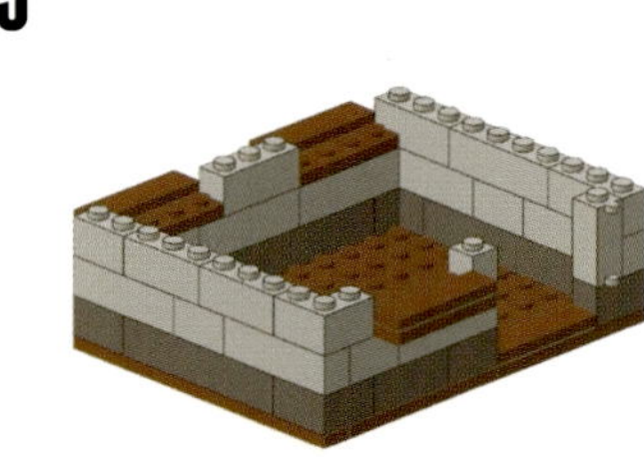

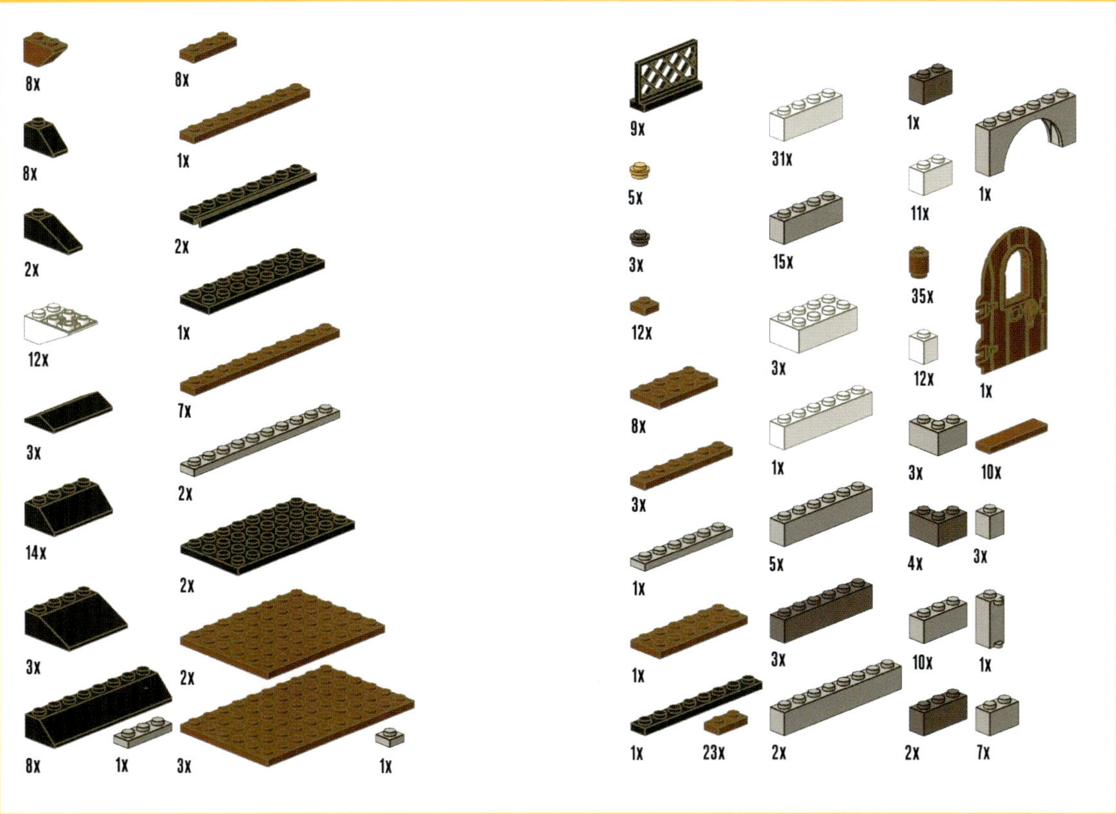

4 **5** **6**

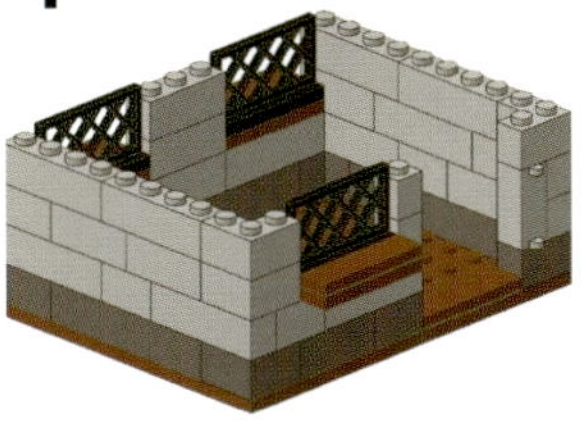

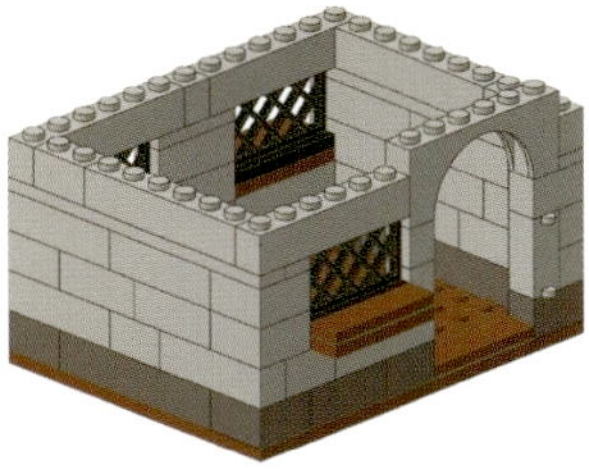

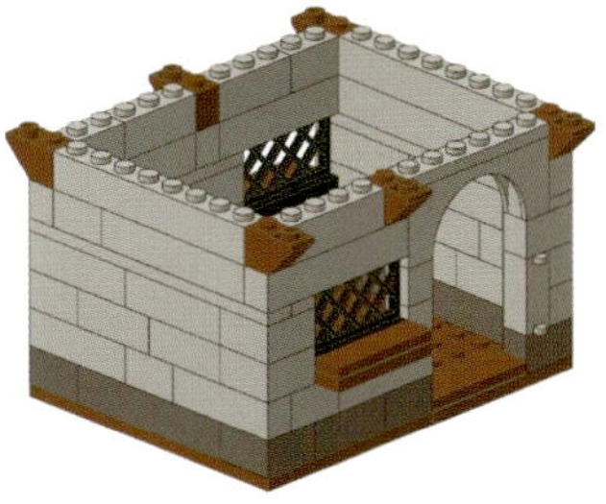

7 **8** **9**

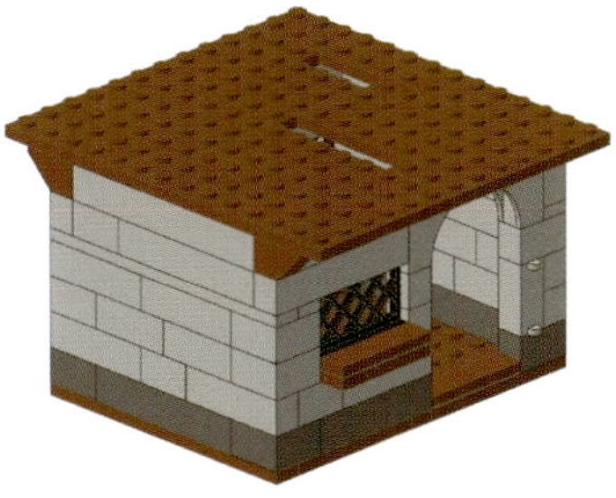

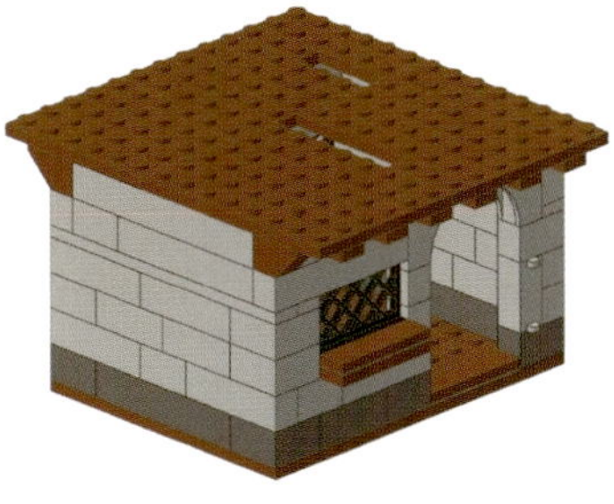

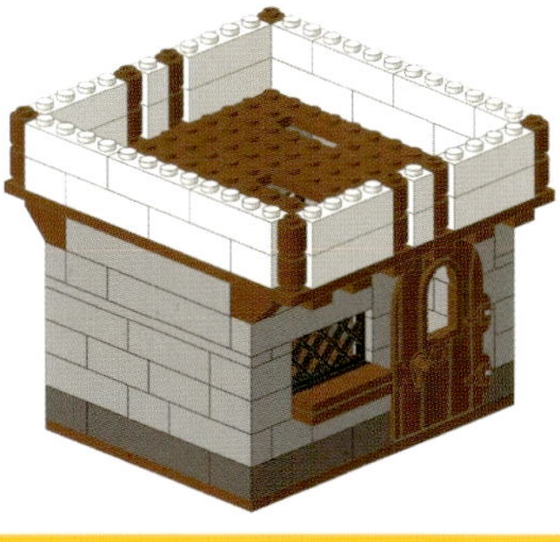

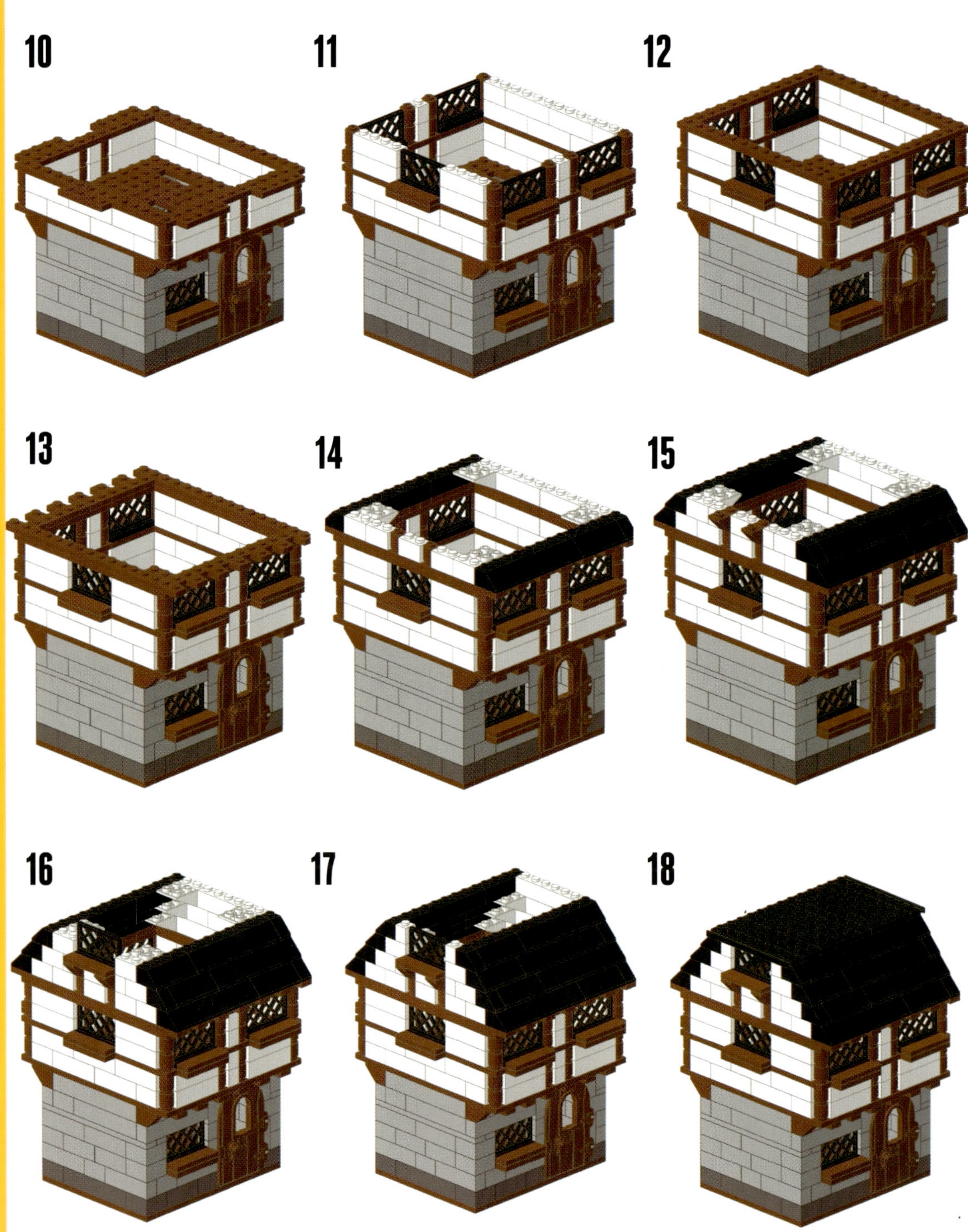

10
11
12
13
14
15
16
17
18

19
20

몽생미셸

몽생미셸Mont Saint-Michel은 프랑스 북쪽 해안에서 조금 떨어져 있으며 1제곱킬로미터도 안 되는 작은 섬이지만 중세 시대부터 사람이 거주했다. 지금도 이곳을 고향이라고 부르는 사람이 소수 생활하고 있다. 산 꼭대기에 서 있는 수도원은 집들과 방어 시설로 빽빽이 둘러싸여 있다. 몽생미셸은 오랫동안 전략적으로 중요한 섬이었고 수년 동안 이곳을 차지하기 위한 전쟁이 벌어지기도 했다. 하지만 지금은 매우 조용한 장소이다. 세계문화유산을 방문하려는 수만 명의 관광객만 제외하면 말이다.

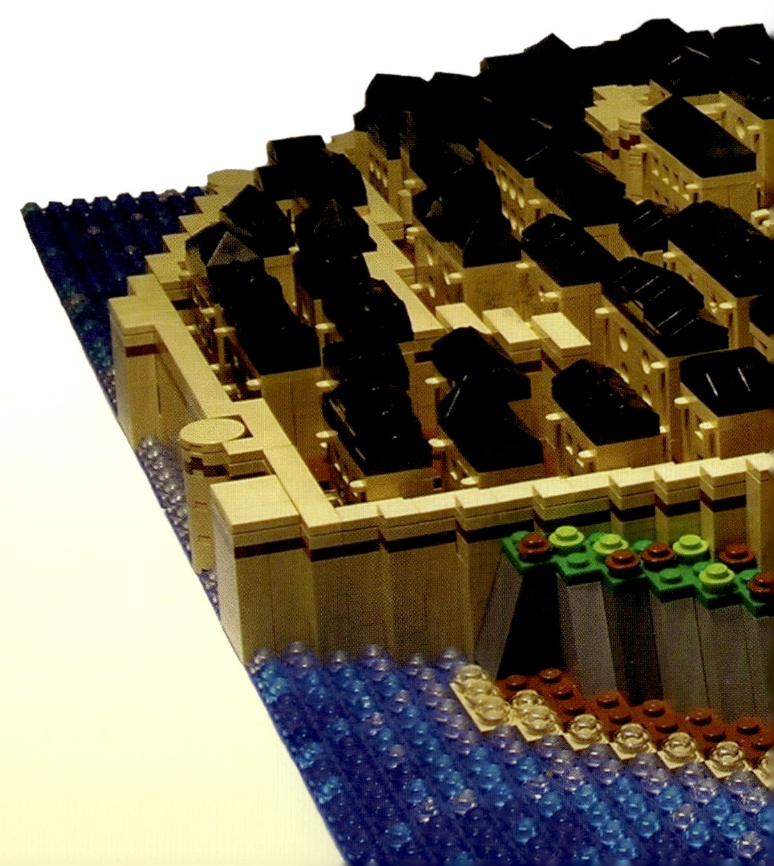

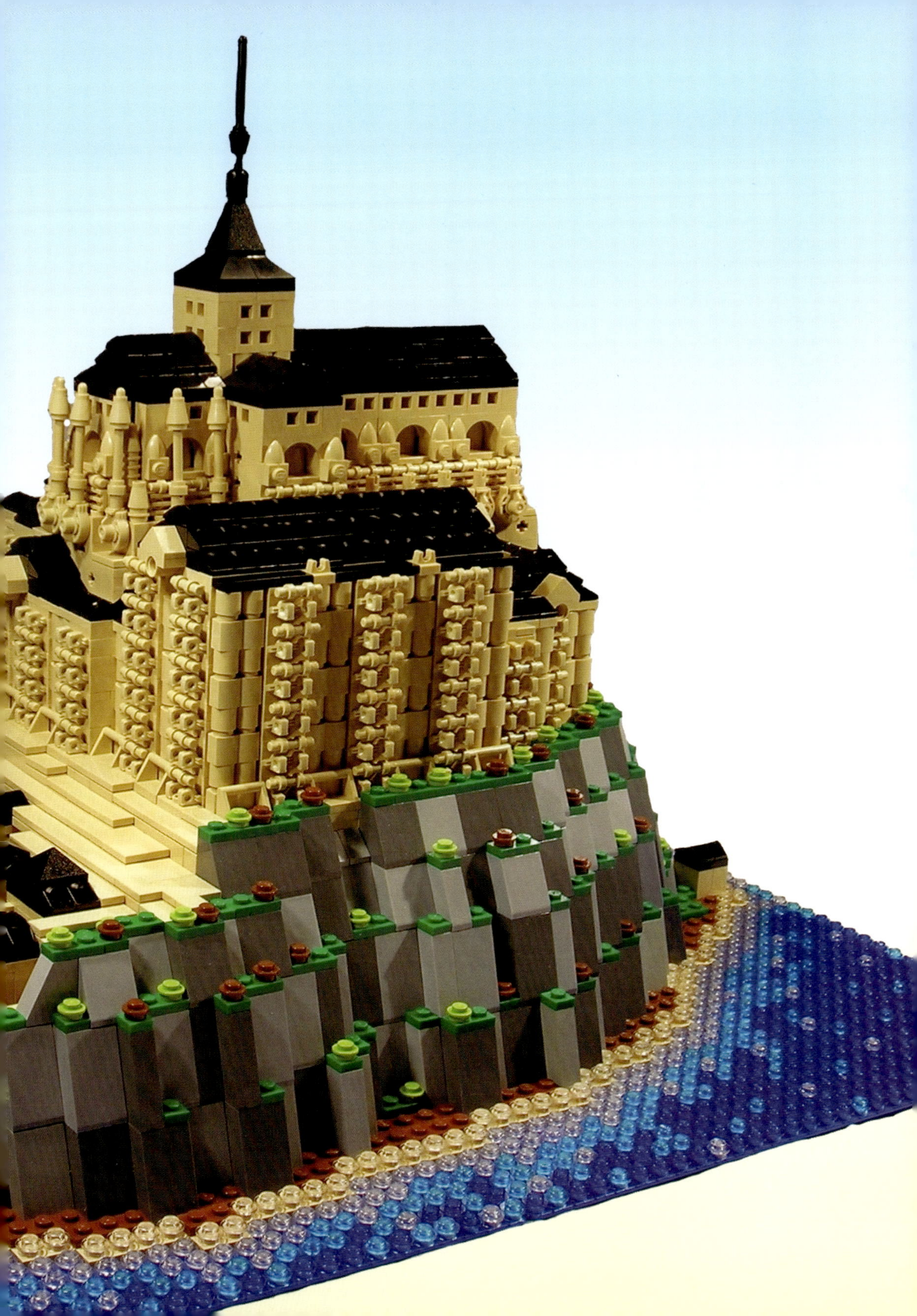

미니 몽생미셸

2X
6X
1X
1X
4X
4X
4X
12X
1X
16X
3X
1X
2X
1X
2X
3X
1X
4X
3X
3X
1X
1X
3X
1X
1X
14X
2X
2X
1X
3X

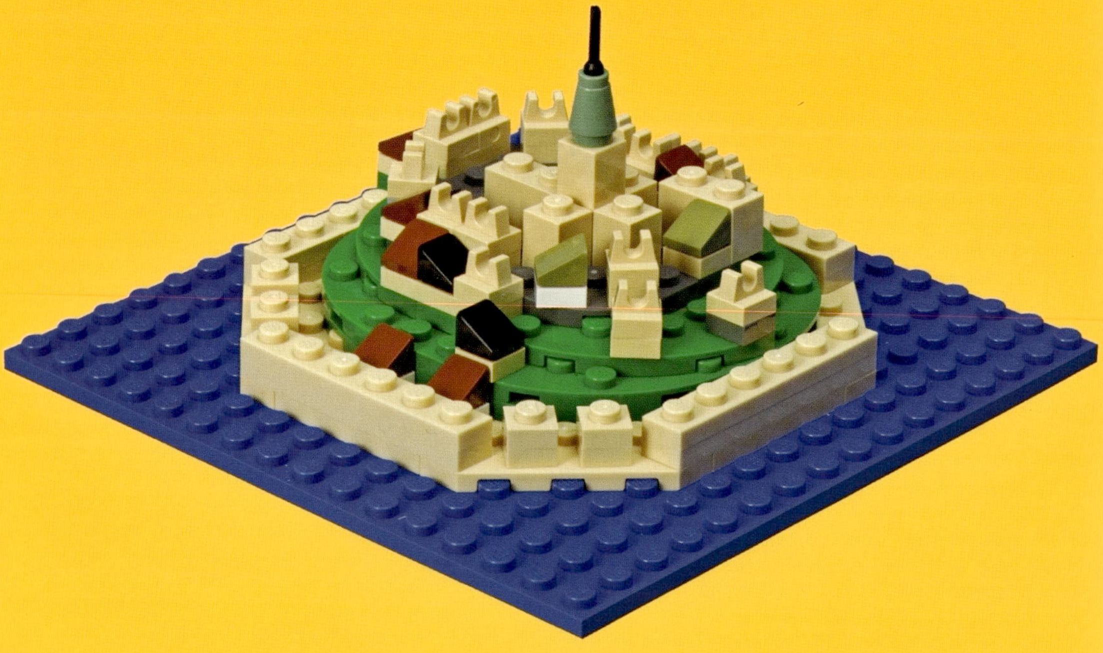

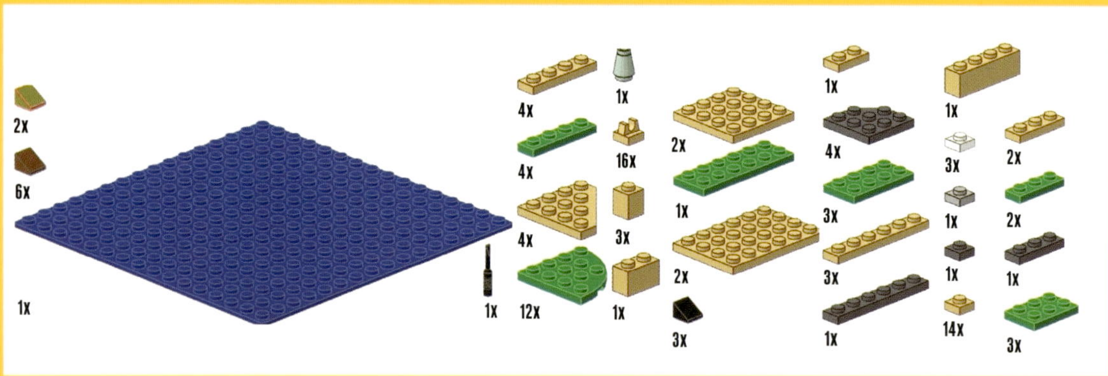

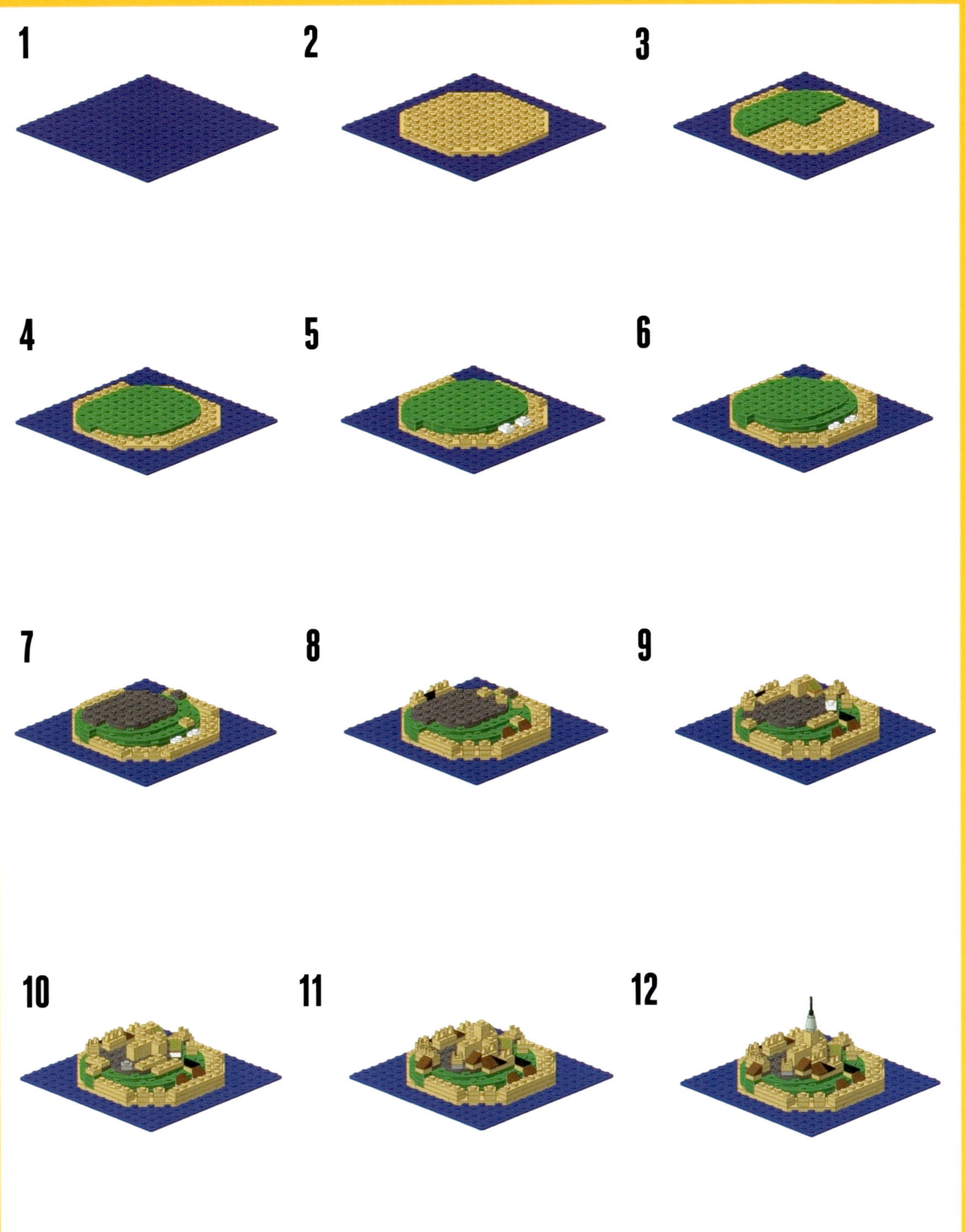

1

2

3

4

5

6

7

8

9

10

11

12

셔틀버스

몽생미셸로 가는 셔틀버스는 아마 세계에서 가장 독특한 버스에 속할 것이다. 매우 작은 섬이라 주차할 공간이 없어서, 셔틀버스는 말 그대로 앞뒤로 오가며 관광객을 실어 나른다. 여기까지는 이상할 것이 없지만 아주 독특한 점은 바로 이 버스가 방향을 바꿀 필요가 없다는 사실이다. 운전석이 2개이므로 양쪽 모두에서 운전할 수 있다.

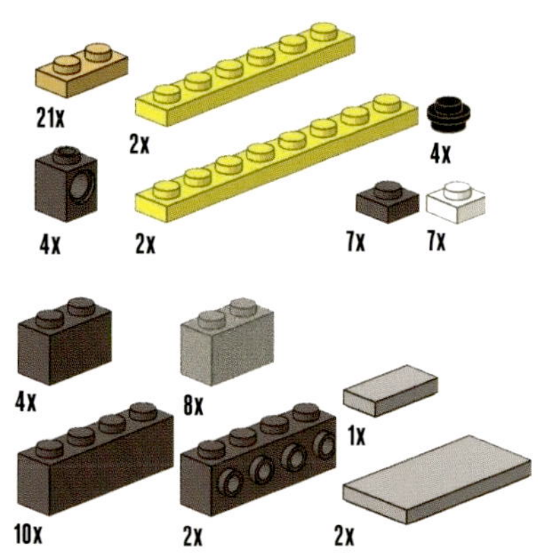

1

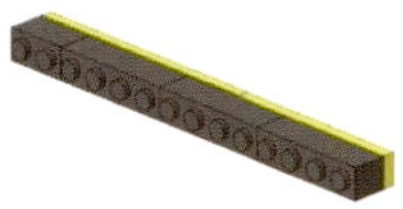

2

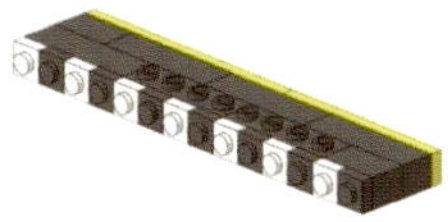

3

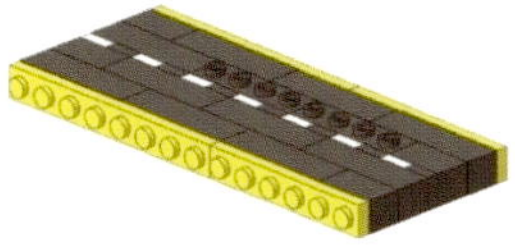

4

5

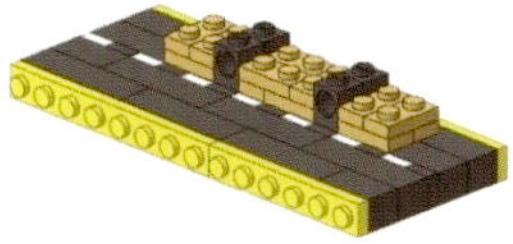

6

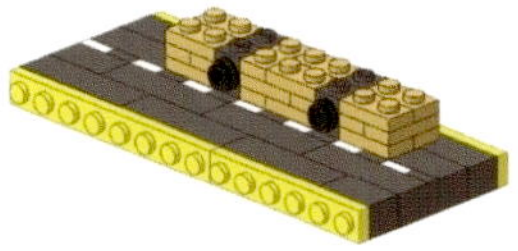

7

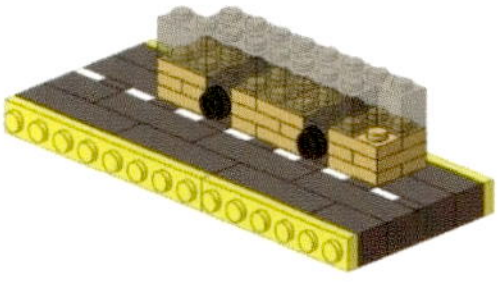

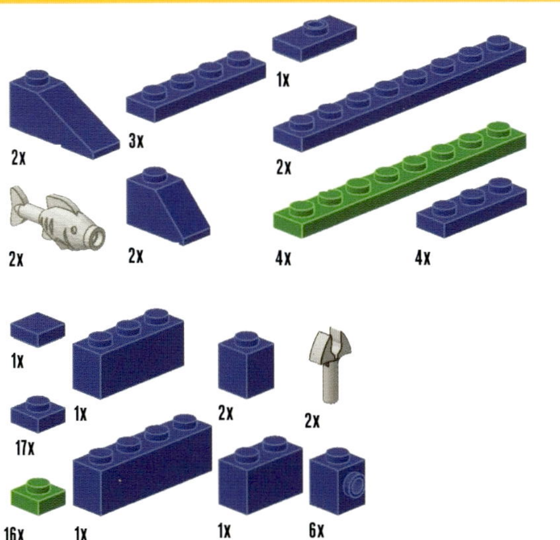

문장

문장A Coat of Arms이란 유럽 귀족들이 수세기에 걸쳐 사용한 독특한 문양이다. 오늘날의 기업 로고와 비슷한 문장은 영국 같은 나라에서 엄격히 관리하고 있어 서로 같은 문양을 전혀 찾아볼 수 없다. 이 문양은 몽생미셸의 문장이다. 나만의 문장을 만들어보는 건 어떨까?

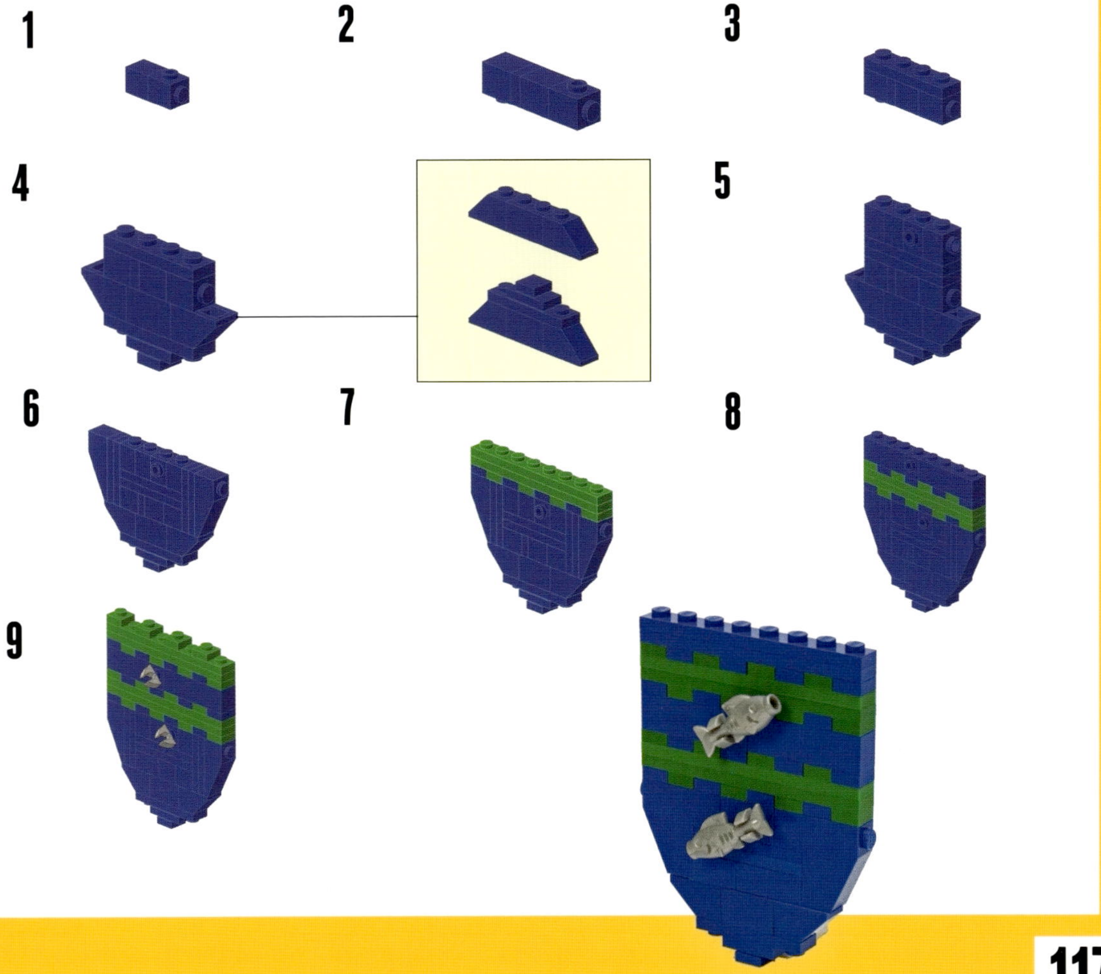

페트라

한 스위스의 탐험가가 1812년에 세상에
알리기 전까지 서구 세계에 페트라Petra라
는 도시는 전혀 알려지지 않았다. 하지만
그 이후 전 세계적으로 유명해졌다. 유네
스코는 바위 속에 세워진 이 도시를 '인류
의 문화유산 가운데 가장 소중한 문화재
중 하나'라고 칭했고, 《스미스소니언》(미
국의 월간 과학 잡지)은 죽기 전에 봐야 할
28곳 중 하나로 페트라를 꼽았다.

페트라는 기원전 168년에 세워진 고대 나바테아 왕국의 수도였다. 물을 통제하는 능력과 도시의 위치 덕에 나바테아 사람들은 큰 부를 누렸다. 그들은 통상로를 통제하는 것은 물론 사막에서 나는 소중한 자산까지 장악했다.

여행자 쉼터

페트라를 지나는 상인들은 정기적으로 여행자 쉼터에서 낙타 무리를 쉬게 했을 것이다. 여행자 쉼터는 길가의 여인숙이나 현대의 모텔과 비슷한 공간으로, 밤을 보낼 수 있는 안전한 잠자리를 제공했다. 물론 차를 댈 주차 공간 대신 낙타를 위한 축사가 있었다.

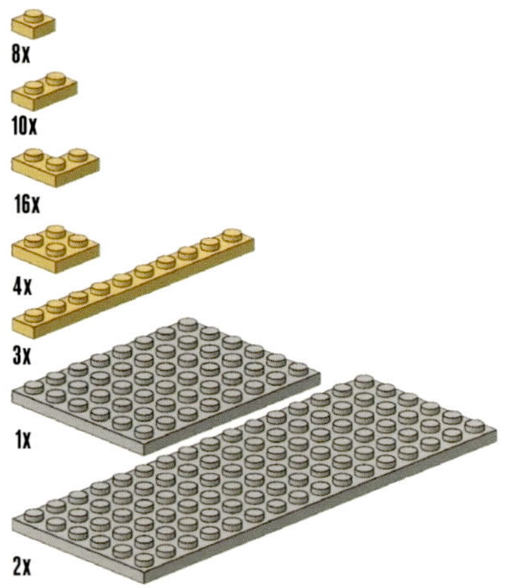

8x

10x

16x

4x

3x

1x

2x

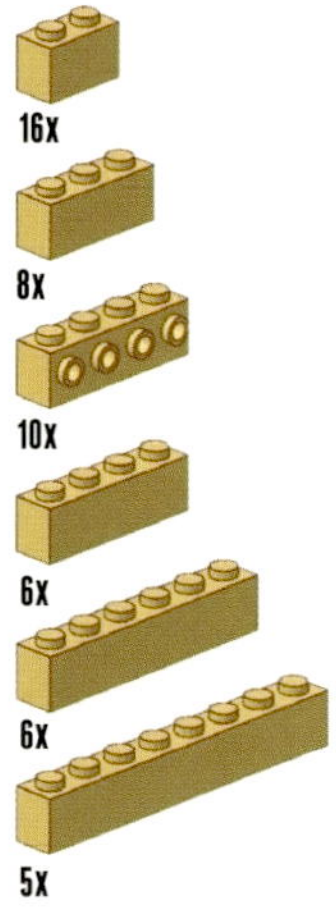

16x

8x

10x

6x

6x

5x

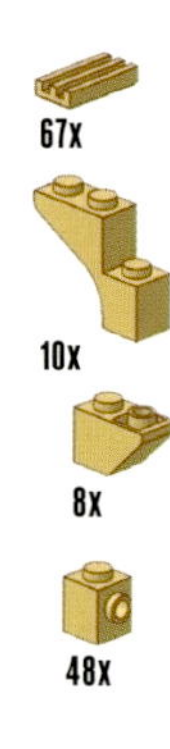

67x

10x

8x

48x

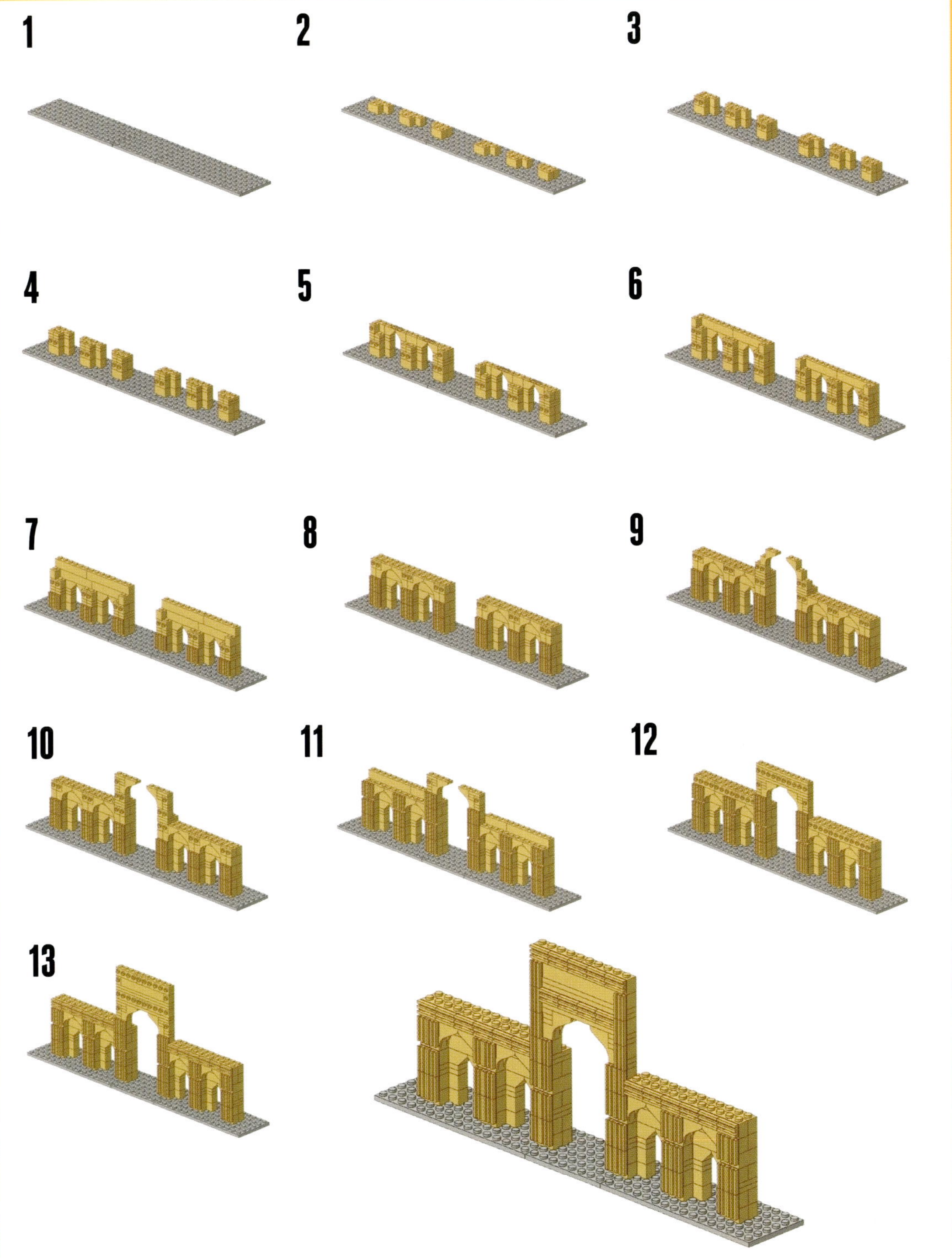

낙타

낙타는 종종 사막의 배라고 불린다. 끊임없이 변하는 모래사장을 가로질러 중동을 지나는 수많은 물건과 사람을 매일 실어 나른다. 혹이 하나인 낙타는 단봉낙타이고 혹이 두 개인 낙타는 쌍봉낙타라고 부른다는 사실을 알고 있었는가?

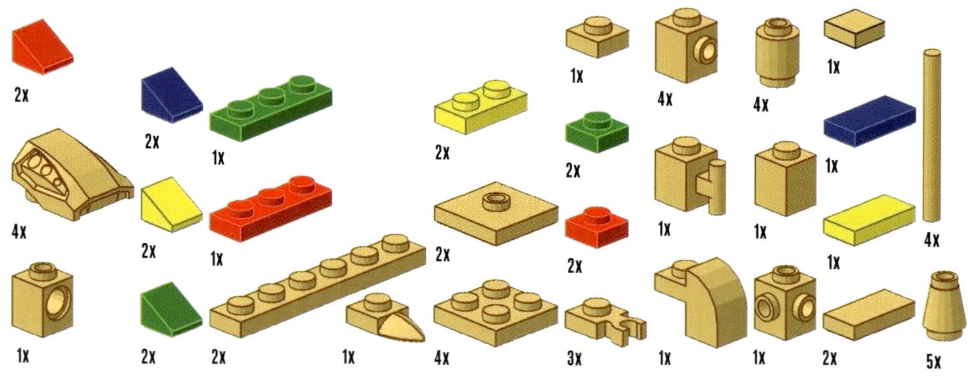

1

2

3

4

5

6

7

8

9

10

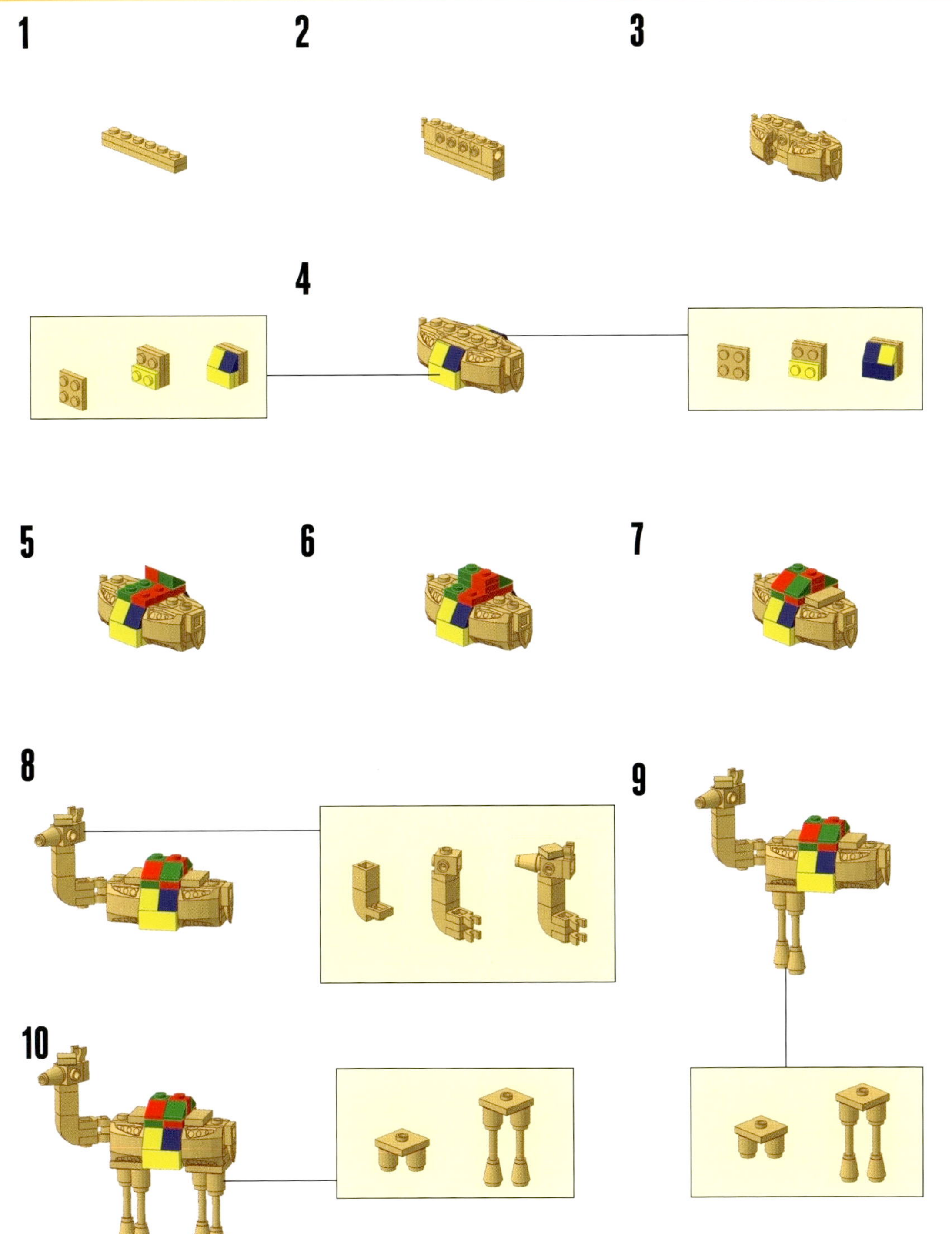

스톤헨지

이집트의 피라미드만큼이나 오래된 스톤헨지Stonehenge는 브리튼 섬에서 가장 오래된 랜드마크 중 하나이다. 스톤헨지의 건축 양식에 대해서는 여전히 알려지지 않은 부분이 많지만, 최근에 과학자들이 이곳을 짓는 데 사용한 거대한 돌의 출처를 발견했다. 스톤헨지의 돌은 220킬로미터 넘게 떨어져 있는 웨일스 채석장에서 발견된 돌과 정확히 일치한다. 기계가 전혀 발달하지 않은 상황이었으니, 50톤에 이르는 돌을 기본적인 도구와 엄청난 노동력만을 이용해 옮겼을 것이다.

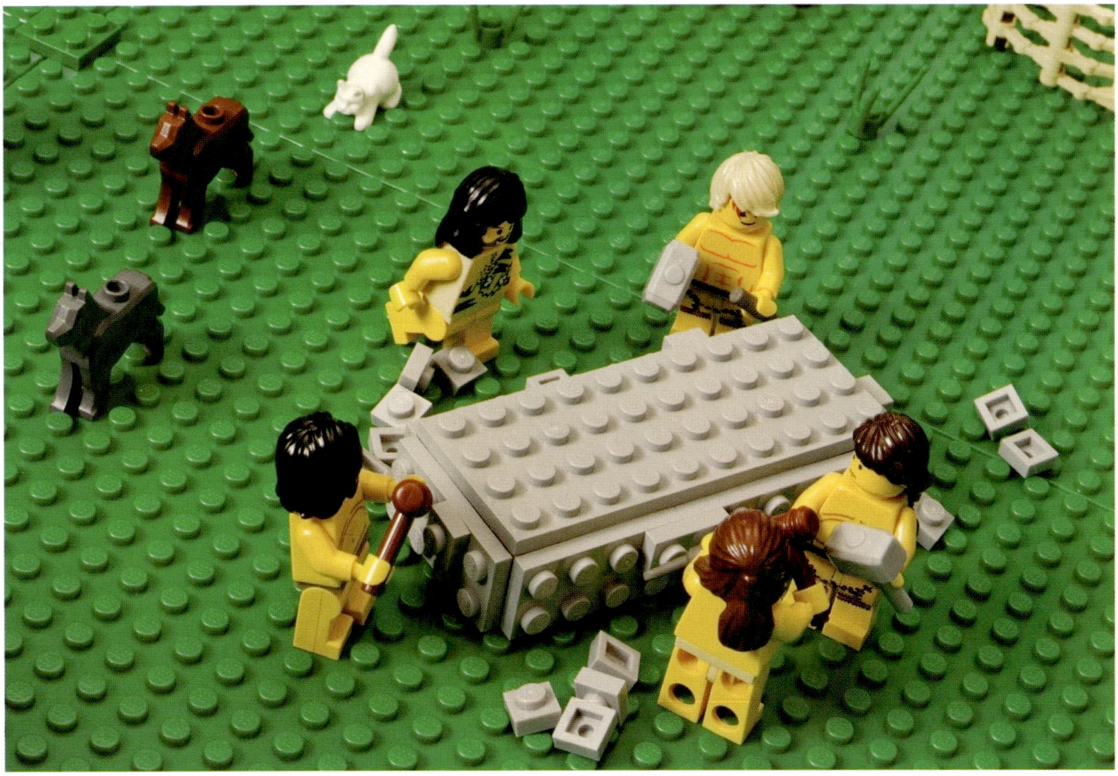

고고학자들이 스톤헨지의 비밀을 자세히 파헤치기 시작하면서 지금도 여전히 새로운 정보가 발견되고 있다. 이제는 세계문화유산이 된 영국 월트셔의 이 역사 불가사의는 매년 100만 명가량의 관광객을 끌어모은다.

쟁기

불가사의만큼이나 오래된 역사를 자랑하는 쟁기는 농부가 농작물을 심기 시작한 오랜 옛날부터 인류와 함께했다. 소가 끄는 우리의 레고 쟁기는 아주 적은 부품을 이용해 만들었다. 그래도 날이 날카로울 수 있으니 조심하라.

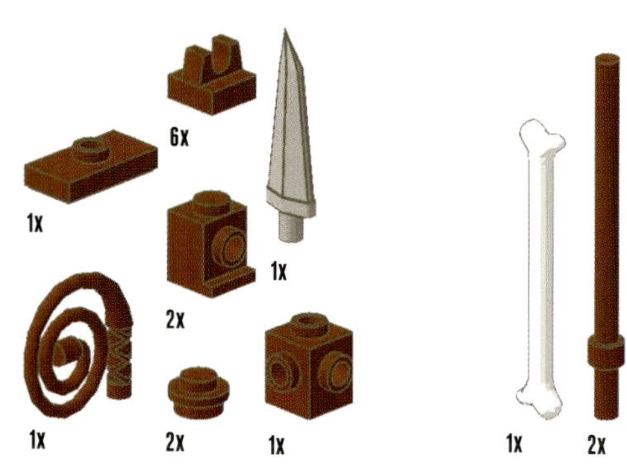

1

2

3

4

5

6

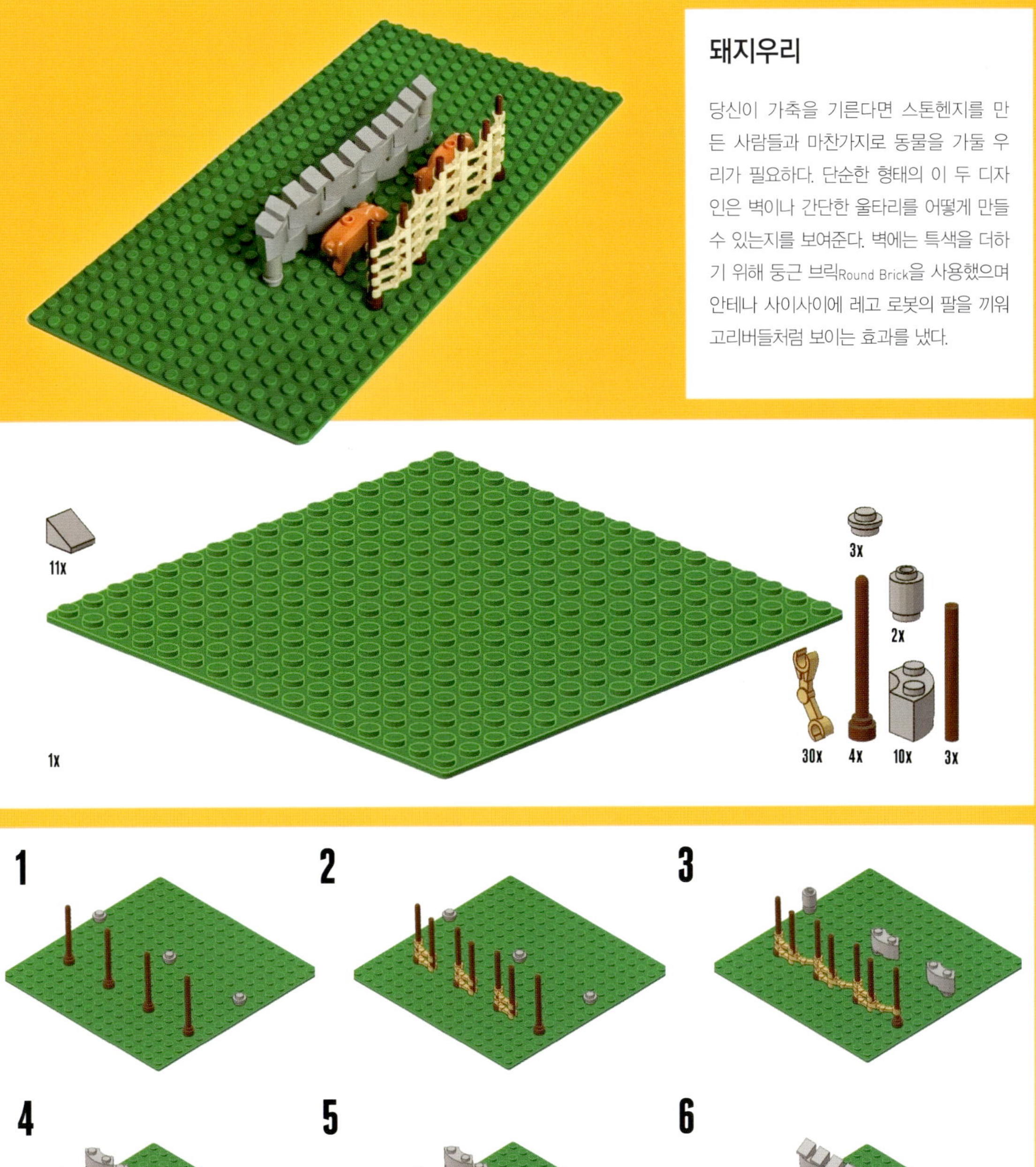

돼지우리

당신이 가축을 기른다면 스톤헨지를 만든 사람들과 마찬가지로 동물을 가둘 우리가 필요하다. 단순한 형태의 이 두 디자인은 벽이나 간단한 울타리를 어떻게 만들 수 있는지를 보여준다. 벽에는 특색을 더하기 위해 둥근 브릭Round Brick을 사용했으며 안테나 사이사이에 레고 로봇의 팔을 끼워 고리버들처럼 보이는 효과를 냈다.

원형 주택

청동기 시대의 북유럽에서는 이 오두막과 같은 원형 주택이 일반적이었다. 모르타르 (회나 시멘트에 물을 섞어 갠 것) 없이 돌을 쌓아 만든 이 주택은 온 식구에게 안식처를 제공했다. 모두가 따뜻할 수 있도록 가운데에 불을 지폈으며 연기는 초가지붕을 통해 밖으로 빠져나갔다.

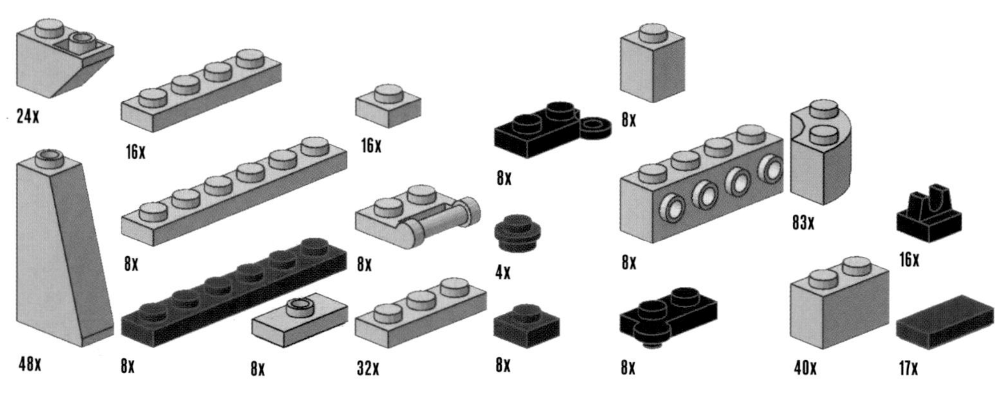

1 2 3
4 5 6
7 8 9

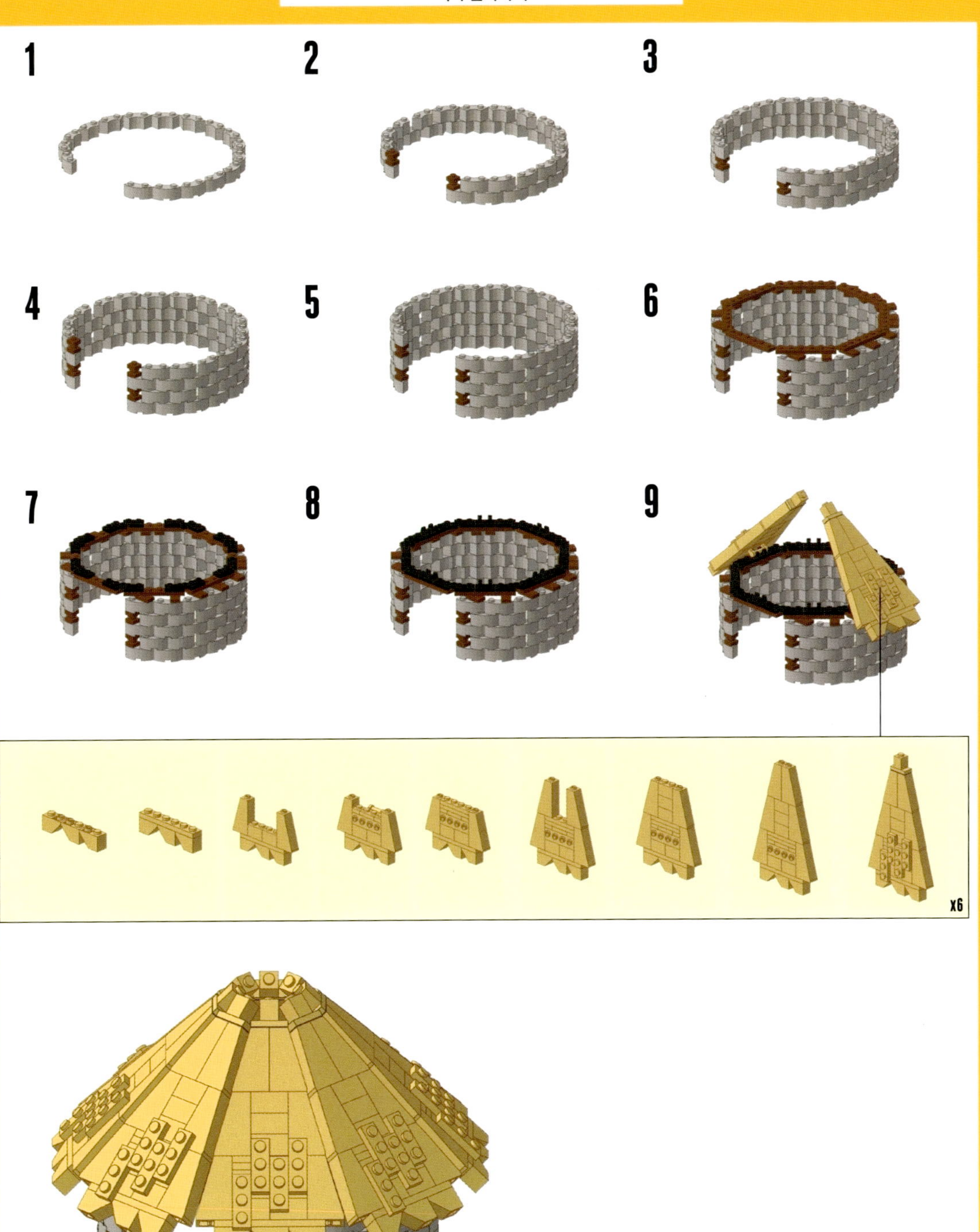

앙코르와트

캄보디아의 앙코르와트Angkor Wat는 그야말로 세계에서 가장 큰 종교적 건축물이다. 하지만 크기만으로 그 진가를 설명하기엔 충분치 않다. 외벽 안의 면적은 82만 제곱미터에 이르며 그 바깥을 다시 175미터 너비의 해자가 둘러싸고 있다. 앙코르와트는 크기가 어마어마할 뿐만 아니라 사원마다 힌두교의 서사시와 역사적 장면을 담아 기다란 띠 모양으로 정성 들여 새긴 부조가 있다. 원래는 12세기에 힌두교 사원으로 지어진 앙코르와트는 13세기 말 불교 사원이 되었다. 현재 세계문화유산이자 많은 관광객이 찾는 대표적인 장소이다.

사원

앙코르와트의 사원들은 광대한 지역에 넓게 펼쳐져 있다. 하지만 당신만의 미니 사원을 만들어보는 건 어떨까? 작은 크기로 사원의 복잡한 특성을 재현하기가 어려웠으며 이 모형에서는 둥근 지붕의 개성을 표현하기 위해 서로 다른 색조의 회색Gray을 사용했다.

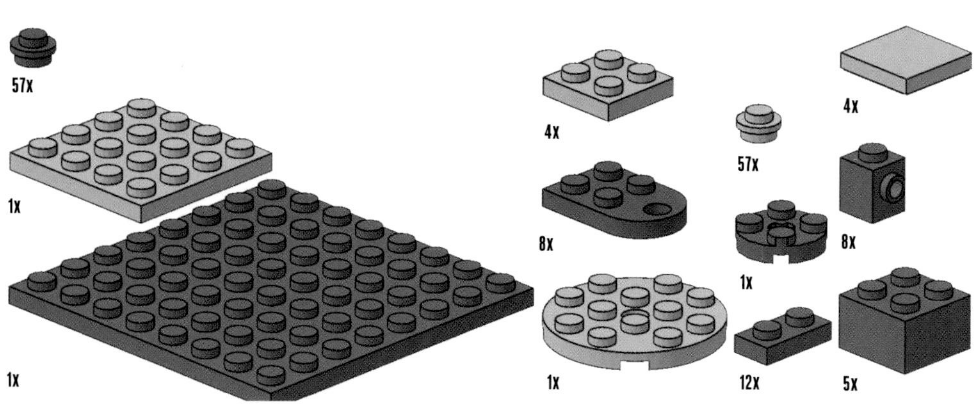

1

2

3

4

5

6

7

8

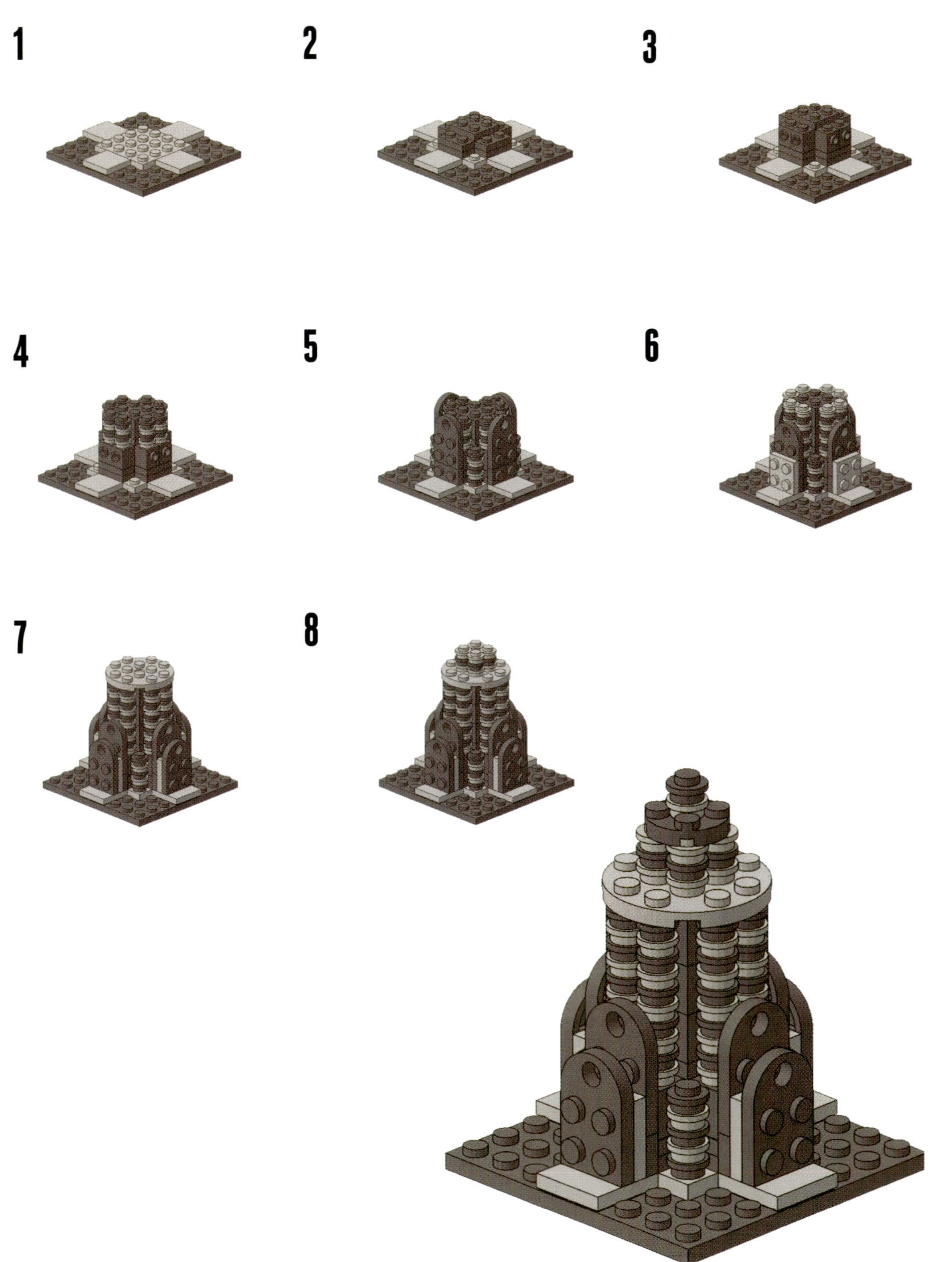

툭툭

툭툭Tuk Tuk은 캄보디아와 동남아시아의 여러 지역에서 흔히 볼 수 있다. 오토바이와 소형차의 기능을 섞어놓은 툭툭은 많은 지역에서 주요 대중 교통수단으로 쓰인다. 최고 속도가 시속 50킬로미터로 택시처럼 빠르진 않더라도 바퀴가 3개 달린 디자인 덕에 기동성이 뛰어나다.

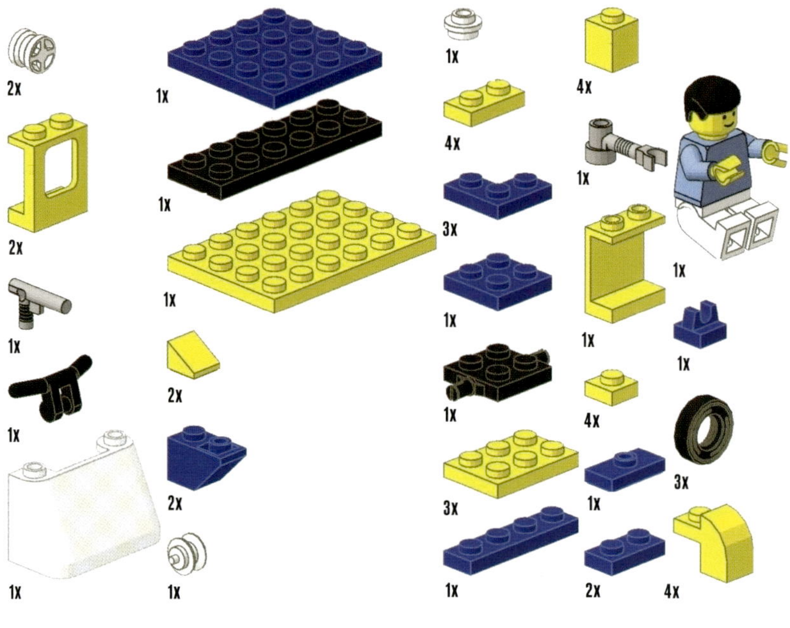

1

2

3

4

5

6

7

8

9

10

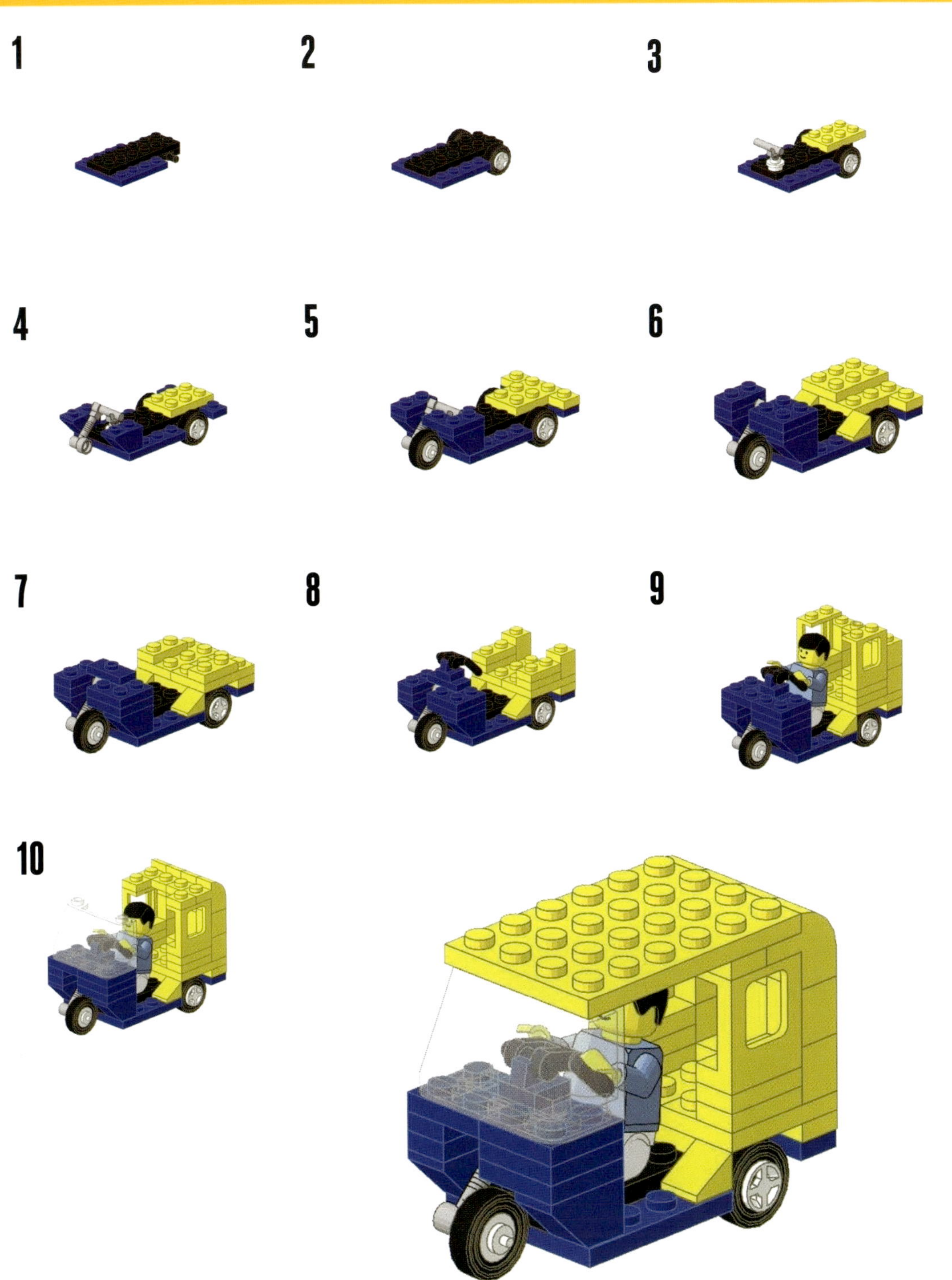

현대 불가사의

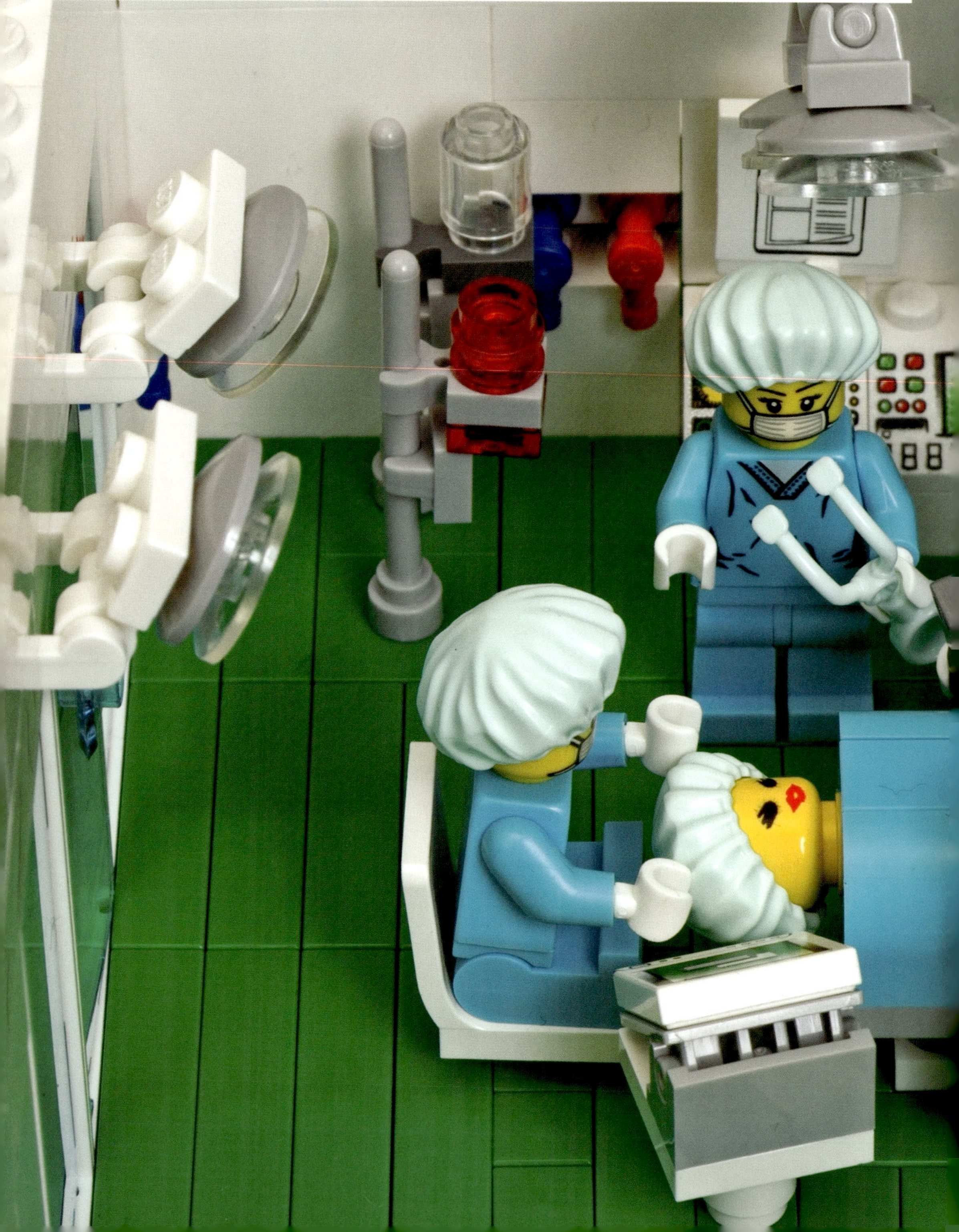

현대 의학

현대 의학 덕분에 우리의 수명과 인구가 늘었다. 복잡한 수술은 수술실에서 이루어 지는데, 옛날에는 외과 전문의가 수술하는 모습을 학생들이 볼 수 있도록 수술실 안 에 좌석이 여러 줄 있었다. 오늘날의 수술 실은 감염을 방지하기 위해 강력한 살균 상태를 유지하며 전문가들만 들어갈 수 있 다. 여기에 보이는 것처럼 수술실의 일반적 인 장비에는 수술대와 특수 조명, 엑스레이 촬영 기기, 심장 및 혈압 모니터 등이 있다.

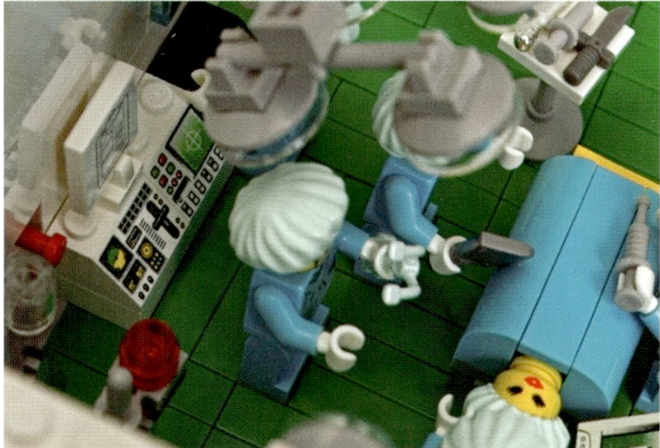

의학은 엄청난 발전을 거듭해왔다. 항생제와 현대 기술이 발달하면서 한때는 생명을 위협하던 질환들도 이제는 병원에서 치료할 수 있는 경우가 많다. 하지만 레고 미니 피규어가 다쳤을 땐 적당한 부품으로 간단히 교체만 해도 된다.

주사기

레고 주사기 바늘은 두려워할 필요가 없다.
부품을 제대로 고정하기가 어렵긴 했지만.
다행히 주사기 바늘 끝은 예리하지 않다.
우리는 주사기 속의 내용물을 표현하기 위
해 투명한 빨간색 브릭Transparent Red Brick
을 사용했지만 어떤 색을 써도 상관없다.

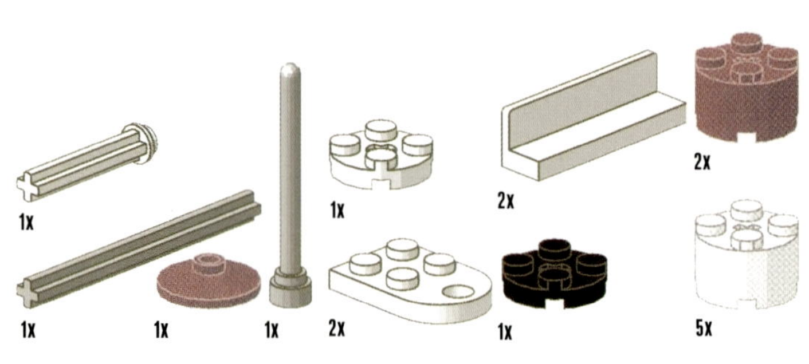

1

2

3

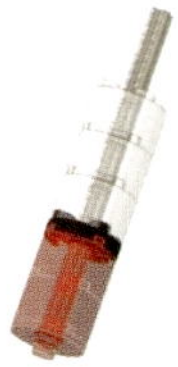

4

5

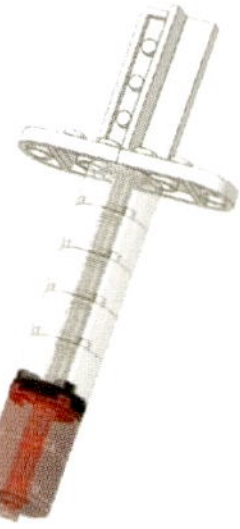

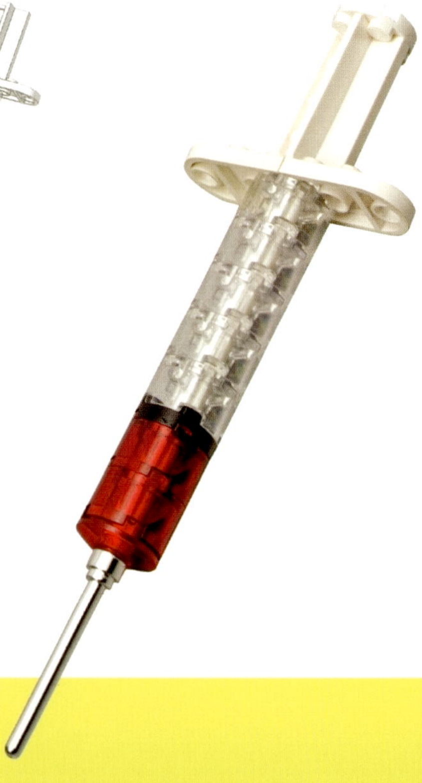

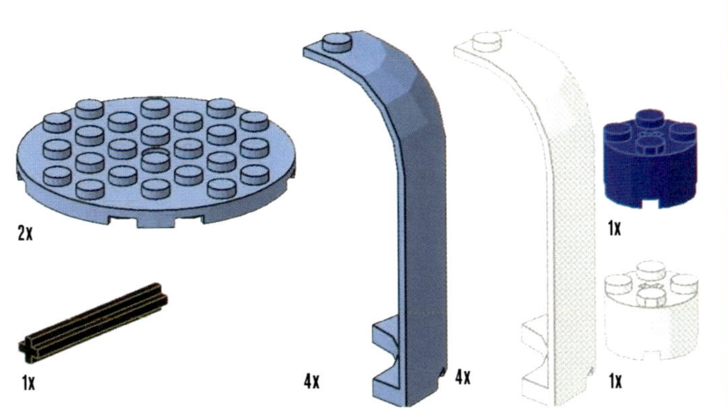

항생제

이 알약은 삼키기가 쉽지 않다! 현대 의학은 전 세계 수백만 인류의 삶을 바꿔놓았다. 단순한 두통약에서부터 생명을 좌우하는 복잡한 치료약에 이르기까지 수많은 약을 이처럼 간단한 캡슐 형태로 만들 수 있다. 단, 치료가 완전히 끝나기 전까지는 반드시 처방을 따라야 한다는 점을 기억하라.

1

2

3

4

5

파나마 운하

많은 사람이 이제 지어진 지 100년이 된
파나마 운하를 역대 최고의 기술적 위업
으로 여긴다. 대서양과 태평양을 연결하는
77킬로미터 길이의 파나마 운하는 수문을
통해 거대한 배를 해수면으로부터 26미터
높이까지 들어 올린다. 아시아에서 아메리
카 동부 해안으로 가는 길을 단축해주는
국제 운송의 핵심 노선이다.

파나마 운하 건설은 17세기 말에 시작되었지만 까다로운 지리학적 조건 탓에 완공이 지연되었다. 이후 캘리포니아에서 금이 발견되면서 파나마 철도가 건설되었고 운하는 20세기 초에 완공되었다.

예인 기관차

파나마 운하를 지나는 배들은 아주 거대하
지만 수문은 지나치게 작다. 그래서 배의
운항을 통제하려면 특수한 조치가 필요하
다. 이 '소형 기관차'는 지나는 배들의 계류
용 밧줄을 관리하기 위해 특별히 제작되었
다. 가장 큰 배일 경우 측면의 움직임과 제
동을 통제하려면 8대의 기관차가 필요하다.

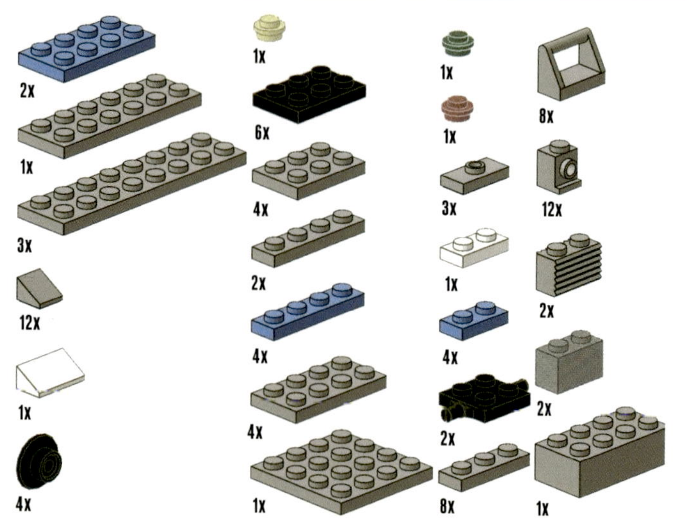

1

2

3

4

5

6

7

8

9

10

11

12

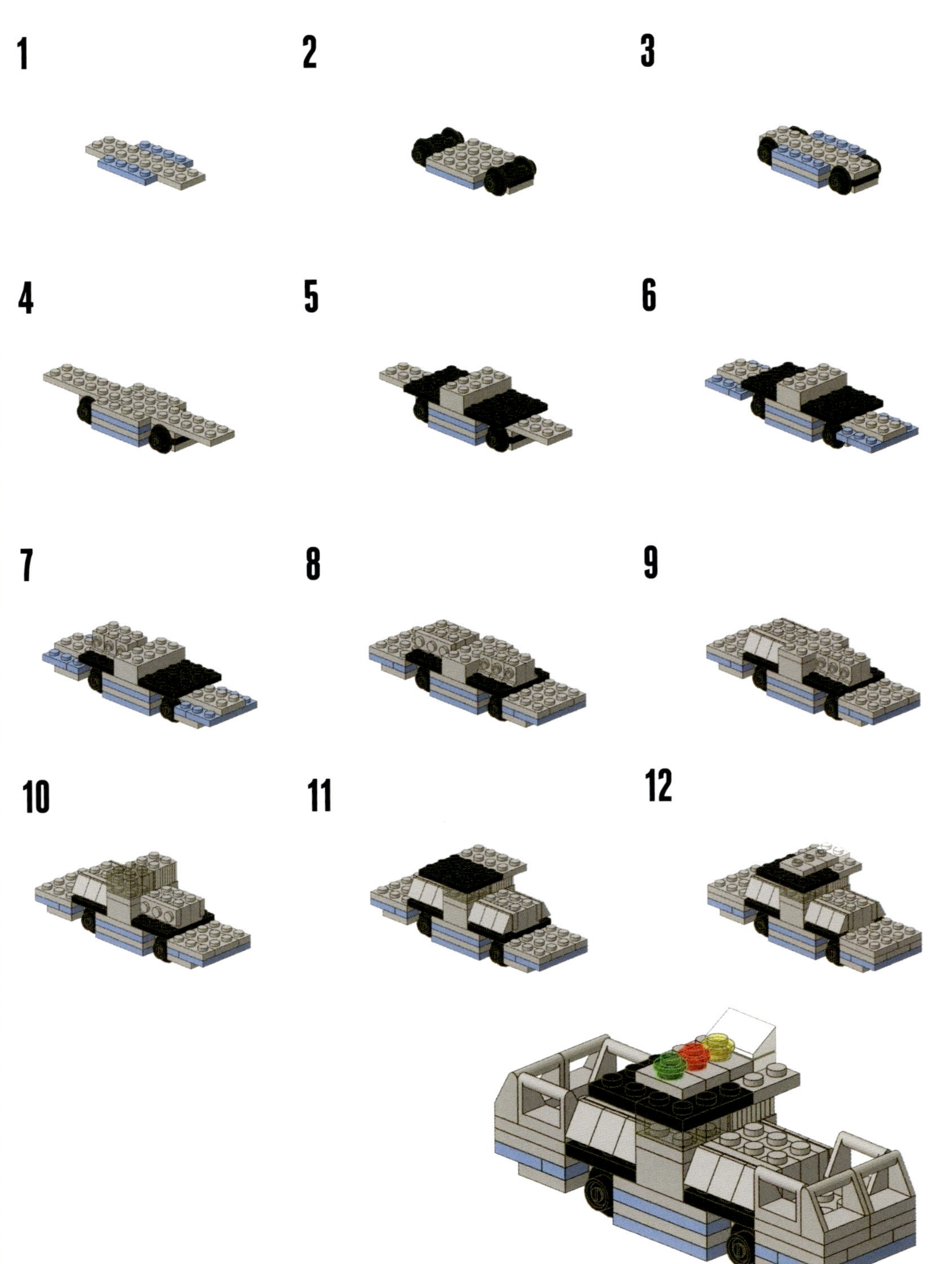

선적 컨테이너는 전 세계로 제품을 운송하고 거래하는 과정에 혁신을 일으켰다. 현재 쓰이고 있는 컨테이너는 1700만 개가 넘는 것으로 추산되며 온갖 형태의 제품을 지구 한쪽에서 반대편으로 운송한다. 이 모형은 탱크 컨테이너로 가스나 액체, 분말을 실어 나른다.

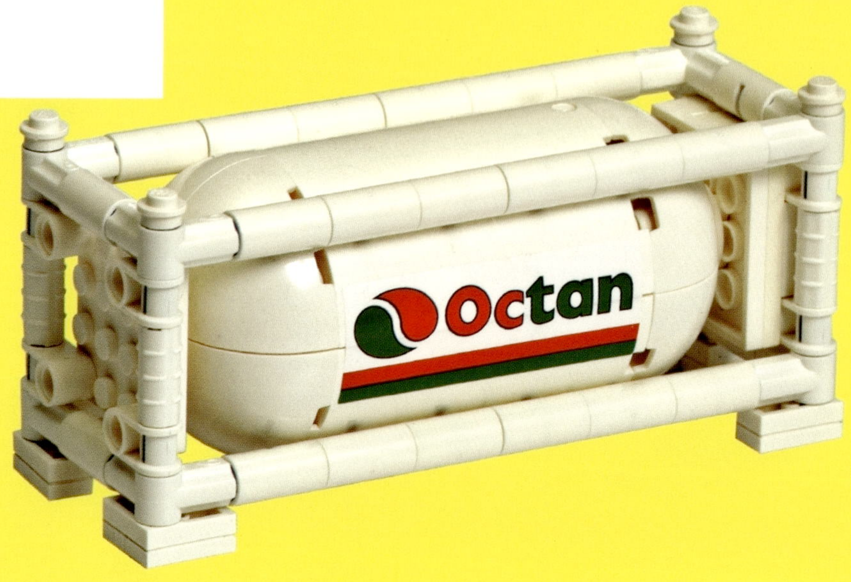

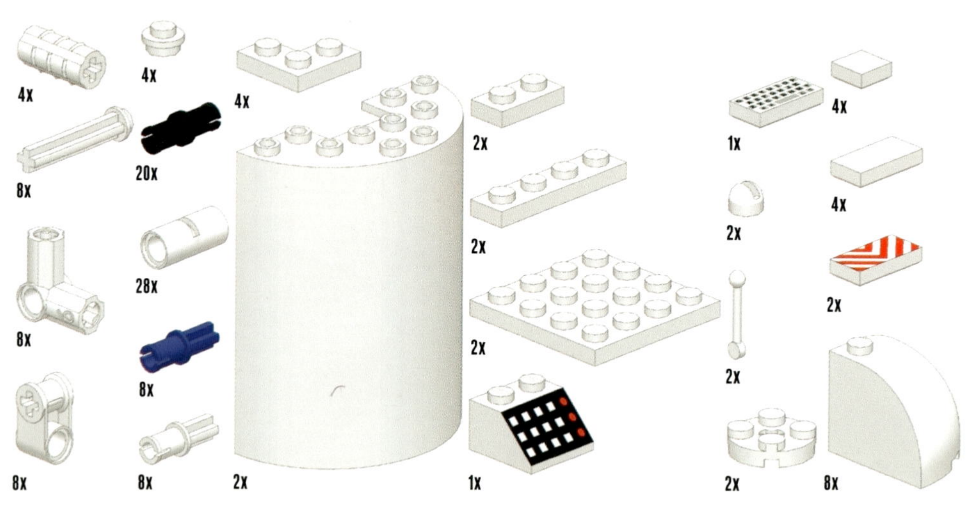

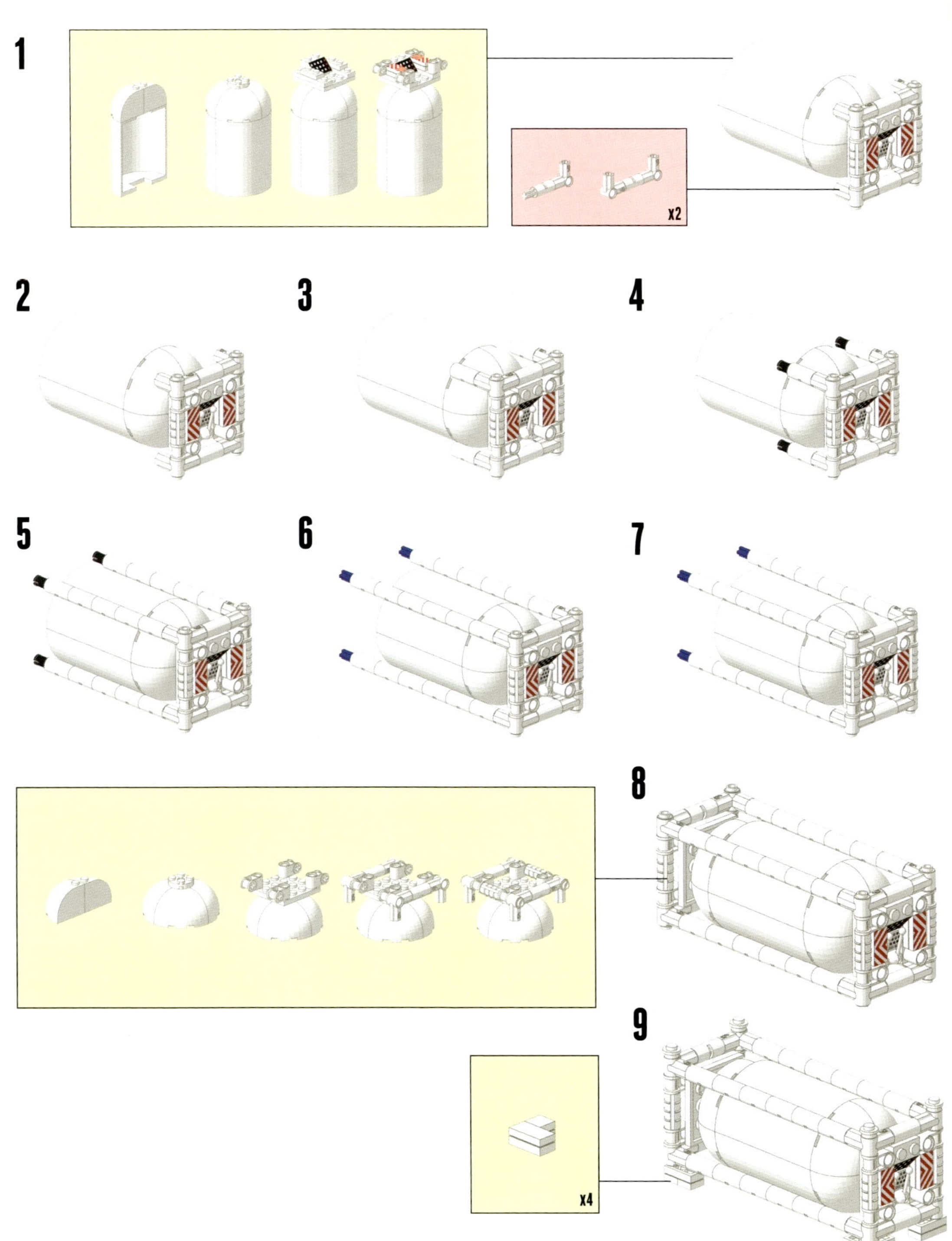

러시모어 산

사우스다코타 주의 블랙힐스 산지에는 4명의 미국 대통령을 묘사한 러시모어 Rushmore 산 국립 기념지가 있다. 조각가 거 츤 보글럼이 제작했으며 그의 죽음 직후인 1941년에 완성되었다. 매년 수백만 명의 사 람들이 러시모어 산과 근처의 크레이지호스 기념물을 방문한다.

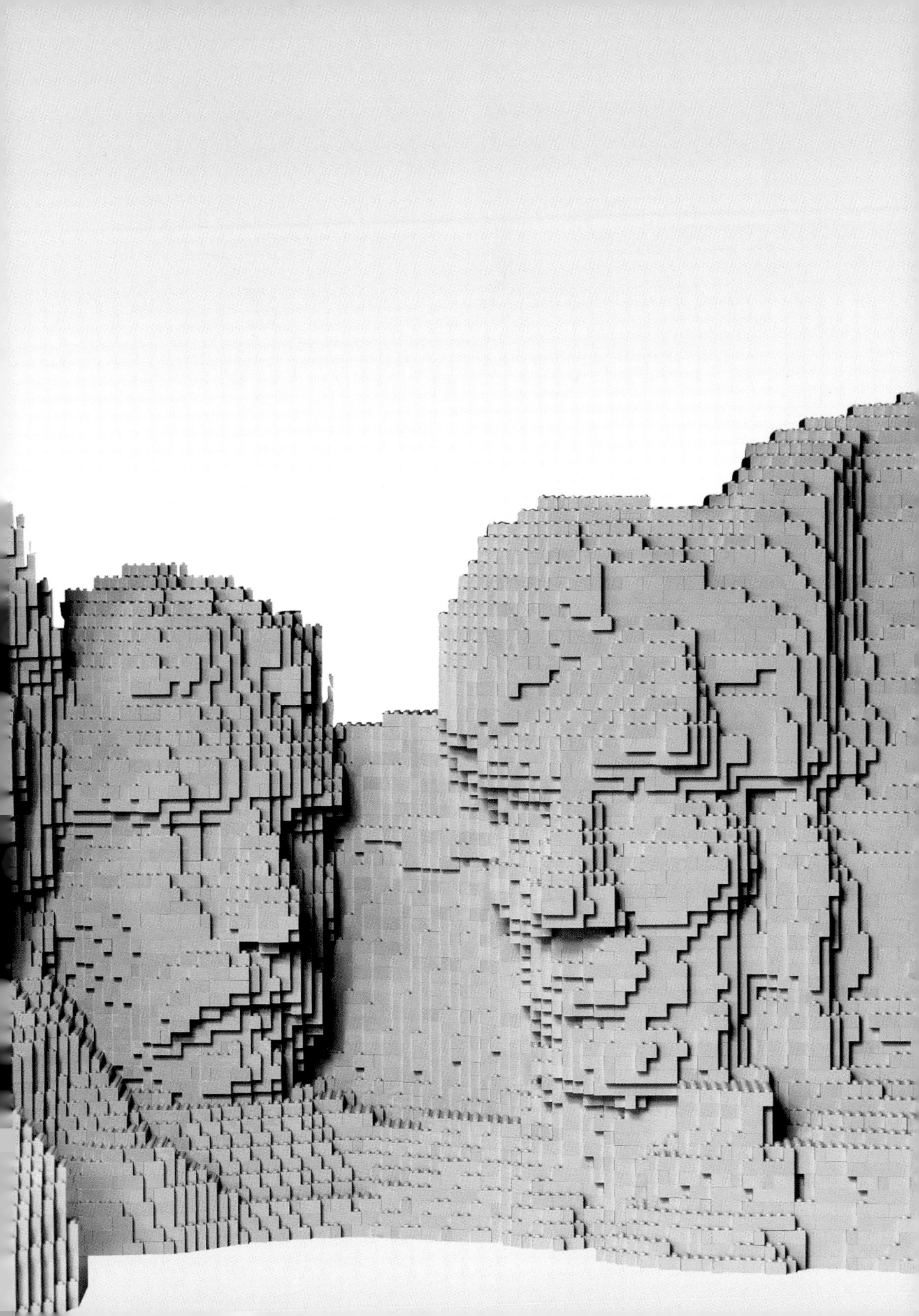

후버 댐

후버Hoover 댐은 러시모어 산과 마찬가지
로 1941년에 완공되었다. 아메리카 대륙 서
부에 있는 이 현대 불가사의는 실로 규모
가 어마어마하다. 건설하는 데 5년이 걸렸
고 댐에만 300만 세제곱미터가 넘는 콘크
리트를 쏟아부었다. 이는 미국을 가로지르
는 2차선 도로를 건설하기에도 충분한 양
이다. 애석하게도 후버 댐을 건설하는 도중
에 112명이 사망했다.

오늘날 후버 댐은 2가지 역할을 한다. 장대한 콜로라도 강을 통제할 뿐만 아니라 수력 발전으로 2000메가와트의 청정에너지를 생산하여 라스베이거스와 로스앤젤레스의 많은 지역에 전력을 공급한다.

건전지

후버 댐만 전기를 공급하는 것은 아니다. 현대의 거의 모든 기기를 지원하는 작은 건전지도 있다. 실은 작고 보잘것없다고 말할 수 있을지도 모르겠다. 당신은 아마도 알칼리 전지들을 떠올리겠지만, 현대 기기에는 재충전할 수 있는 니켈 카드뮴 전지와 니켈 수소 전지, 리튬 이온 전지가 쓰인다. 전기 자동차의 인기가 높아지면서 배터리 기술은 지금도 끊임없이 진화하고 있다.

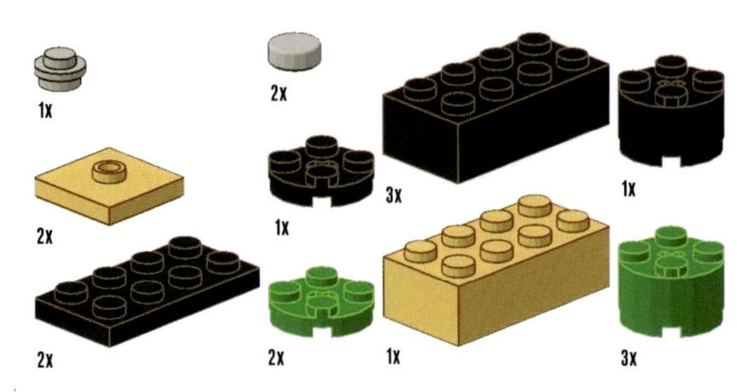

1

2

3

전구

전구는 1800년대 초에 발명되었지만 1879년 이 되어서야 토머스 에디슨에 의해 널리 보급되었다. 최초의 전구는 탄화시킨 대나무를 필라멘트로 사용했고 수명은 600시간에 불과했다. 현재 백열등은 점차 사라지고 있으며, 그 자리는 효율이 높은 LED와 형광등이 대신하고 있다.

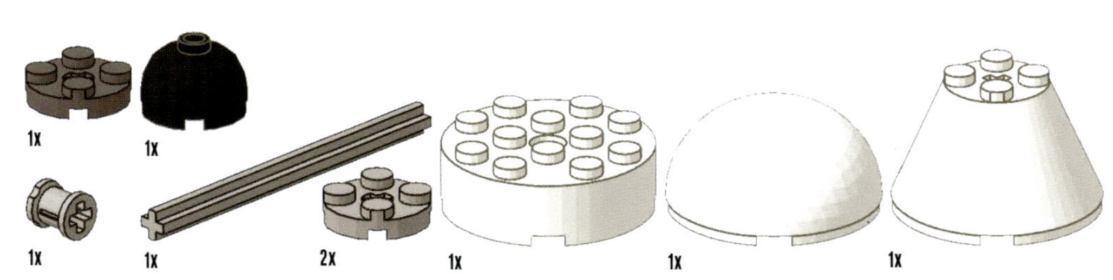

1   **2**   **3**

4

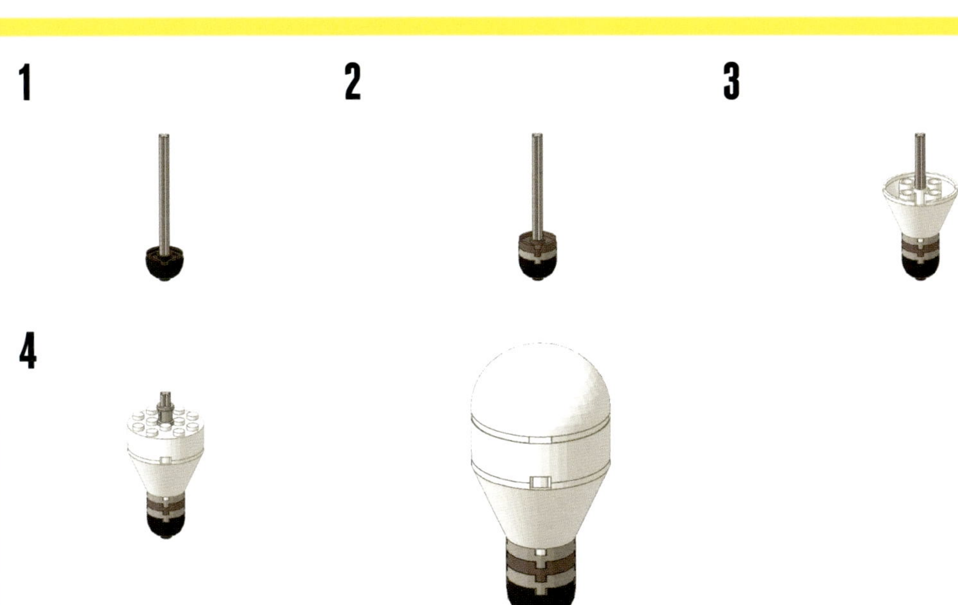

풍력 터빈

풍차는 수 세기 동안 흔히 볼 수 있었지만
풍력 발전소가 바람의 힘으로 전기를 생산
하기 시작한 것은 최근의 일이다. 우리가
만든 풍력 터빈 모형은 전기를 생산하지는
않지만, 모터로 날개를 움직이는 속임수를
썼다.

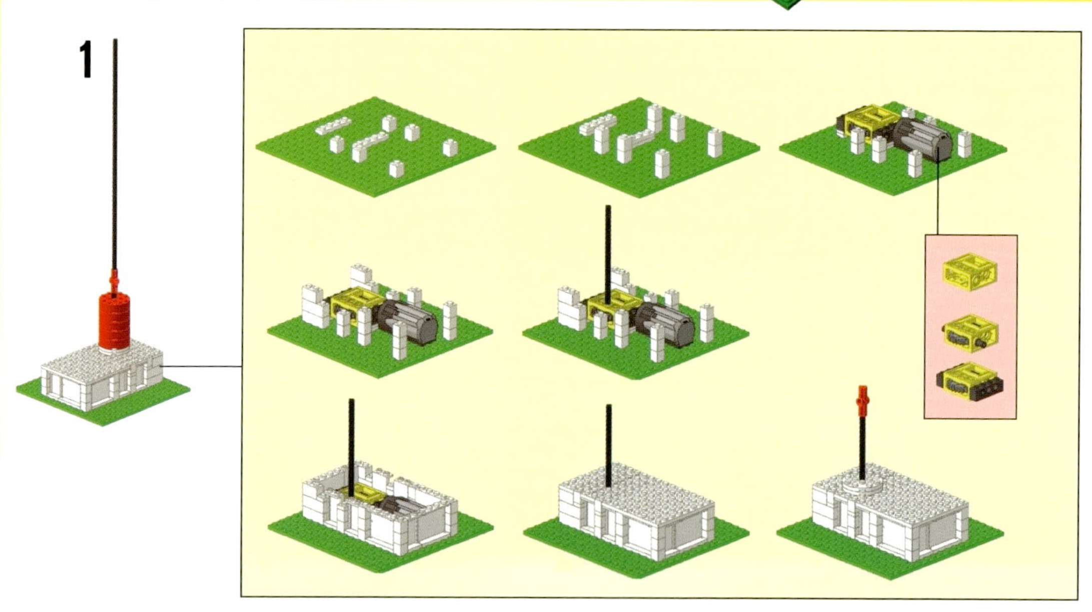

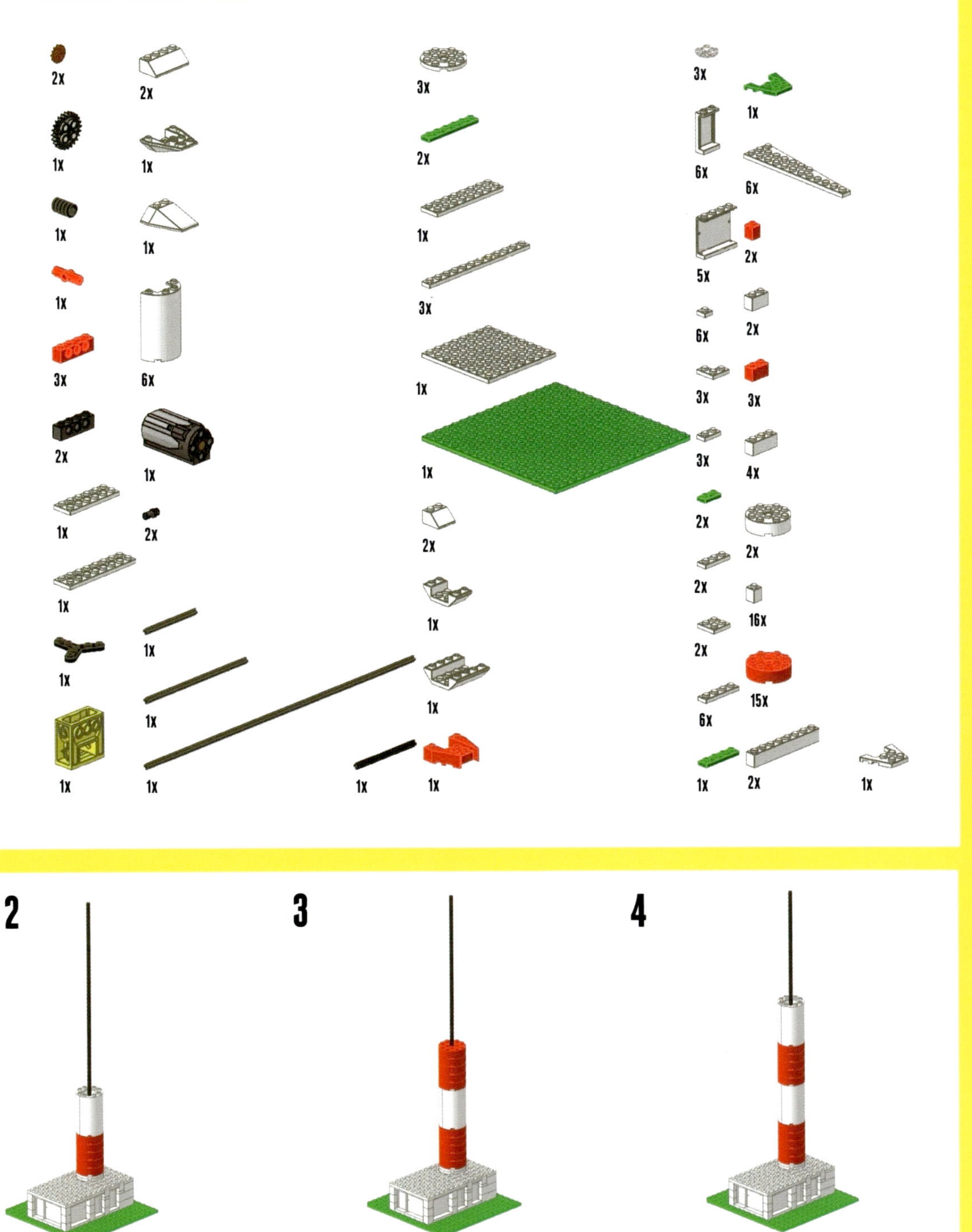

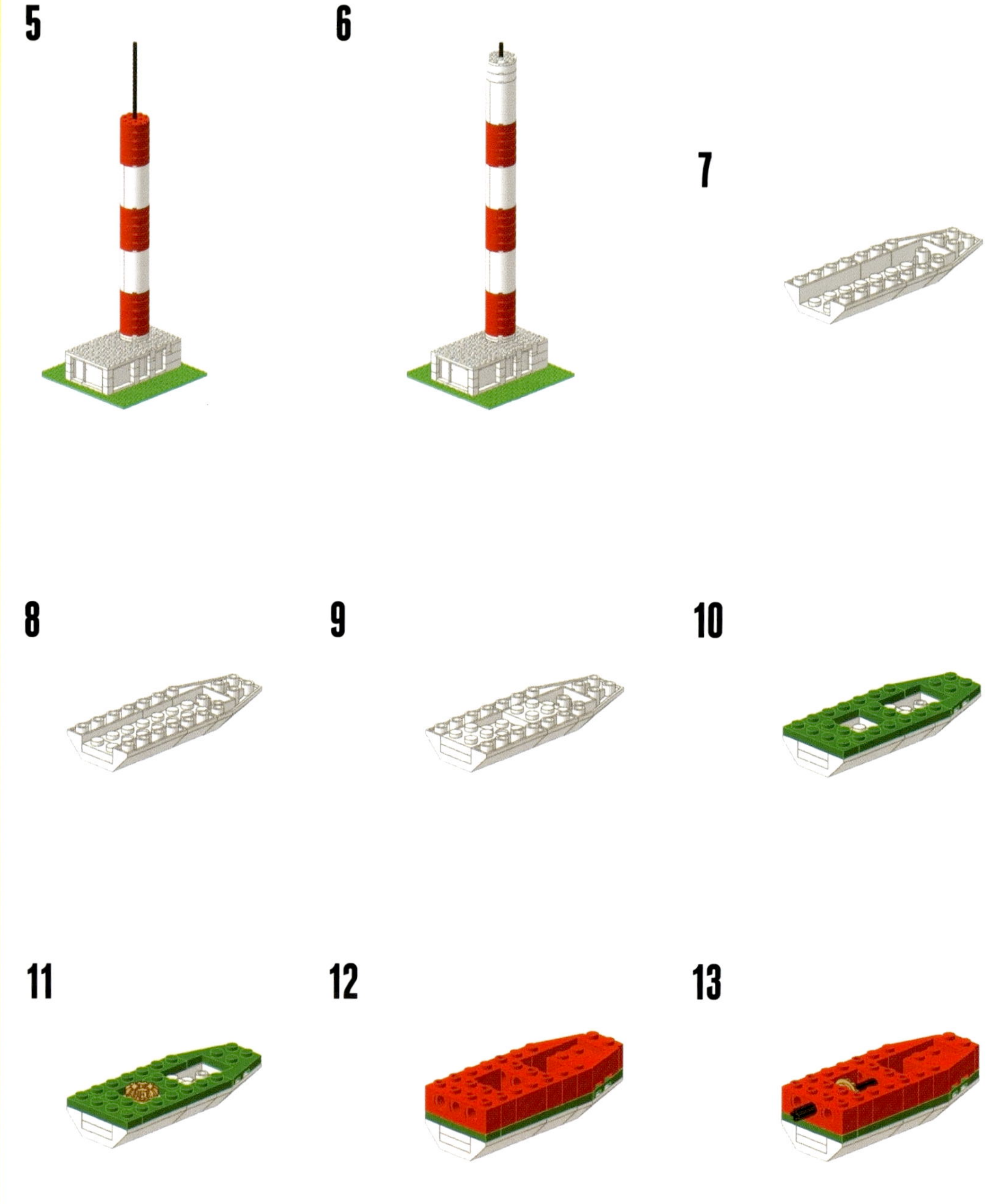

5
6
7
8
9
10
11
12
13

14

15

16

17

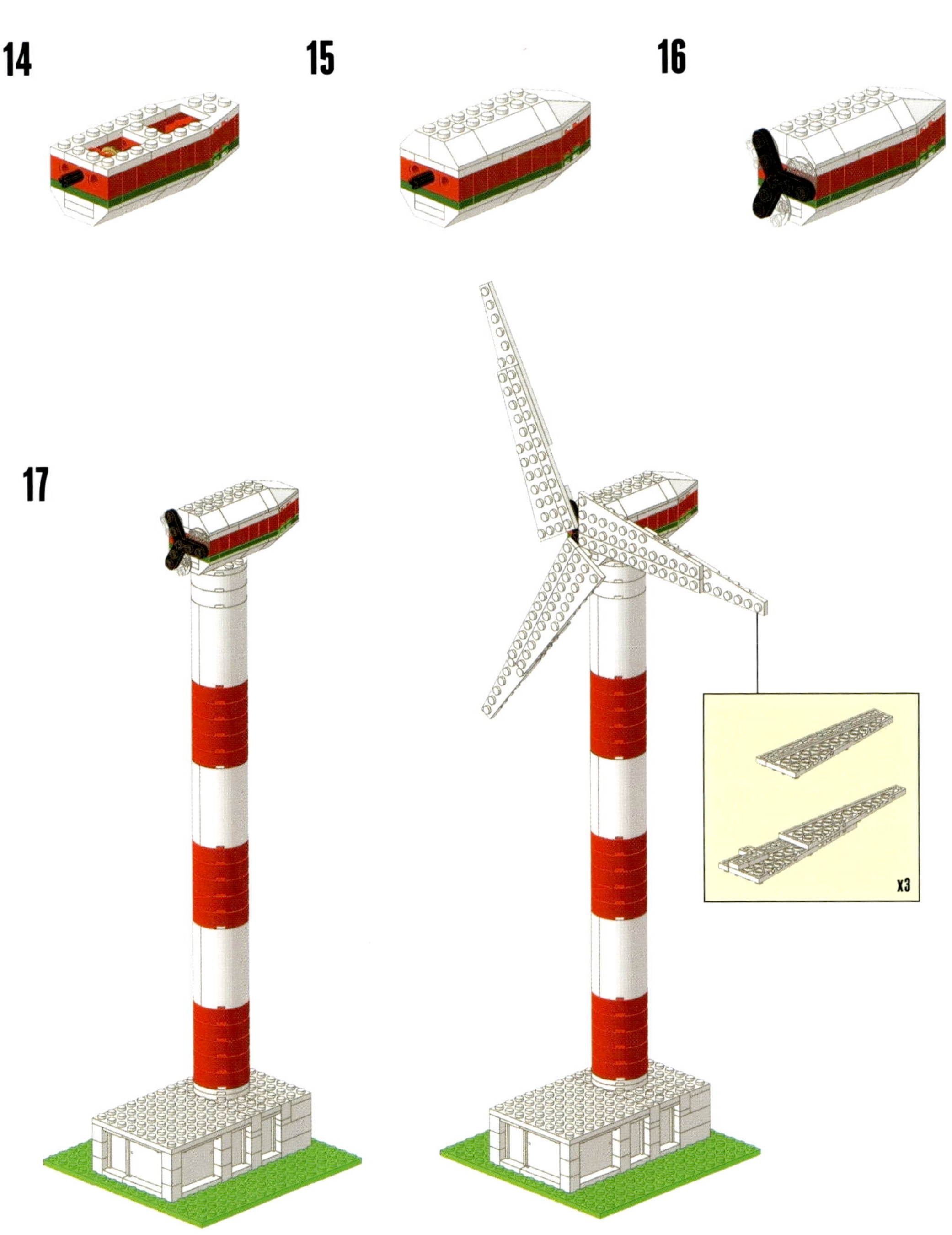

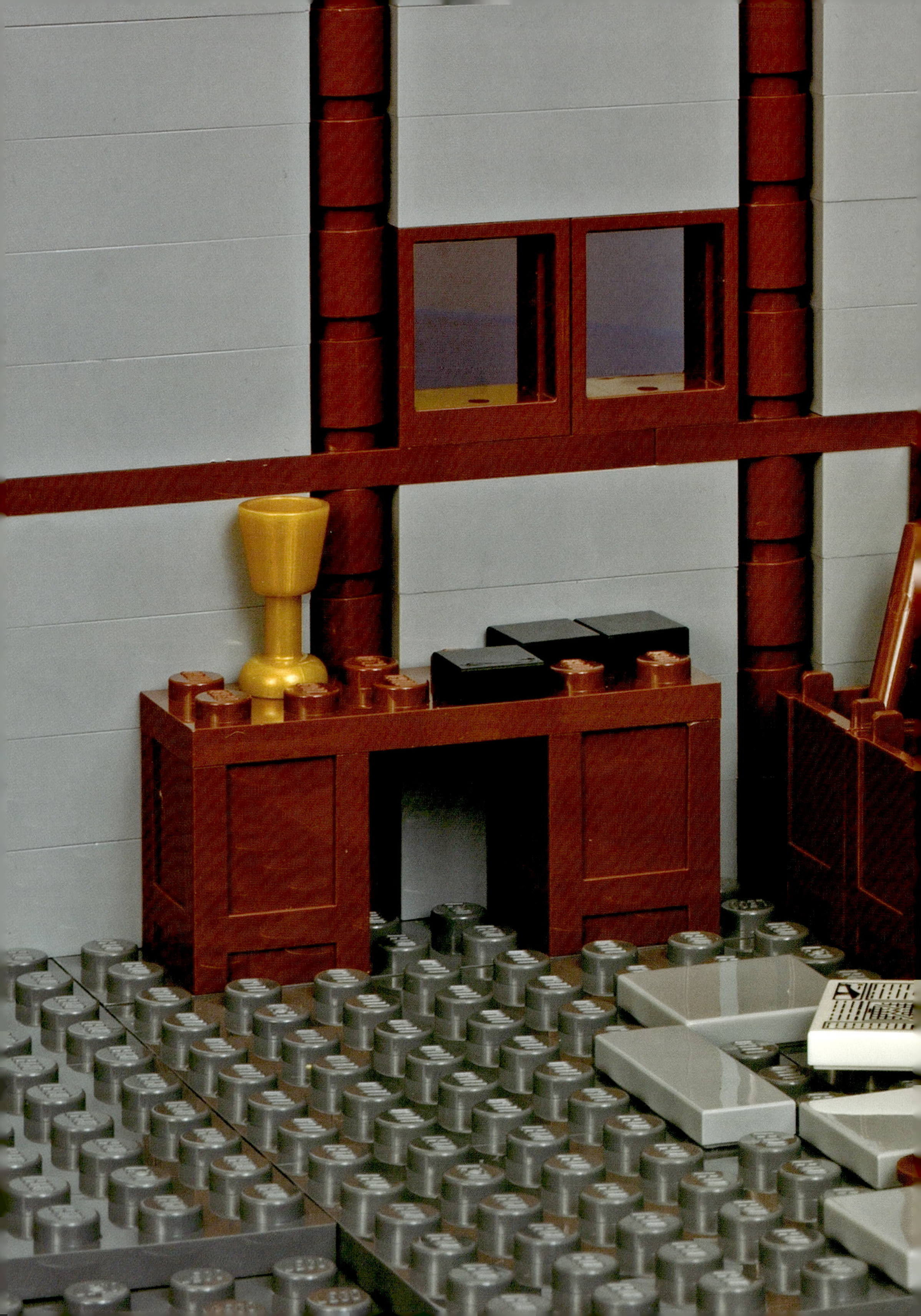

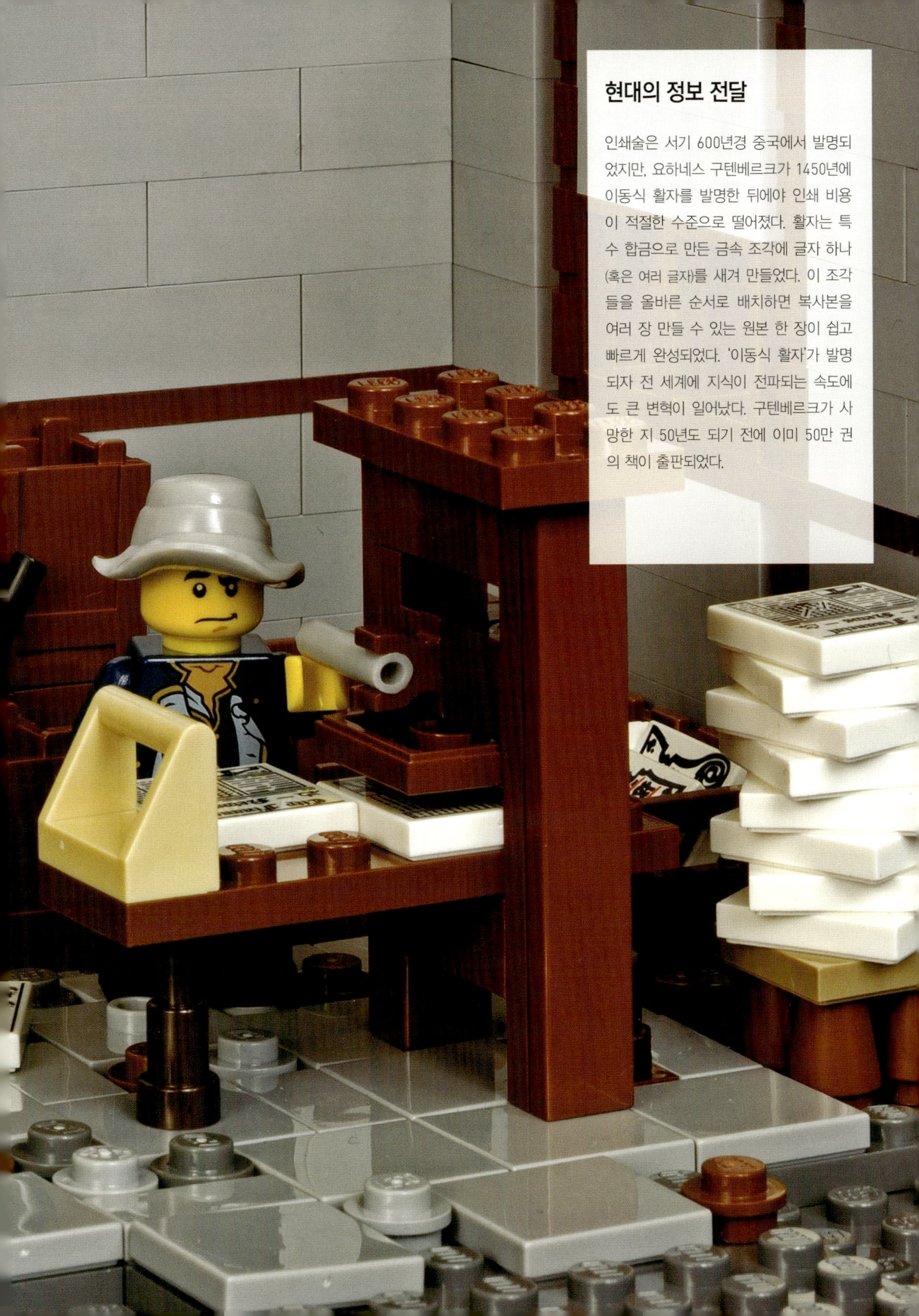

현대의 정보 전달

인쇄술은 서기 600년경 중국에서 발명되었지만, 요하네스 구텐베르크가 1450년에 이동식 활자를 발명한 뒤에야 인쇄 비용이 적절한 수준으로 떨어졌다. 활자는 특수 합금으로 만든 금속 조각에 글자 하나(혹은 여러 글자)를 새겨 만들었다. 이 조각들을 올바른 순서로 배치하면 복사본을 여러 장 만들 수 있는 원본 한 장이 쉽고 빠르게 완성되었다. '이동식 활자'가 발명되자 전 세계에 지식이 전파되는 속도에도 큰 변혁이 일어났다. 구텐베르크가 사망한 지 50년도 되기 전에 이미 50만 권의 책이 출판되었다.

텔레비전 카메라

방송에서 '뉴스 속보'를 본 적이 있다면 아래와 같은 ENG 카메라로 찍은 장면을 봤을 가능성이 높다. ENG 카메라의 크기는 세월이 지나면서 작아졌지만 어깨에 얹는 형태의 카메라가 계속해서 인기를 유지하고 있다. 견고하고 잡기가 쉬워서 손에서 놓칠 가능성이 낮기 때문이다.

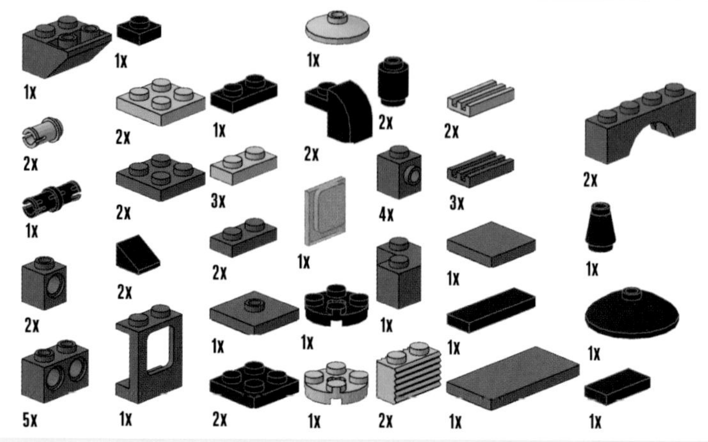

1

2

3

4

5

6

7

8

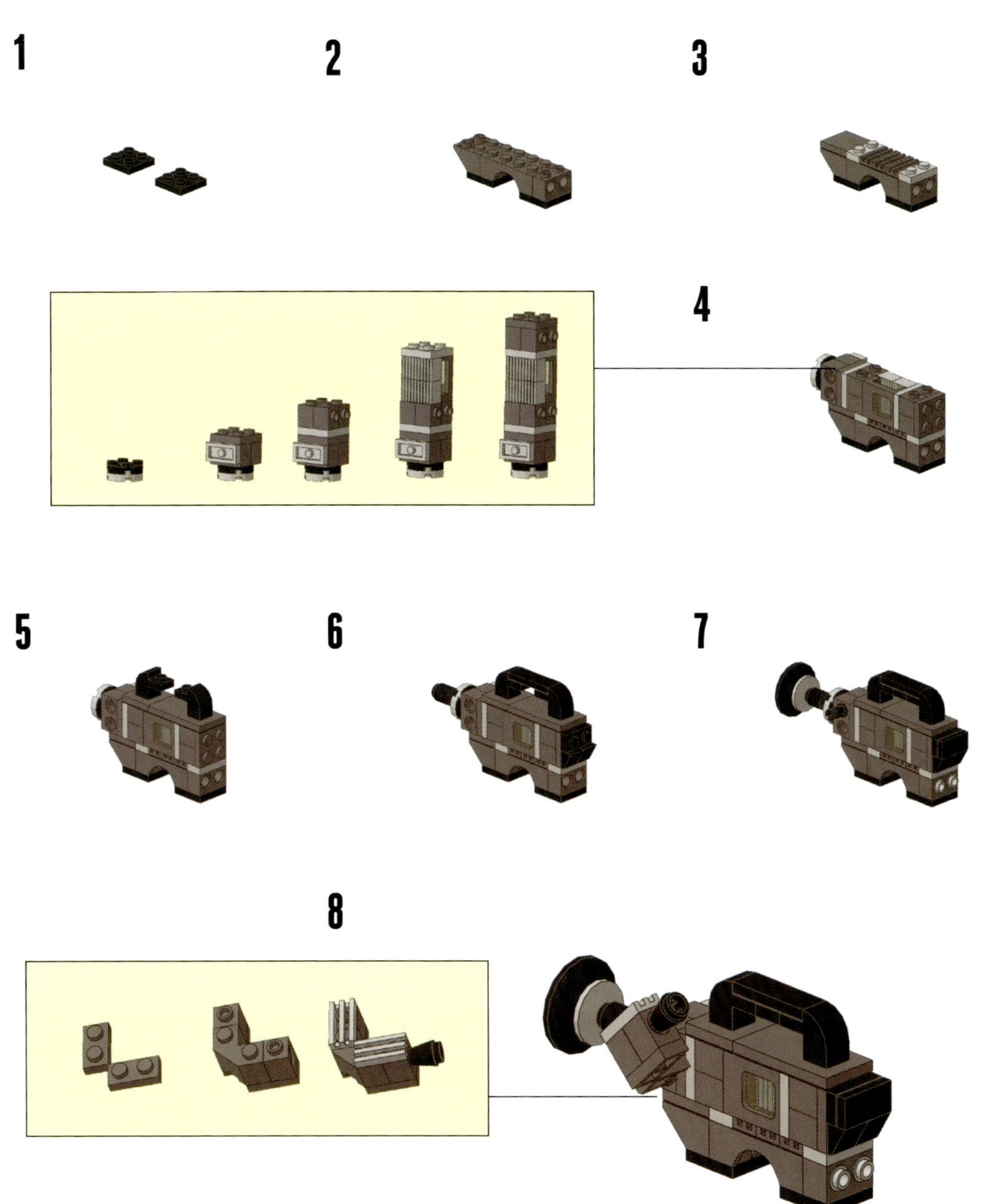

라디오

라디오 방송이 시작된 지 100년이 넘었다. 이 마이크는 BBC 방송국의 초창기 방송에서 많이 사용한 것으로 유명하다. 오늘날의 여러 마이크와는 생김새가 다르지만, 당신의 컴퓨터 화면이나 스마트폰을 한번 들여다보라. 상징적인 이 마이크 모양은 오늘날에도 여전히 사용되고 있다.

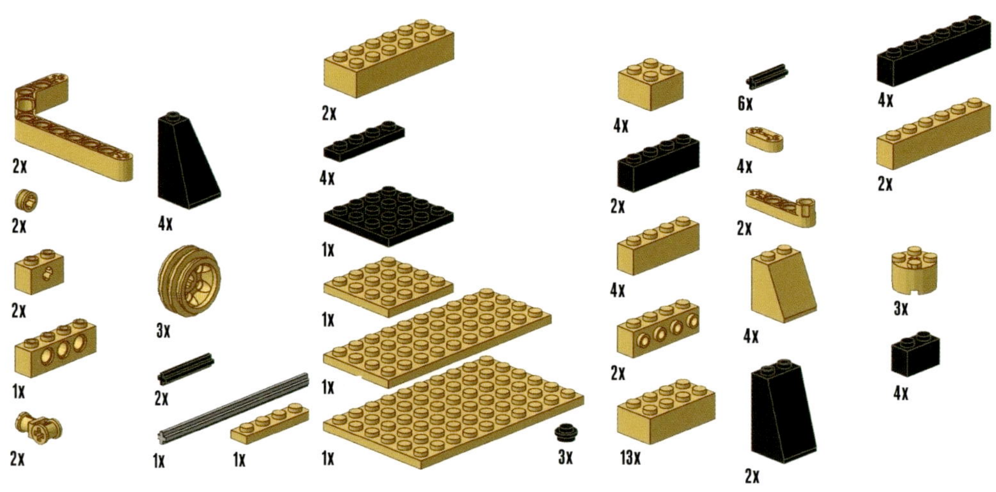

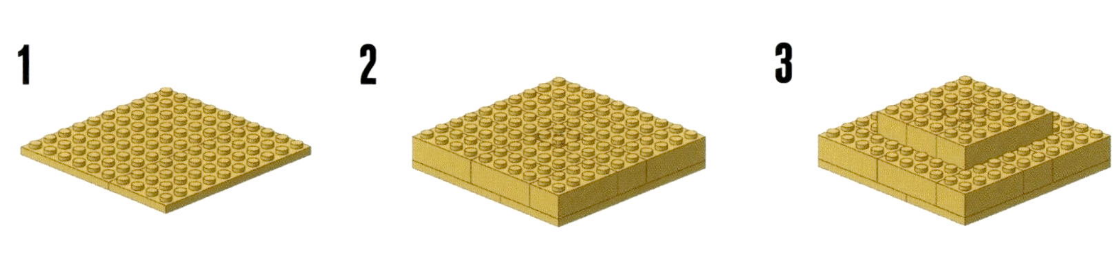

4

5

6

7

8

9

10

11

12

13

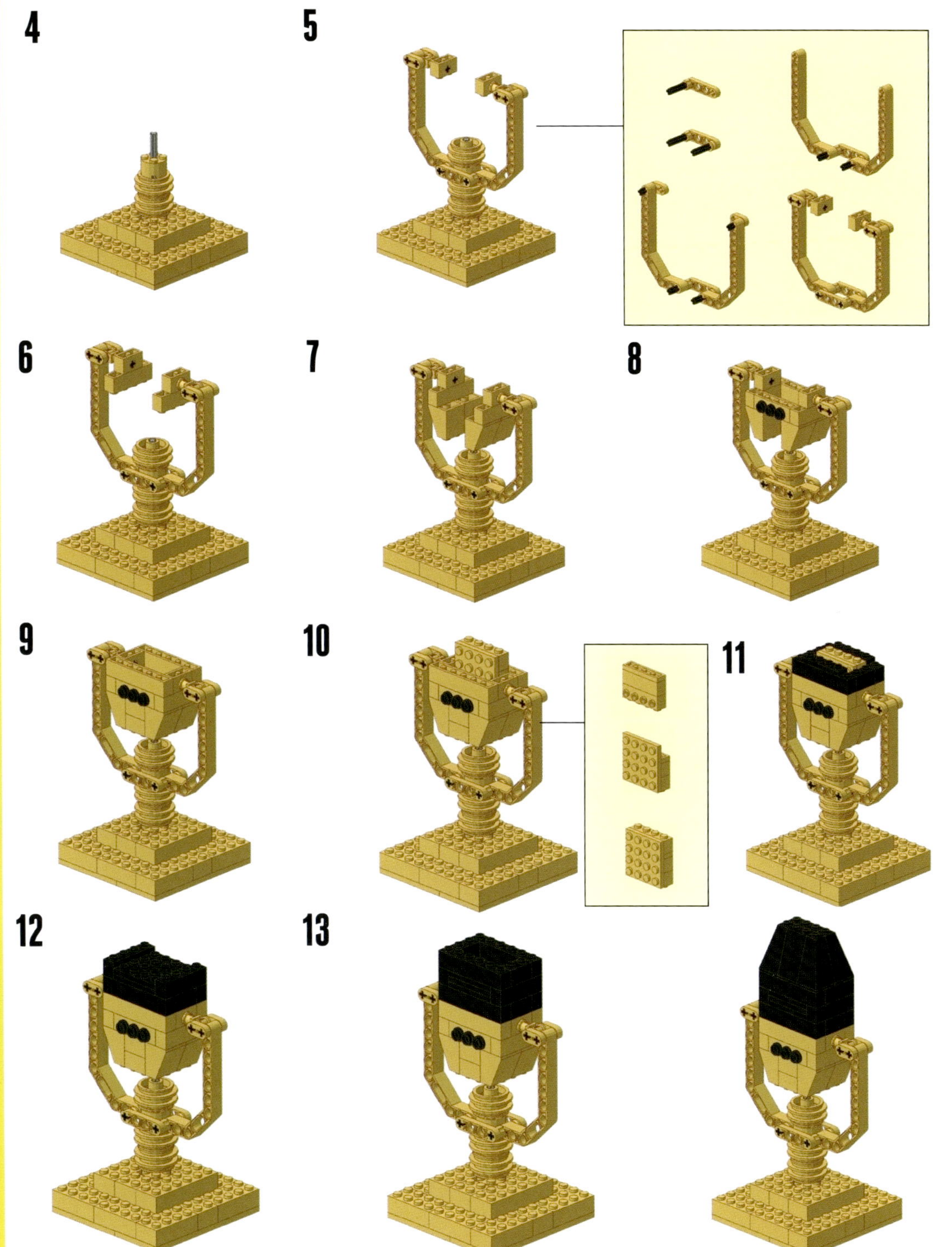

교통수단

세상을 점점 작아지게 만드는 발명품이 몇 가지 있는데 현대 항공 기술은 그런 발명품 중 하나이다. 발명된 지 100년도 되지 않아 비행기와 공항 등의 공공 기반 시설이 전 세계에 생기면서 우리 모두 서로 더 가까워졌다. 언제나 상공에는 수만 대의 비행기가 사람과 제품을 세계 각국으로 실어 나르고 있다.

CARGO
EXIT

대형 공항의 면적은 수십 제곱킬로미터에 이르기 때문에 우리의 레고 모형은 조그만 도시 공항을 기초로 만들었다. 아무리 레고 미니 피규어 크기로 만든다고 해도 세계적인 '허브Hub' 공항을 모형으로 정확하게 재현한다면 규모가 엄청나게 커질 것이다.

공항 탑승 계단

보석으로 치장한 왕족이 서 있든 화려한 유명인사가 자리를 빛내든, 항공기 탑승 계단은 공항의 매력을 드러내는 아이콘이다. 레드카펫을 펼쳐라. 여행을 즐기는 당신의 레고 미니 피규어가 도착했다! 물론 서양에 있는 대부분의 현대식 공항에서는 탑승 계단을 더는 사용하지 않지만, 그 외의 다른 곳에서는 아직도 찾아볼 수 있으며 공항 모형에 빈티지 재미를 더한다.

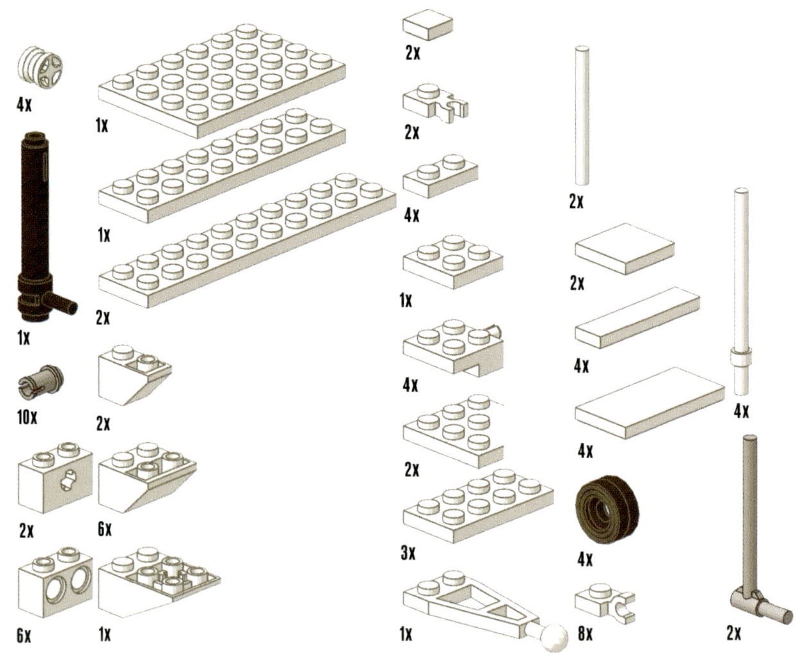

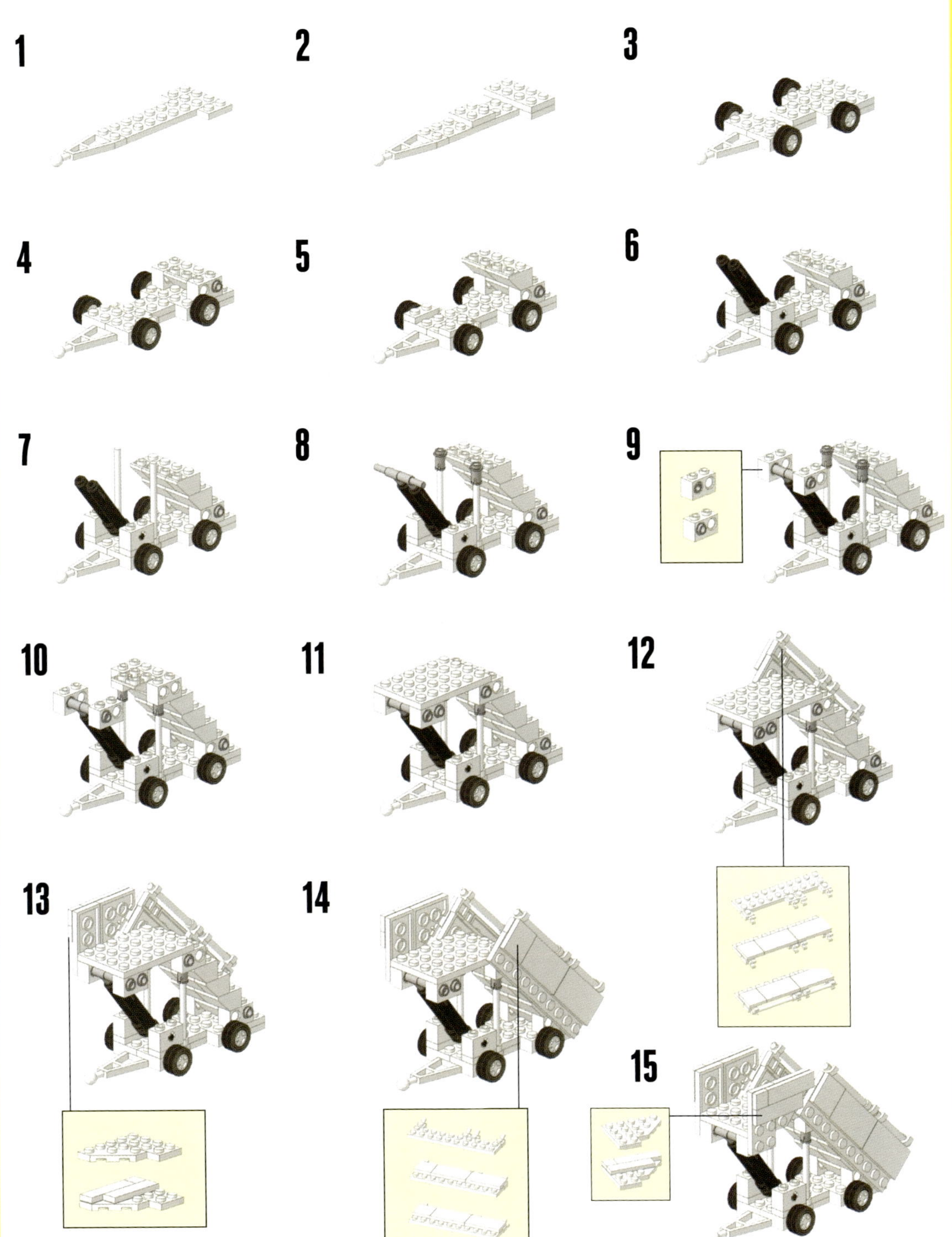

증기기관차

1804년에 리처드 트레비식이 최초로 본격
적인 기관차를 만들었으며 그 이후 증기기
관차는 150년 동안 널리 사용되었다. 요즘
의 기차는 대부분 전기나 디젤 기관차이며
증기기관차를 타는 경우는 매우 드물다.
그래도 여전히 증기기관차는 전 세계에 상
징적인 이미지로 남아 있다.

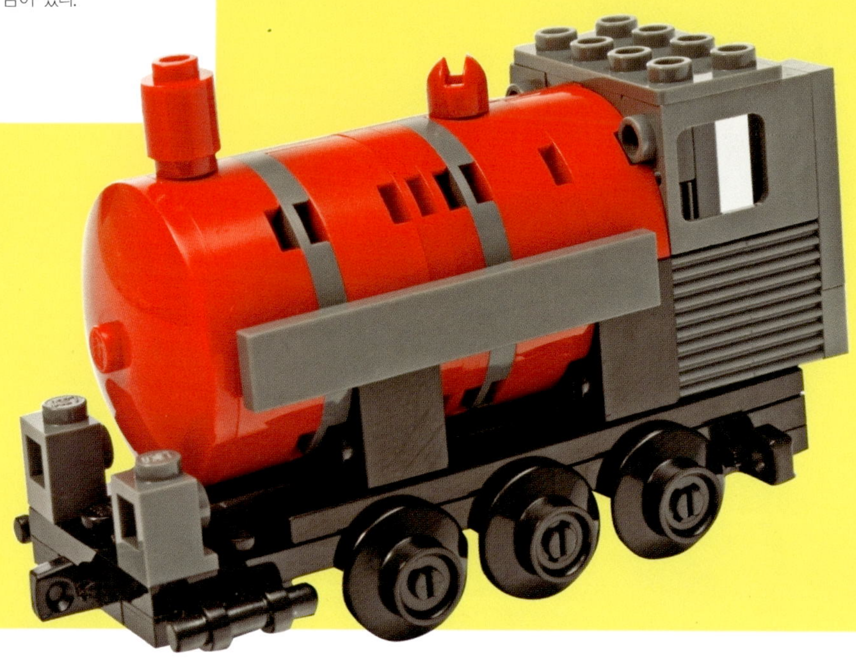

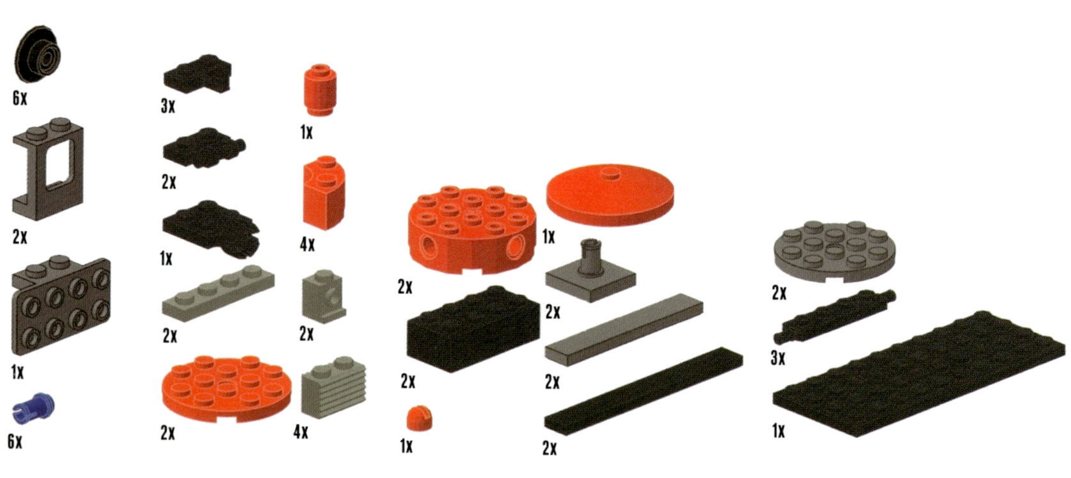

1

2

3

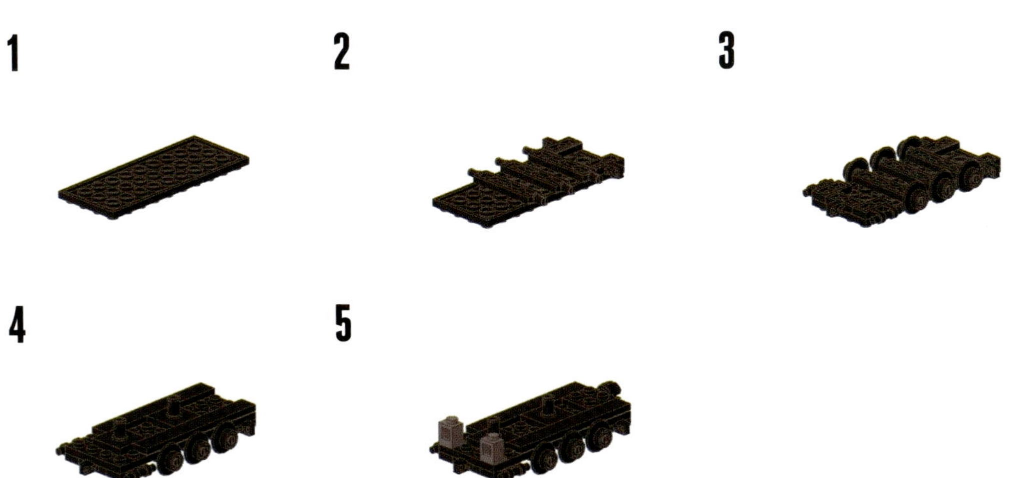

4

5

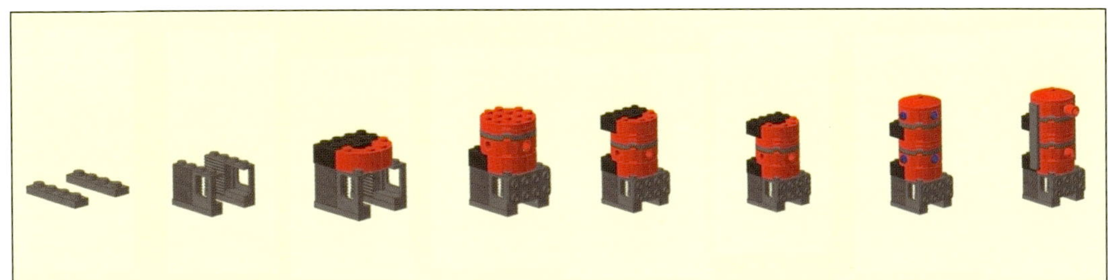

포드 모델 T

헨리 포드가 자신이 만든 차를 두고 "검은 색인 한 어떤 색상이든 가능하다"고 했다는 이야기를 흔히들 하지만, 실제로 원래의 T 모델은 여러 색상으로도 만들 수 있었다. 그 이후로는 거의 모든 색상이 차에 색을 입히는 데 쓰였다. 우리의 레고 모형은 디트로이트의 헨리 포드 박물관에 지금도 전시된 1927년 모델을 기초로 만들었다.

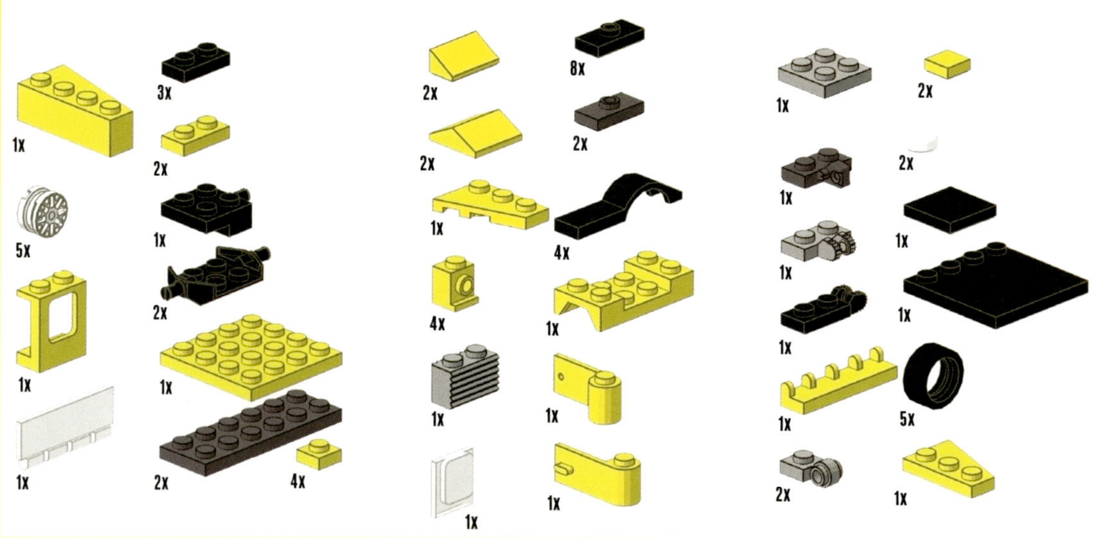

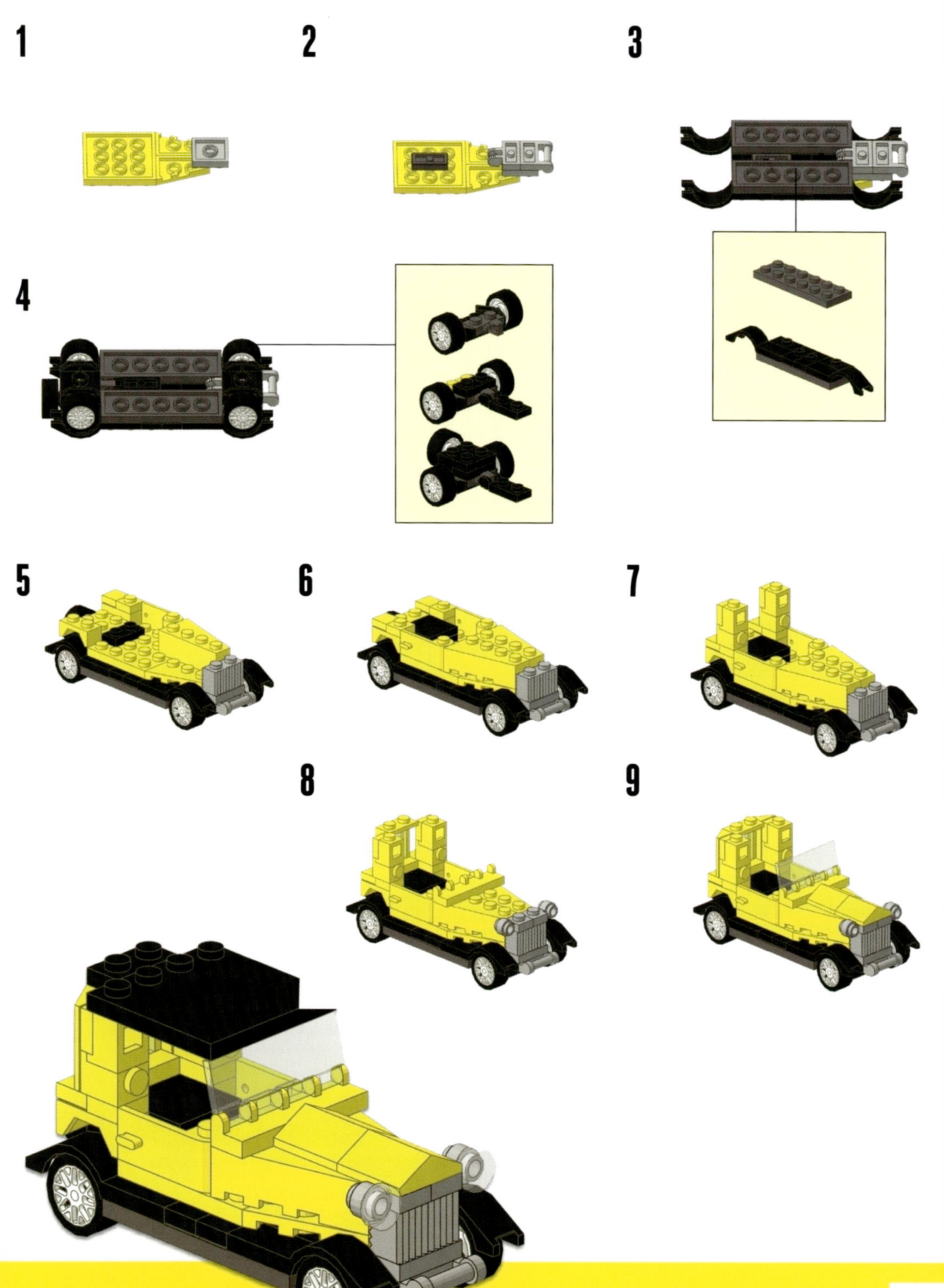

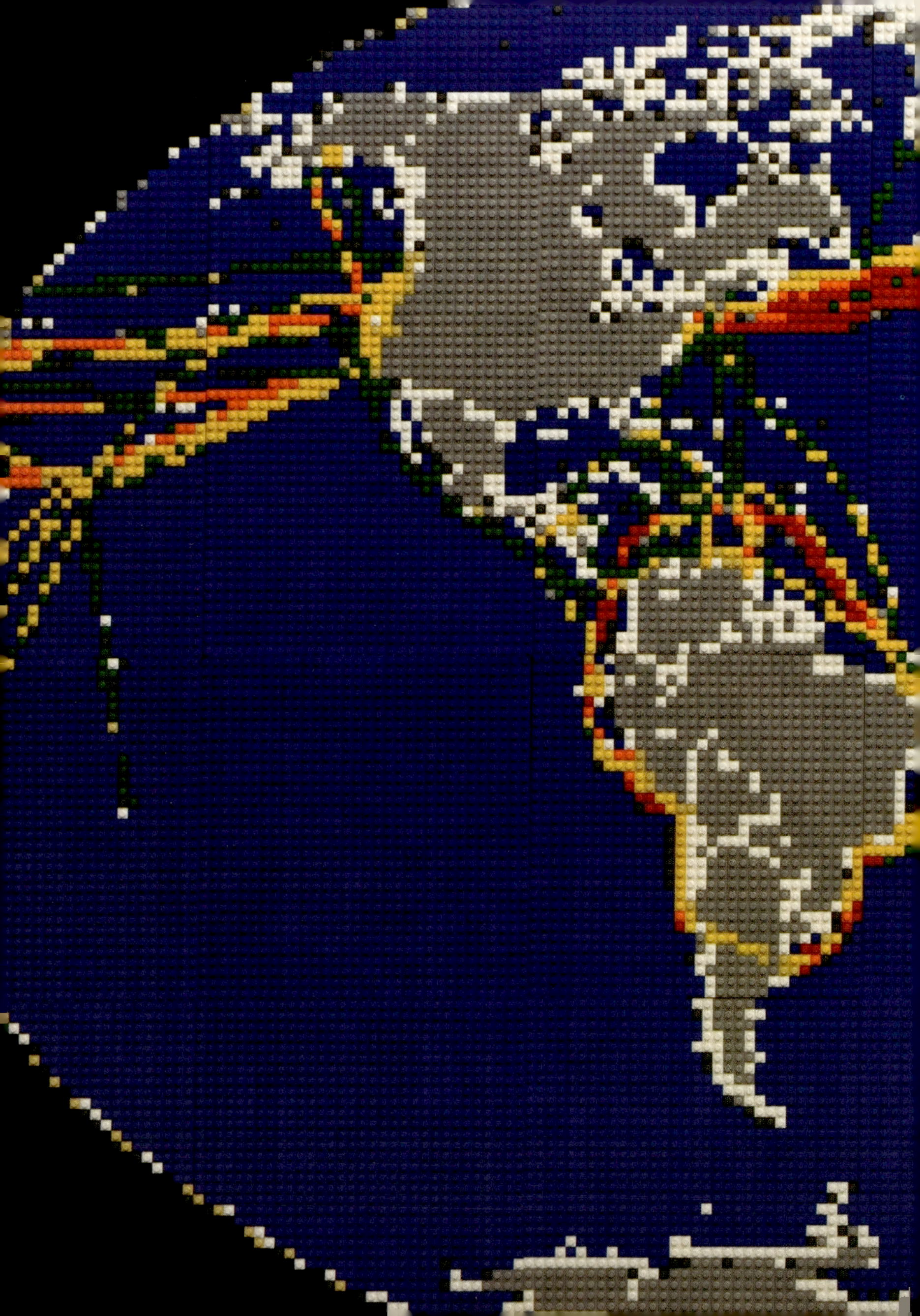

인터넷

당신은 이메일이 어떻게 오스트레일리아에 사는 친척에게 전해지는지 곰곰이 생각해보지 않았을지도 모른다. 어쨌든 어떻게든 이메일은 전달된다. 전 세계를 둘러싸고 있는 수백만 킬로미터의 수중 광섬유 케이블이 이메일과 '좋아요', '친구 요청', 스트리밍 비디오는 물론 전화 통화까지 실어 나른다. 우리가 만든 실리콘밸리의 케이블 지도는 얼마나 많은 지역에 케이블이 닿는지를 보여준다. 각각의 색상은 초속 250(초록색Green)기가바이트에서 3000(빨간색Red)기가바이트까지 케이블의 전송 속도를 나타낸다. 정말 빠르다!

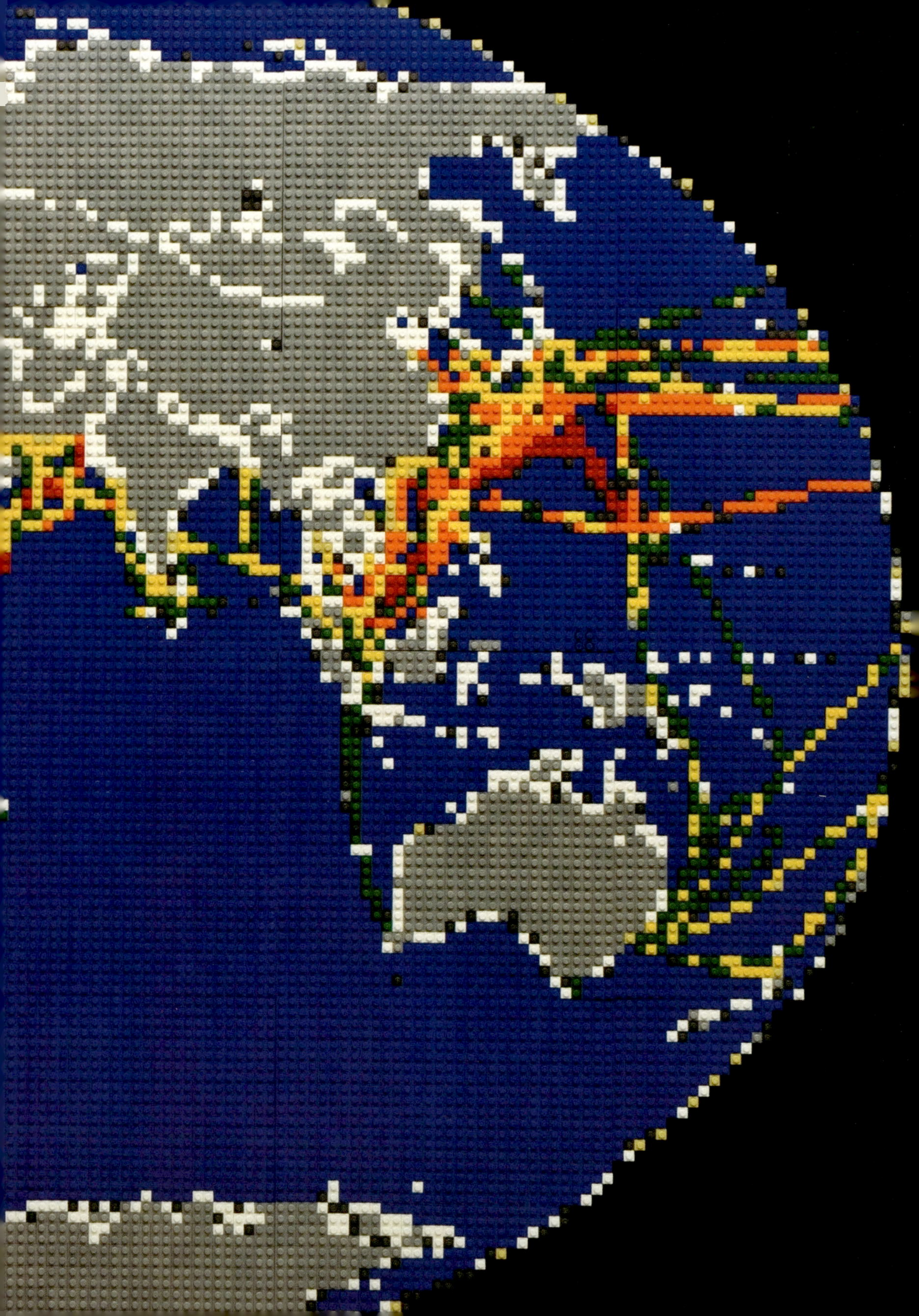

가장 빠른 광섬유 인터넷 케이블은 초고화질 영화 한 편을 미국에서 영국으로 단 300분의 1초 만에 전송할 수 있다.

태블릿 컴퓨터

미국인 3분의 1이 태블릿 컴퓨터를 소유하
고 있는 것으로 추정된다. 그러므로 이 레
고 태블릿이 매우 친숙하리라고 기대해본
다. 우리는 태블릿에 설치한 앱을 표현하기
위해 주문 제작한 무늬 타일을 사용했다.
하지만 소장하고 있는 브릭 중에 어떤 장
식 타일을 써도 무관하다.

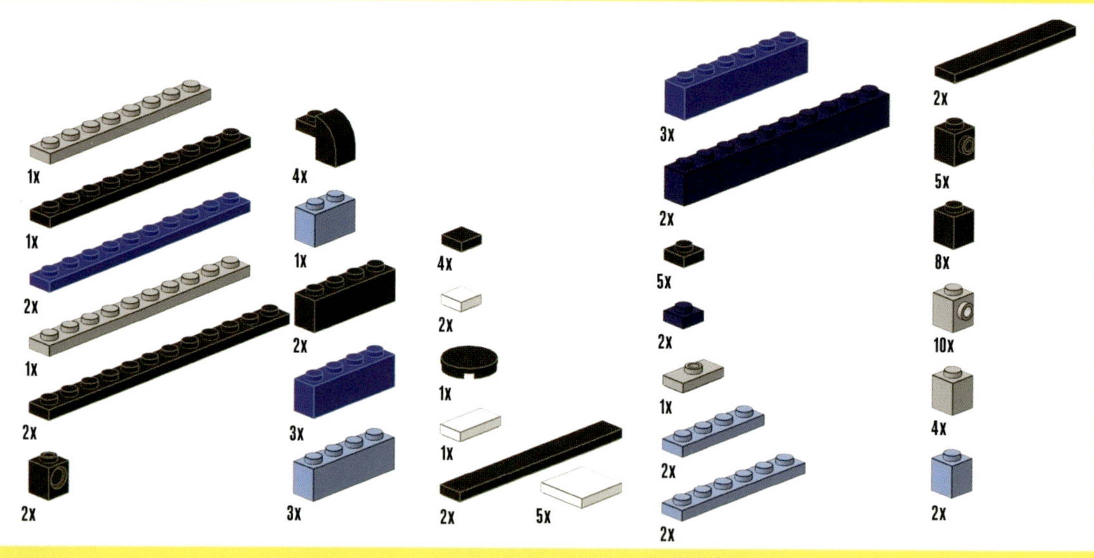

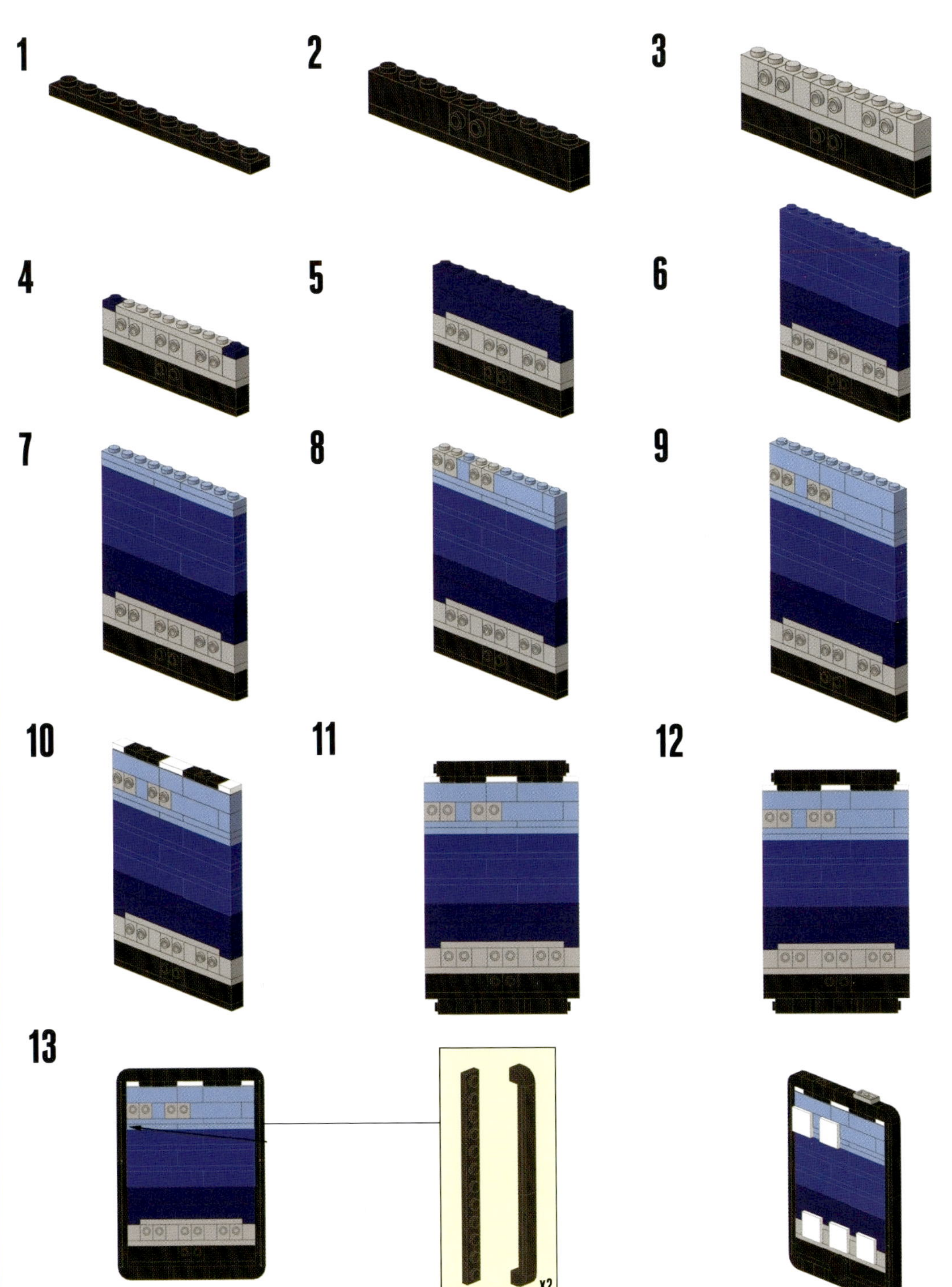

트위터의 새 그림

이 소셜 미디어의 로고가 간단해 보일지도 모르지만, 아마도 이 책에 나온 모형 전체를 통틀어 완벽히 재현하기가 가장 어려운 모형일 것이다. 이 새의 부드러운 곡선과 각진 날개를 표현하기 위해 단순히 위쪽만이 아니라 왼쪽과 오른쪽, 아래를 향해 부품을 조립했다. 더 자세한 내용은 'www.warrenelsmore. com/brickwonders'를 참고하라.

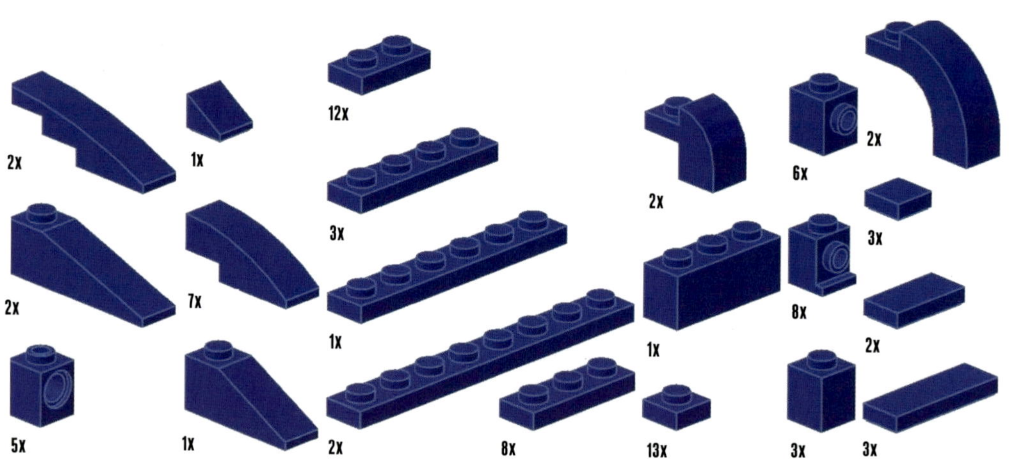

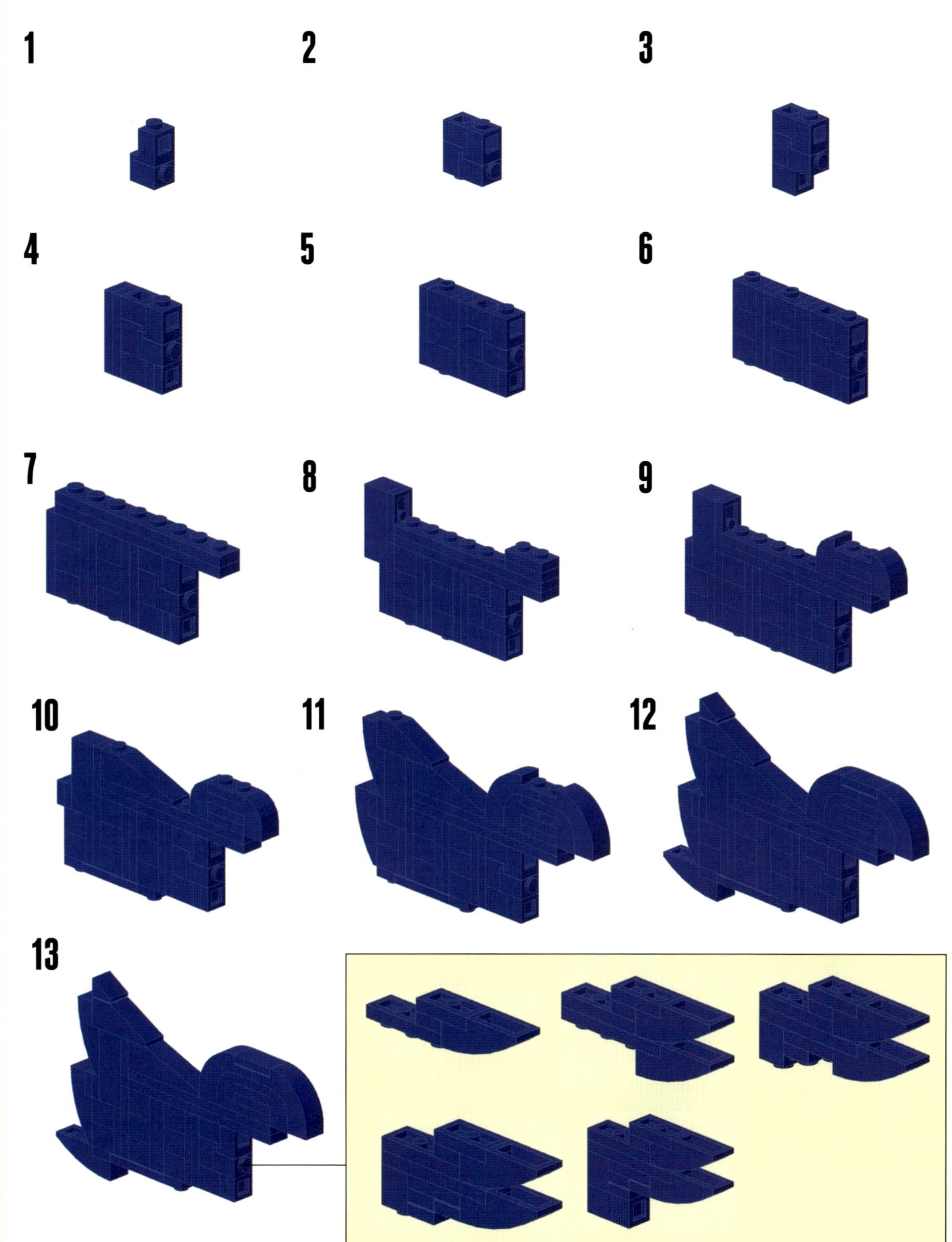

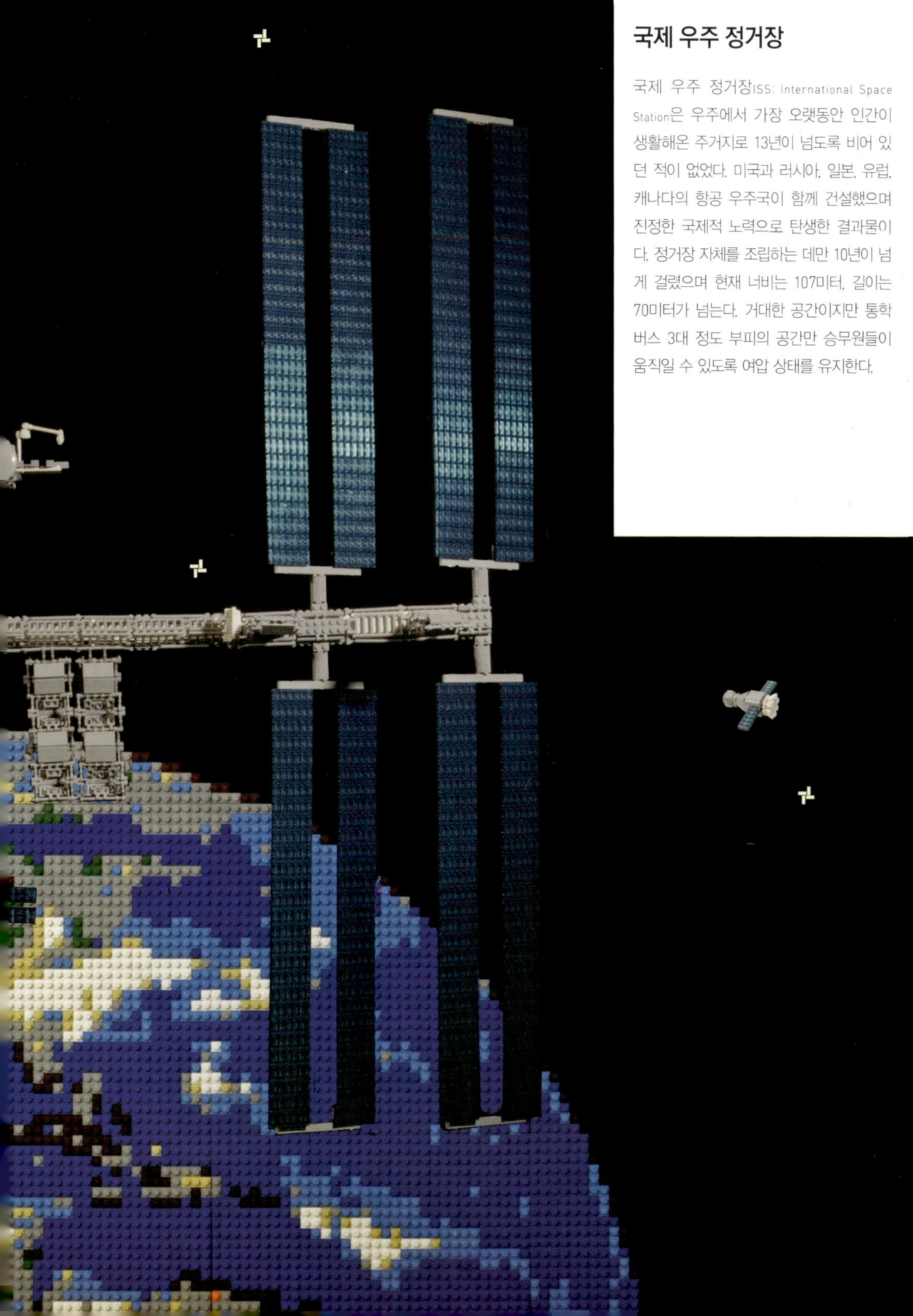

국제 우주 정거장

국제 우주 정거장ISS: International Space Station은 우주에서 가장 오랫동안 인간이 생활해온 주거지로 13년이 넘도록 비어 있던 적이 없었다. 미국과 러시아, 일본, 유럽, 캐나다의 항공 우주국이 함께 건설했으며 진정한 국제적 노력으로 탄생한 결과물이다. 정거장 자체를 조립하는 데만 10년이 넘게 걸렸으며 현재 너비는 107미터, 길이는 70미터가 넘는다. 거대한 공간이지만 통학 버스 3대 정도 부피의 공간만 승무원들이 움직일 수 있도록 여압 상태를 유지한다.

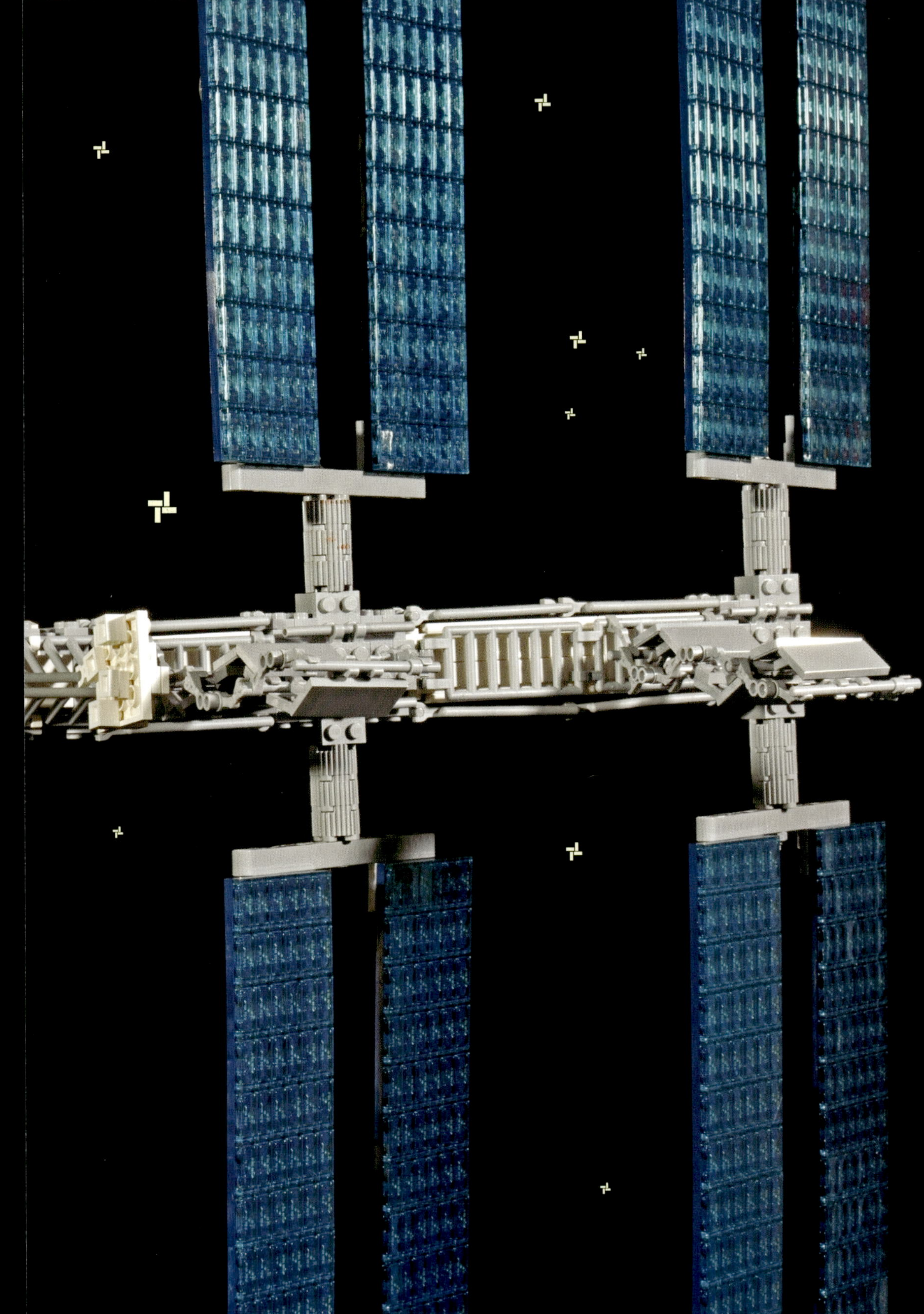

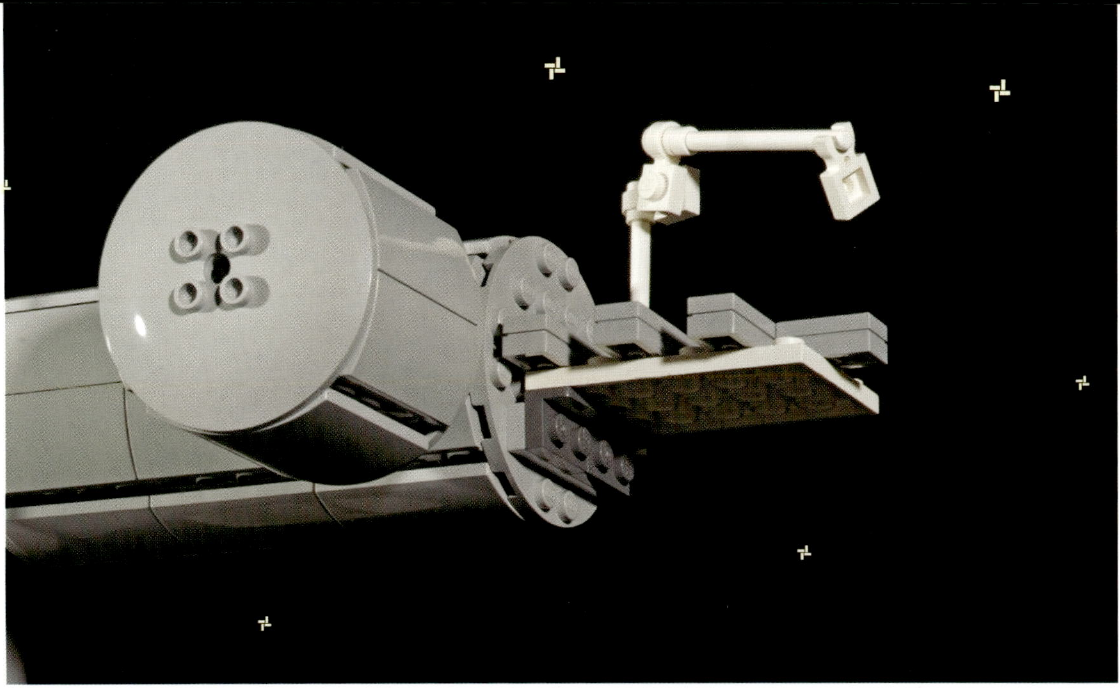

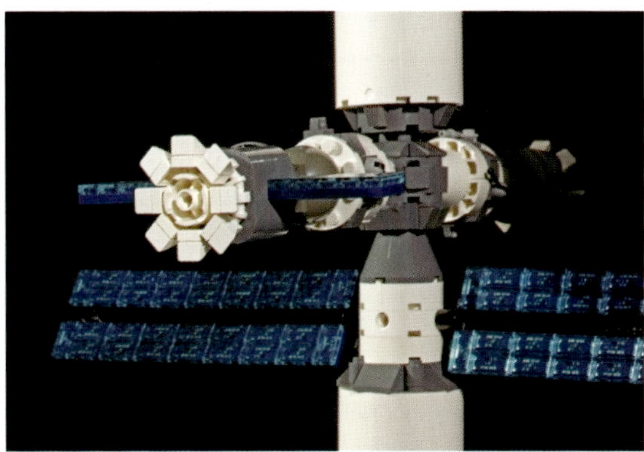

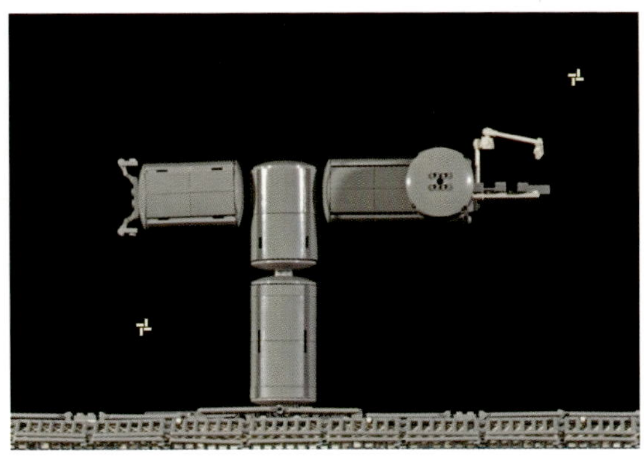

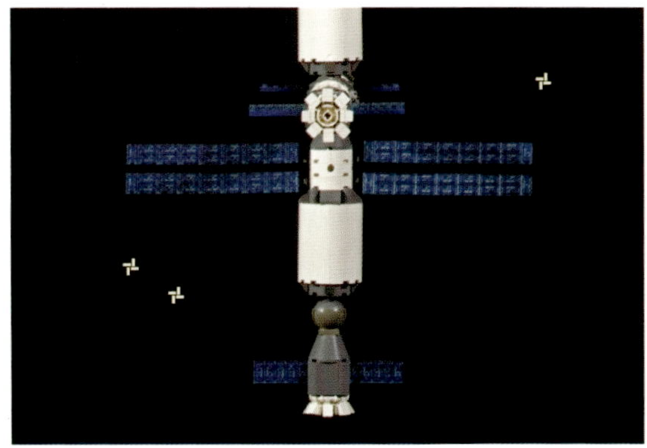

우리가 만든 모형은 이 책이 출판되는 시점의 정거장 모습을 보여주겠지만, 국제 우주 정거장은 계속해서 진화하고 있으므로 시간이 흐르면 분명 또 다른 변화가 생길 것이다.

우주 왕복선

나사NASA의 우주 왕복선은 이제까지 만들어진 우주선 중 가장 상징적인 존재로 허블 우주 망원경Hubble Space Telescope과 같은 화물을 우주로 수송하고 다시 지구로 귀환시키는 역할을 한다. 이제까지 6대의 왕복선이 만들어졌는데 챌린저호와 컬럼비아호의 손실로 지금은 4대만 남아 있다. 더는 운행되지 않는 우주선은 현재 미국 전역의 박물관에 소장되어 있다.

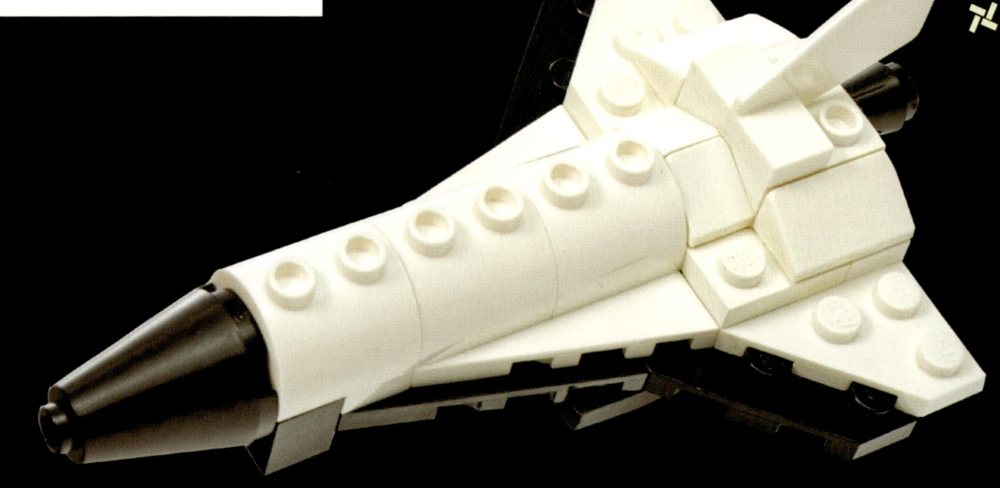

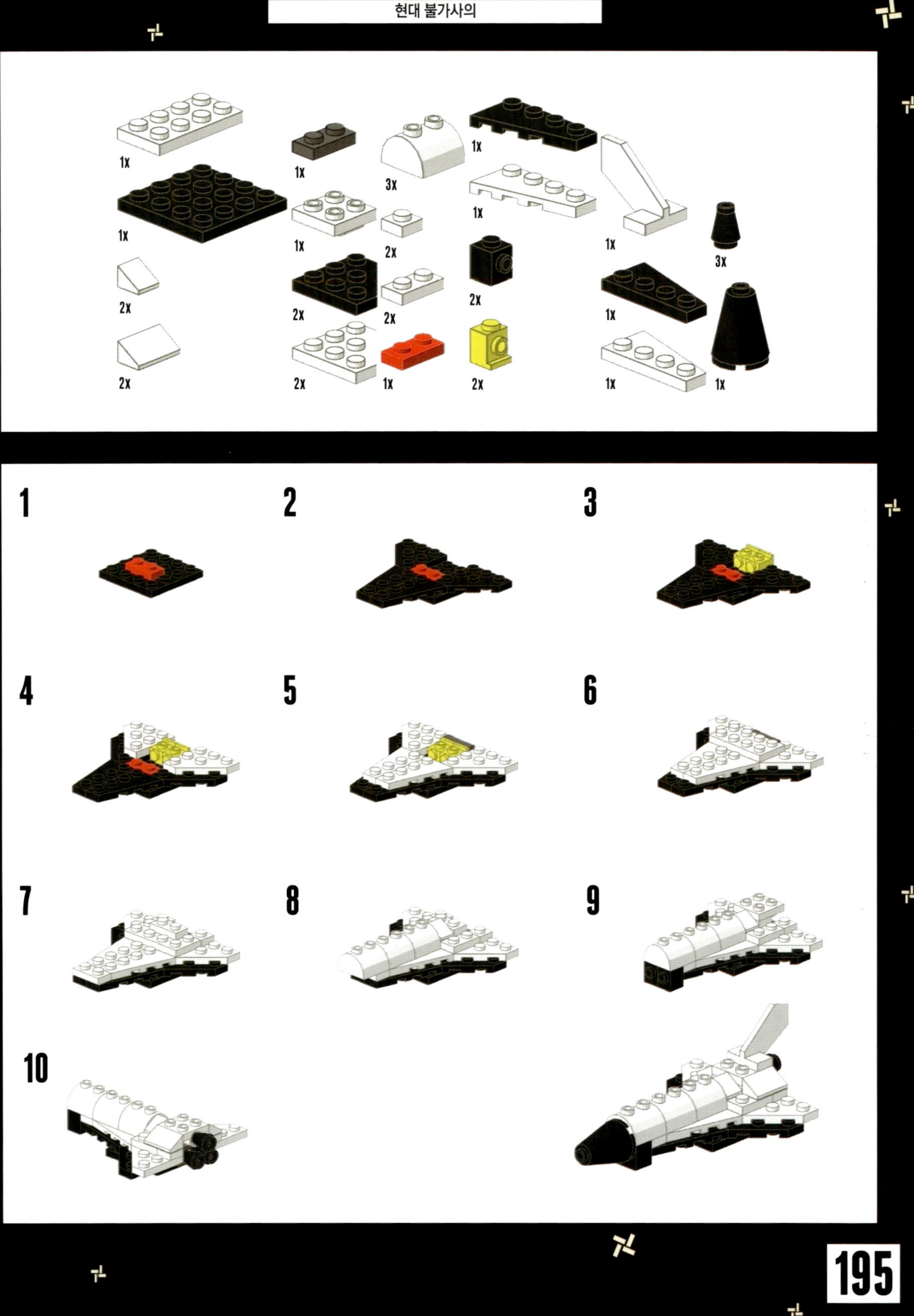

소유스 캡슐

소유스 캡슐Soyuz Capsule은 가장 오래된 우
주선 디자인 중 하나로 1960년대에 처음으
로 설계되어 오늘날까지 사용되고 있다. 처
음 등장한 이래 엄청난 발전을 거듭해 왔
으며 현재는 사람을 우주 정거장에 도달할
수 있게 해주는 유일한 수단이다. 또한 언
제나 재빨리 탈출할 준비를 하는 우주 비
행사들의 '구명보트' 역할도 한다.

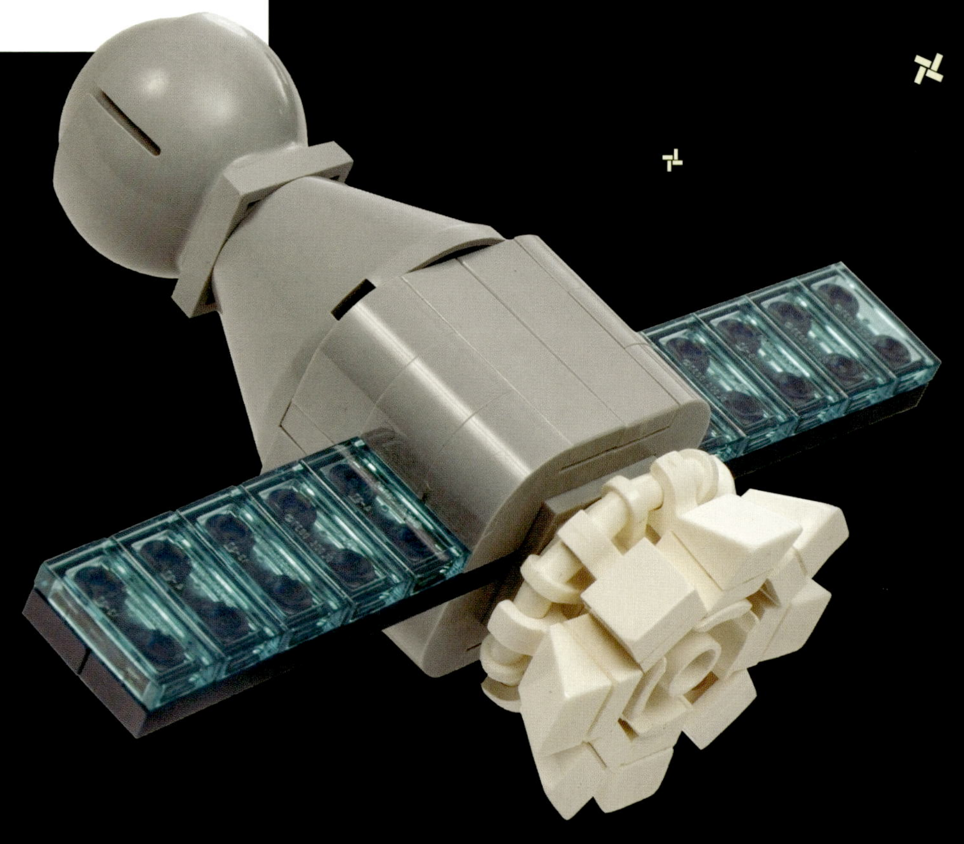

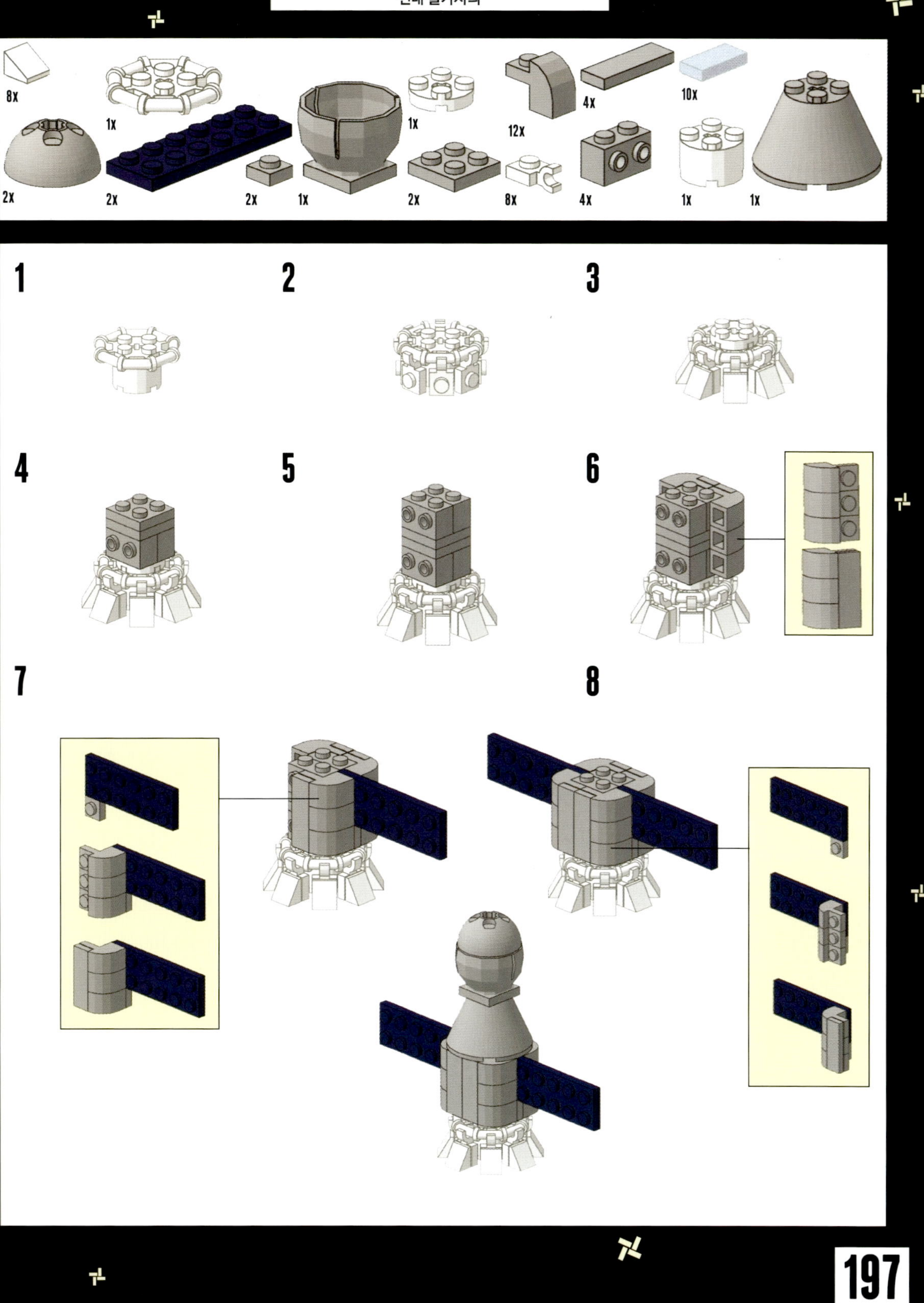

자연 불가사의

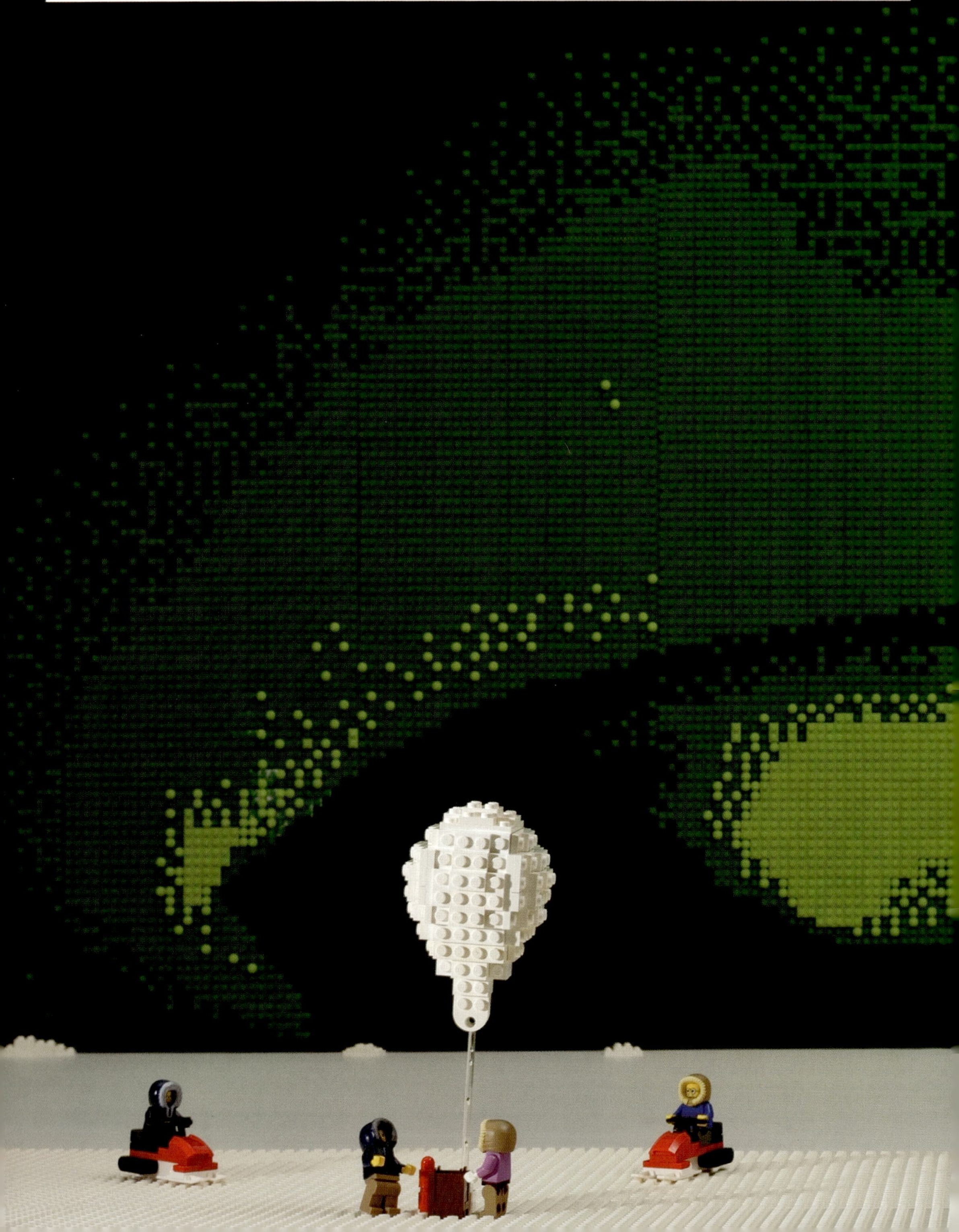

남극 오로라

북쪽 하늘에서 빛이 장관을 이루는 북극
오로라에 대해 들어본 사람이 많을 것이다.
하지만 남극에도 이와 짝을 이루는 남극
오로라가 있다는 사실을 알고 있는가? 두
현상 모두 전기를 띤 고에너지 입자가 지구
의 자기장에 이끌려 대기에 부딪힐 때 발생
한다. 우리는 이 현상의 장엄함을 표현하기
위해 9만 조각 이상의 브릭을 사용하여 레
고 모자이크 모형을 만들었다.

용감무쌍한 우리의 탐험가들이 기상 관측 기구를 띄우기 위해 영국의 핼리 6호 과학기지를 떠났다. 강추위 속에서 일해야 하는 모양이다!

기상 관측 기구

이 레고 기상 관측 기구는 10쪽에 나오는 'SNOT 기법'의 좋은 예이다. 둥그런 모양을 만들기 위해 위쪽뿐만 아니라 왼쪽, 오른쪽, 앞쪽, 뒤쪽의 서로 다른 다섯 방향으로 레고 플레이트를 조립한다. 얇은 플레이트를 활용하면 단순히 브릭만 쓰는 것보다 훨씬 더 매끈한 표면을 만들 수 있다.

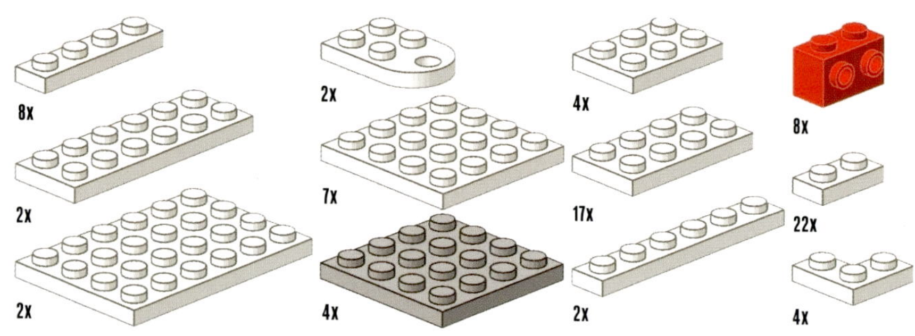

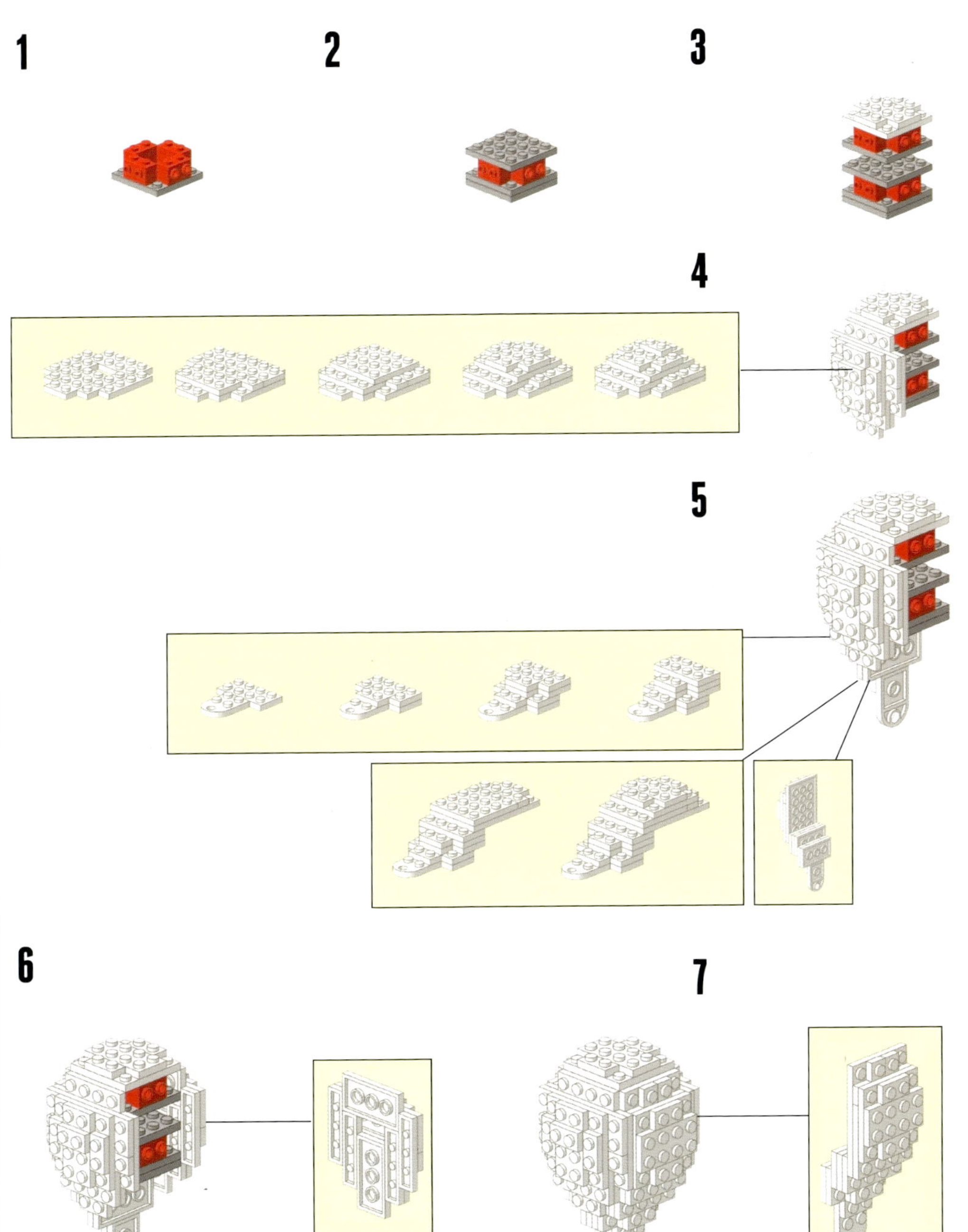

스노모빌

남극을 돌아다닐 때 스노모빌보다 더 좋은 이동 수단이 있을까? 이 기계는 꽁꽁 언 지대를 다니는 데 최적화되어 있다. 앞에는 방향을 잡기 위한 특수 스키가 달려 있고, 뒤에는 눈 위에서 앞으로 진행할 때 힘을 받을 수 있도록 무한궤도가 달려 있다.

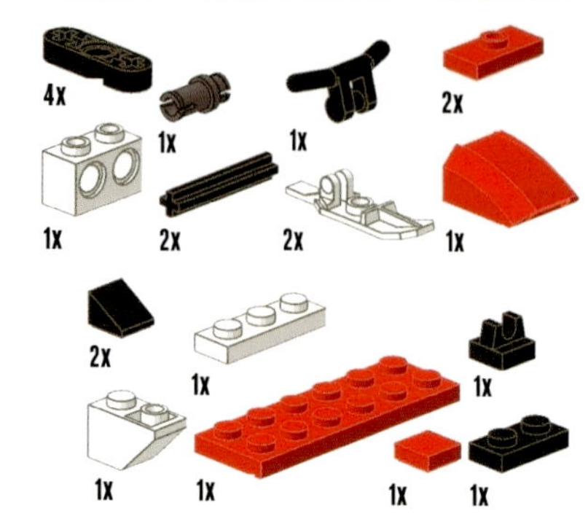

1

2

3

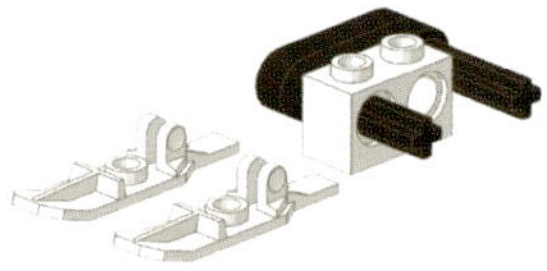

4

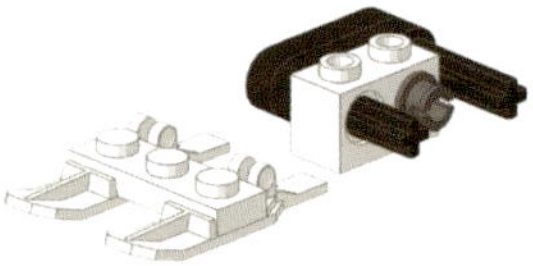

5

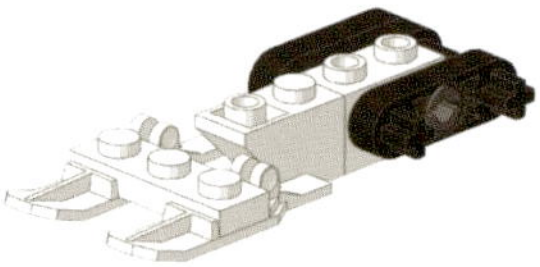

6

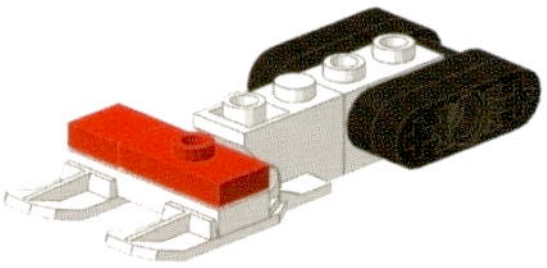

7

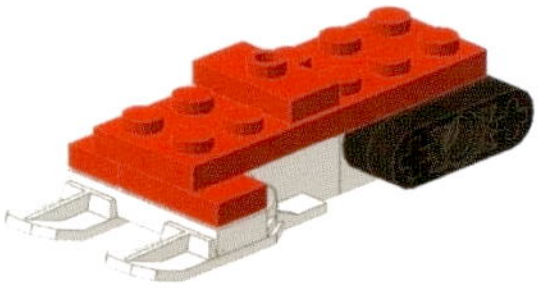

8

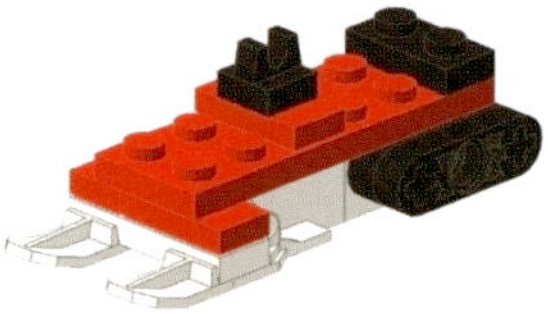

9

펭귄

펭귄이 남극 대륙과 관련이 있는 동물이긴 하지만 실제로 먼 남쪽 끝에 서식하는 종은 얼마 되지 않는다. 특별히 선택한 몇 개의 레고 브릭으로 완성한 이 펭귄은 추위를 견디는 데 문제가 없을 것이다. 레고 펭귄도 실제 펭귄늘저럼 온기를 얻고 자신을 보호하기 위해 함께 모여 큰 군집을 형성했다.

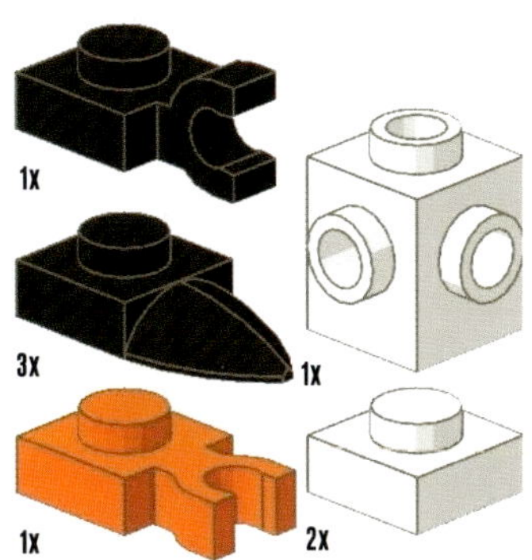

1

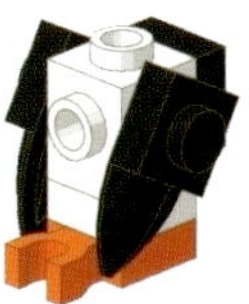

2

3

4

5

그레이트배리어리프

오스트레일리아의 그레이트배리어리프 Great Barrier Reef는 독특하다. 세계에서 가장 큰 산호초로 면적이 34만 4400제곱킬로미터에 이른다. 영국 제도 전체와 맞먹는 규모이다. 더 놀라운 점은 살아 있는 산호초라는 사실이다. 그레이트배리어리프는 수십억 마리의 산호충으로 이루어져 있다. 아주 작은 이 동물은 군락을 지어 모여 살면서 당신이 하나의 '산호'라고 생각하는 형태를 이룬다.

산호충들은 주로 그레이트배리어리프의 산호초 안에서 서식하는 조류가 만들어낸 당분을 먹고 산다. 진기한 산호는 오늘날 오염과 남획, 지구 온난화의 복합적인 영향으로 위협을 받고 있으며 이를 보호하기 위한 연구가 진행 중이다.

흰동가리

흰동가리는 독성이 있는 바다 말미잘의 촉수 사이에 살지만 쏘이지 않는다. 이 두 동물은 함께 살아간다. 흰동가리는 독을 쏘는 말미잘의 보호를 받고 마찬가지로 말미잘은 흰동가리의 도움으로 자신을 보호하고 몸을 깨끗이 한다. 공생의 훌륭한 예이다.

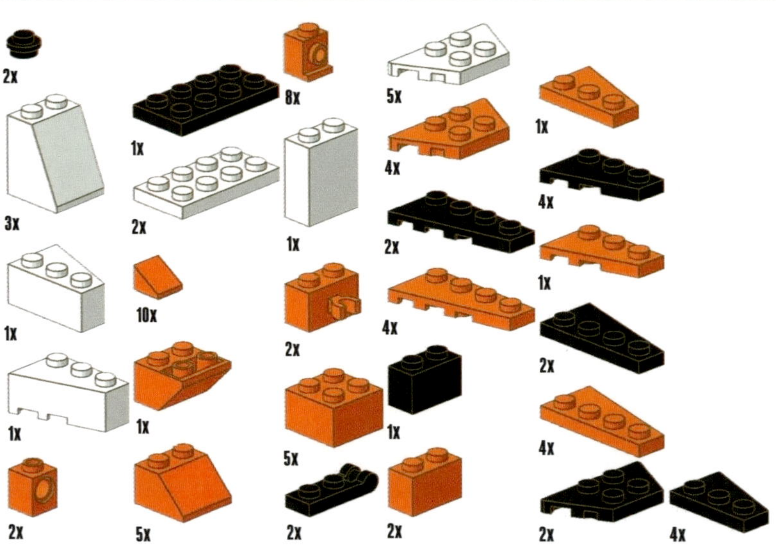

1

2

3

4

5

6

7

8

9

10

11

나비고기

나비고기는 대서양과 태평양, 인도양의 여러 지역에서 흔히 볼 수 있다. 사실 이 물고기는 120종이 넘는다. 또한 실제로 나비고기는 11~18센티미터까지 크기가 다양하므로 우리의 레고 모형도 실물 크기와 그다지 동떨어지지 않는다.

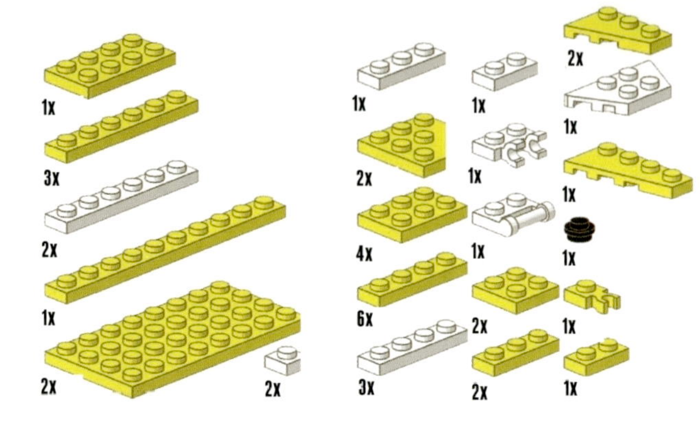

1

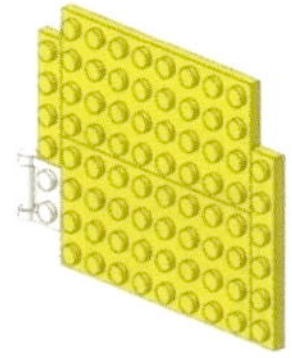

2

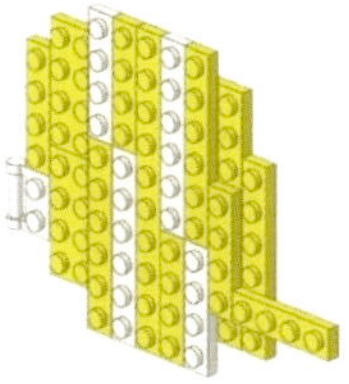

3

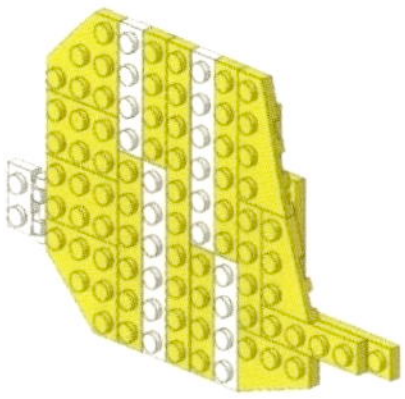

4

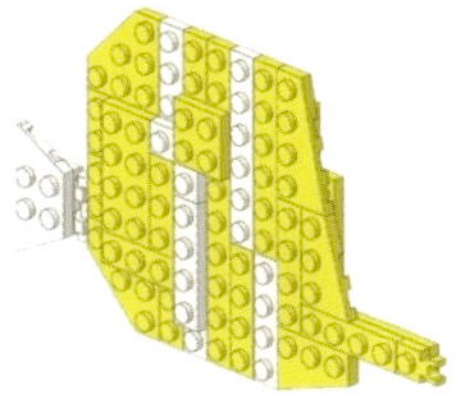

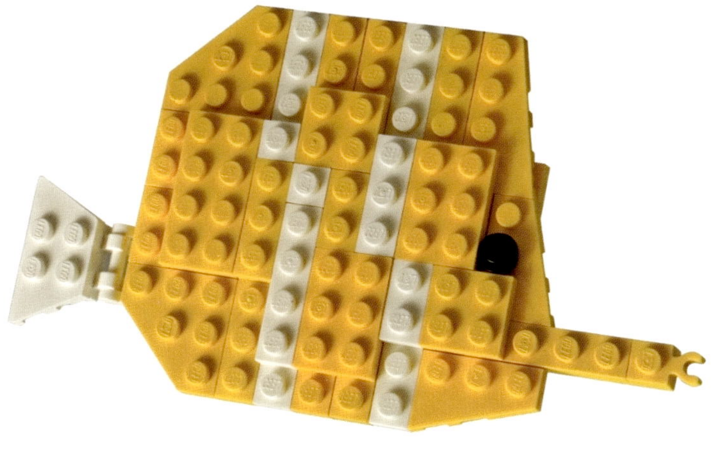

산호

레고 브릭으로 산호초를 만드는 일은 생각만큼 어렵지 않다. 우리는 브릭 몇 조각을 반복하여 쌓아올리는 방식으로 각각의 산호 형태를 만들었다. 이는 현실에서 별개의 식물과 동물 수십만 개체가 산호초를 이룬 모습과 닮았다.

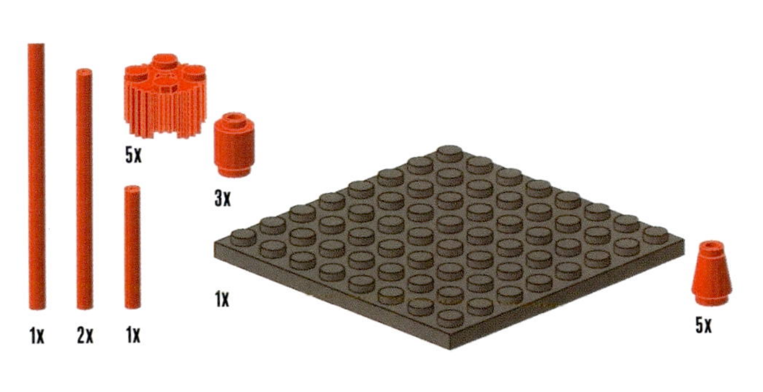

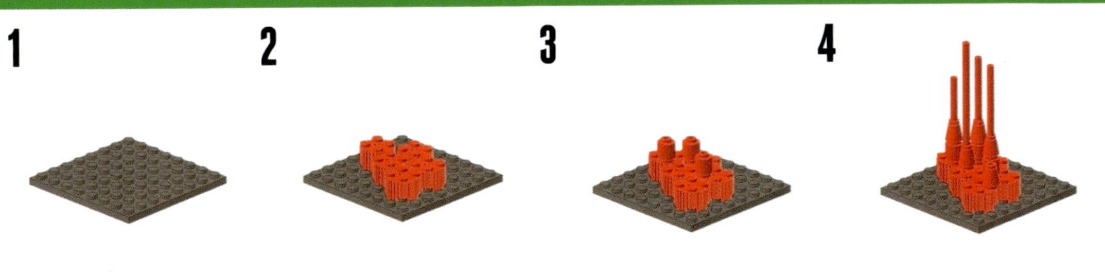

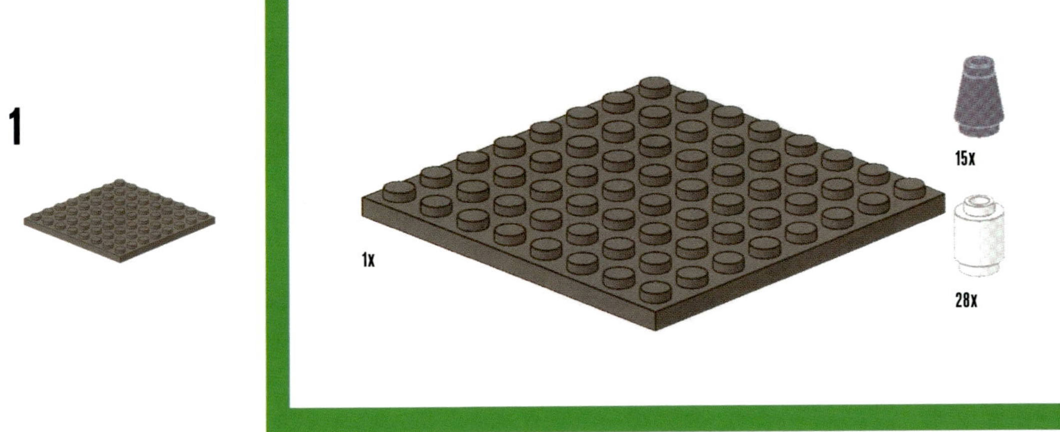

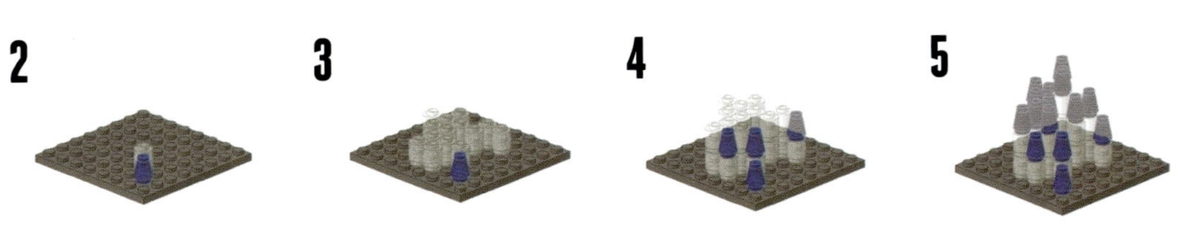

그랜드캐니언

그랜드캐니언Grand Canyon의 규모는 직접 방문하지 않는 한 짐작하기가 어렵다. 콜로라도 강에 의해 땅에 물길이 나면서 형성된 그랜드캐니언은 길이가 약 451킬로미터이고 너비는 곳에 따라 29킬로미터에 이른다. 더 인상적인 요소는 깊이이다. 곳에 따라 깊이가 1600미터를 넘는 시점노 있다. 그랜드캐니언은 강이 암석을 깎아 들어가는 침식작용으로 생겨났으며 약 1700만 년에 걸쳐 형성되었다.

놀랍게도 그랜드캐니언의 날씨는 지대에 따라 다양하다. 급격한 해발 고도의 변화 탓에 협곡 가장자리와 바닥 사이의 기온이 섭씨 38도 가까이 차이가 날 수도 있다.

헬리콥터

헬리콥터는 그랜드캐니언을 둘러보는 수단으로 매우 인기가 높은데, 특히 라스베이거스에서 출발하는 4시간짜리 투어가 유명하다. 이 헬리콥터는 호화로운 관광을 위해 만들어졌으며 승객들이 하늘에서 가장 멋진 풍광을 볼 수 있게 해준다.

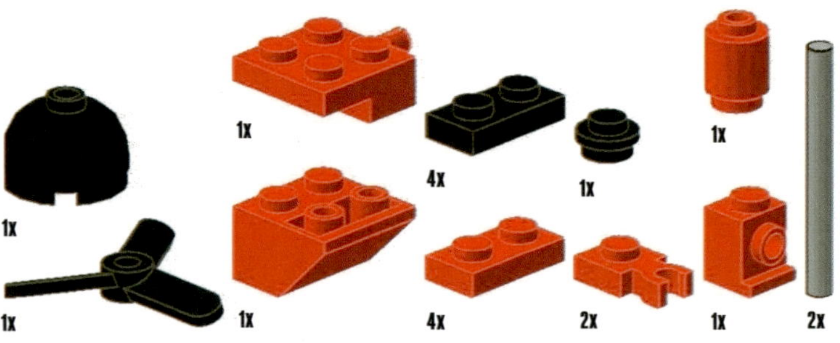

1

2

3

4

5

6

7

8

9

고무보트

그랜드캐니언에서는 콜로라도 강을 따라 내려가는 급류 래프팅이 인기가 높으며 물 위에서 독특한 전망을 즐길 수 있다. 엄청나게 재미있지만 급류가 매우 심해 젖을 가능성이 높다.

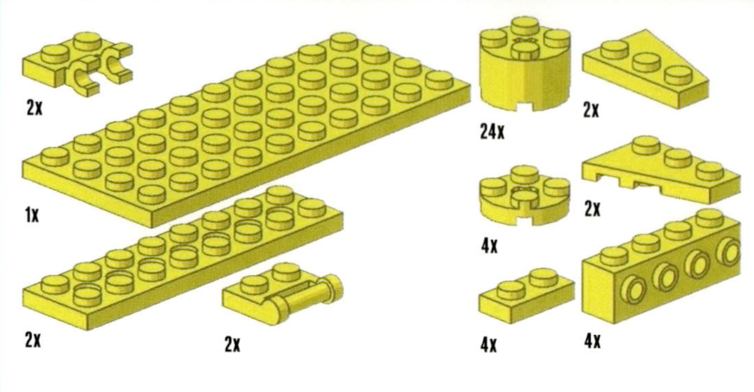

1

2

3

4

5

6

7

8

9

10

11

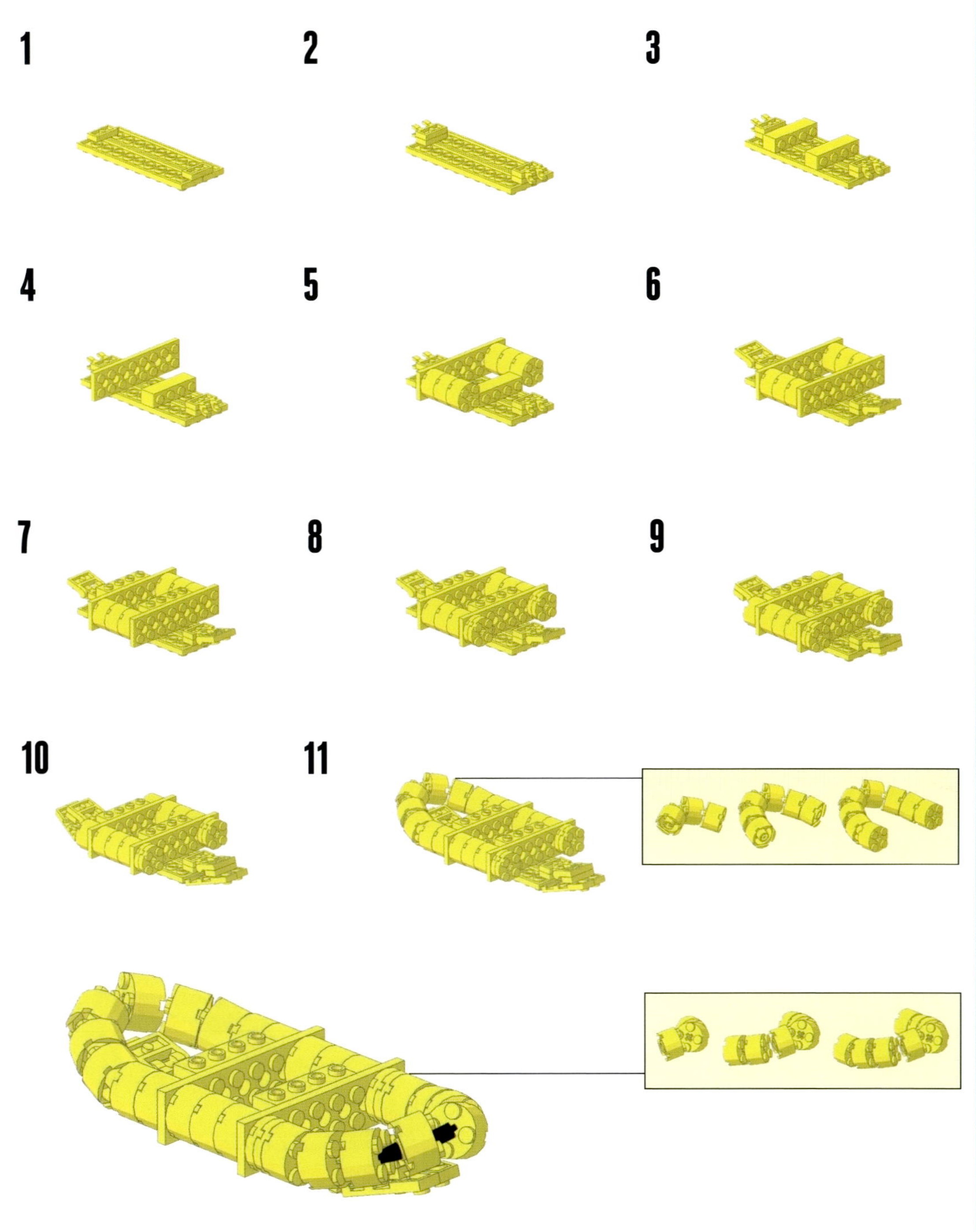

마터호른

높이가 4478미터인 마터호른Matterhorn은 알프스 산맥에서 가장 높은 봉우리 중 하나로 산 정상의 독특한 모양은 그 지역 전체를 대표하는 상징적인 이미지이다. 등반가들은 언제나 마터호른에 오르고 싶어 했는데, 마침내 정상에 오른 때는 1865년으로 다른 봉우리에 비해 훨씬 늦은 시기였다. 하지만 그로부터 500명이 여기에서 목숨을 잃은 걸 보면 이 산을 오르는 일이 얼마나 어려운지 알 수 있다.

마터호른은 이탈리아와 스위스 사이의 국경에 걸쳐 있는 펜닌 알프스에 있다. 산을 등반하지 않고 방문할 예정이라면 3700미터 높이의 봉우리까지 케이블카를 타고 갈 수 있다. 하지만 걱정하지 마라. 아무에게도 이야기하지 않겠다!

미니 마터호른

이 레고 모형을 보면 브릭으로 무언가를 재
현할 때 특수한 조각이나 복잡한 조립 기법
이 필요치 않은 경우도 가끔 있다는 사실
을 알 수 있다. 이 미니 마터호른은 일반적
인 브릭과 플레이트, 슬로프만 이용해 만들
었다. 산의 독특한 모양을 재현하기는 어렵
지 않다. 적어도 앞에서 볼 때는 그렇다.

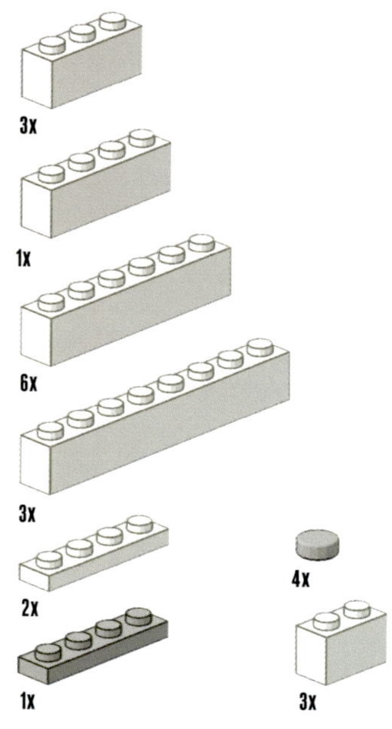

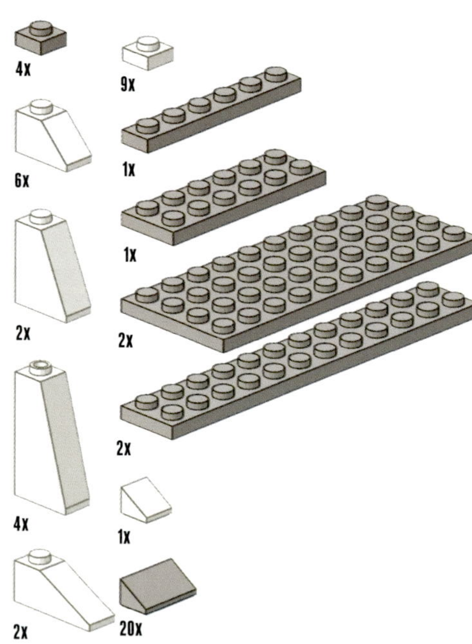

1

2

3

4

5

6

7

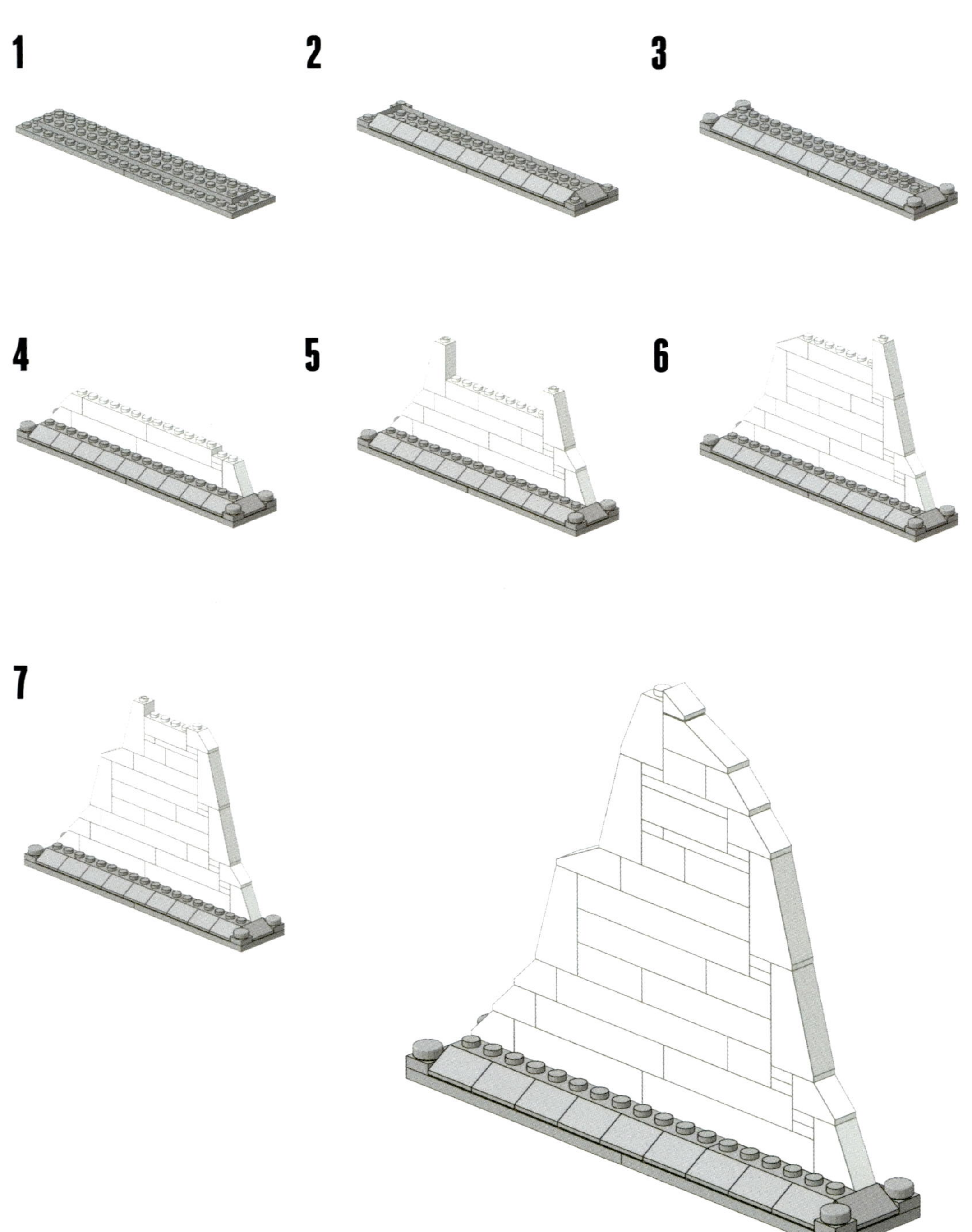

스위스 국기

레고 브릭으로 국기를 만드는 작업은 그다지 복잡하지 않다. 특히 스위스 국기처럼 멋지면서도 단순한 디자인이라면 더욱 그렇다. 하지만 이 깃발은 바람에 펄럭인다. 둥근 플레이트Round Plate와 사각 플레이트 Square Plate를 활용하면 깃발을 바람에 나부끼는 모양으로 구부릴 수 있다. 사각 레고 브릭으로 온갖 종류의 곡면을 표현할 때 이 기법을 쓸 수 있다.

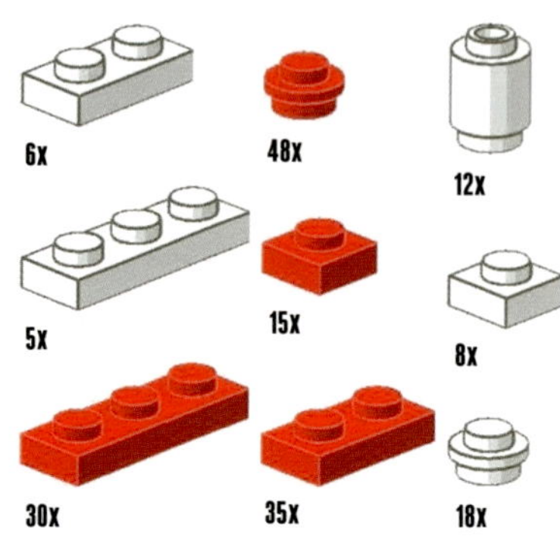

1

2

3

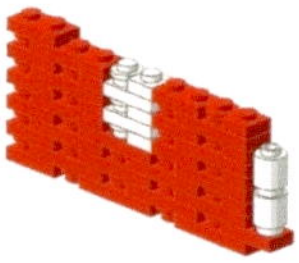

4

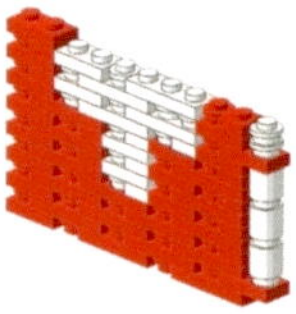

5

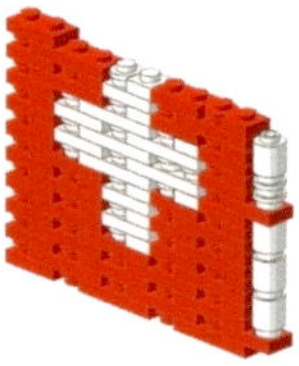

6

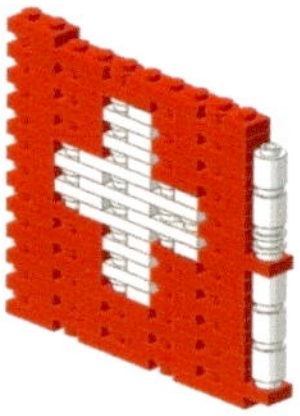

스위스 주머니칼

주머니칼보다 더 스위스다운 물건이 있을까? 칼을 다룬다고 걱정하지 마라. 실제로 피해를 볼 만큼 날이 예리하지는 않다. 원한다면 레고 브릭 몇 개만 더해 쉽게 다른 기능을 추가할 수 있다.

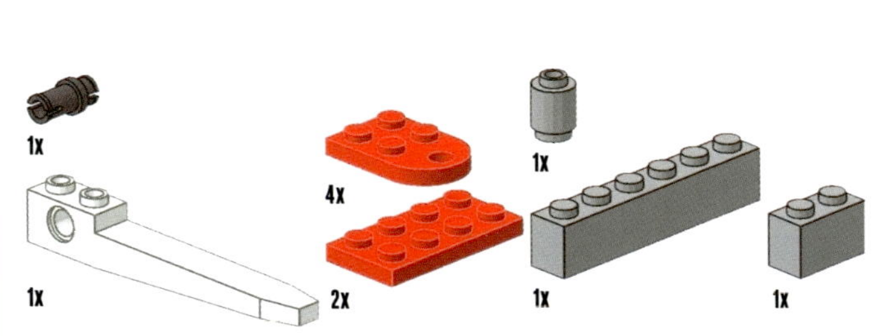

1

2

3

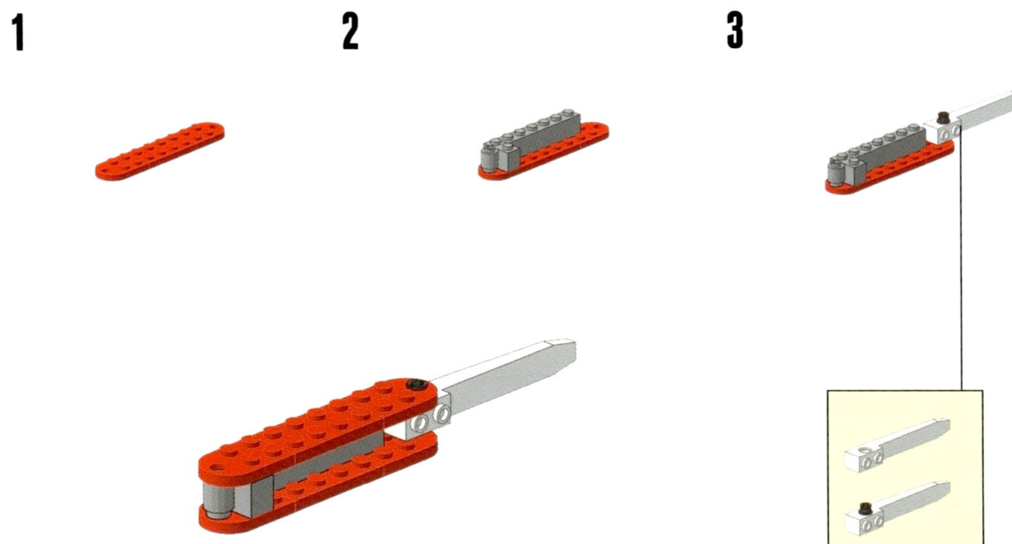

아프리카 사바나

사바나는 전 세계의 광대한 땅덩어리 중 약 20퍼센트를 차지하며 여러 대륙에 존재한다. 이 풍경은 아프리카에 사는 생물의 다양성을 보여주는 자연 불가사의의 모습이다. 코끼리와 기린, 원숭이, 타조, 악어를 동시에 보기는 쉽지 않지만 볼 수민 있다면 멋진 사진을 찍을 좋은 기회이다.

이 작품에 주로 사용한 동물은 유아들이 가지고 놀기에 좋은 레고 듀플로 시리즈의 동물들이다. 크기가 더 크기 때문에 레고 관광객과 비율이 딱 맞는 것은 물론 정말 귀여워서 그냥 지나칠 수 없다.

사륜구동 자동차

황무지를 여행할 예정이라면 당신을 다시 집으로 돌아올 수 있게 해줄 튼튼하고 견고한 차량이 필요할 것이다. 이 오프로드용 사륜구동 자동차에는 거친 지형을 가로지를 수 있는 크고 두툼한 타이어가 달려 있으며 모험가들을 태울 넓은 좌석이 있다. 하지만 안전이 제일이므로 후드 위에 만약을 대비한 예비 타이어를 달았다.

1 **2** **3**

4 **5** **6**

7

8 **9**

10 **11**

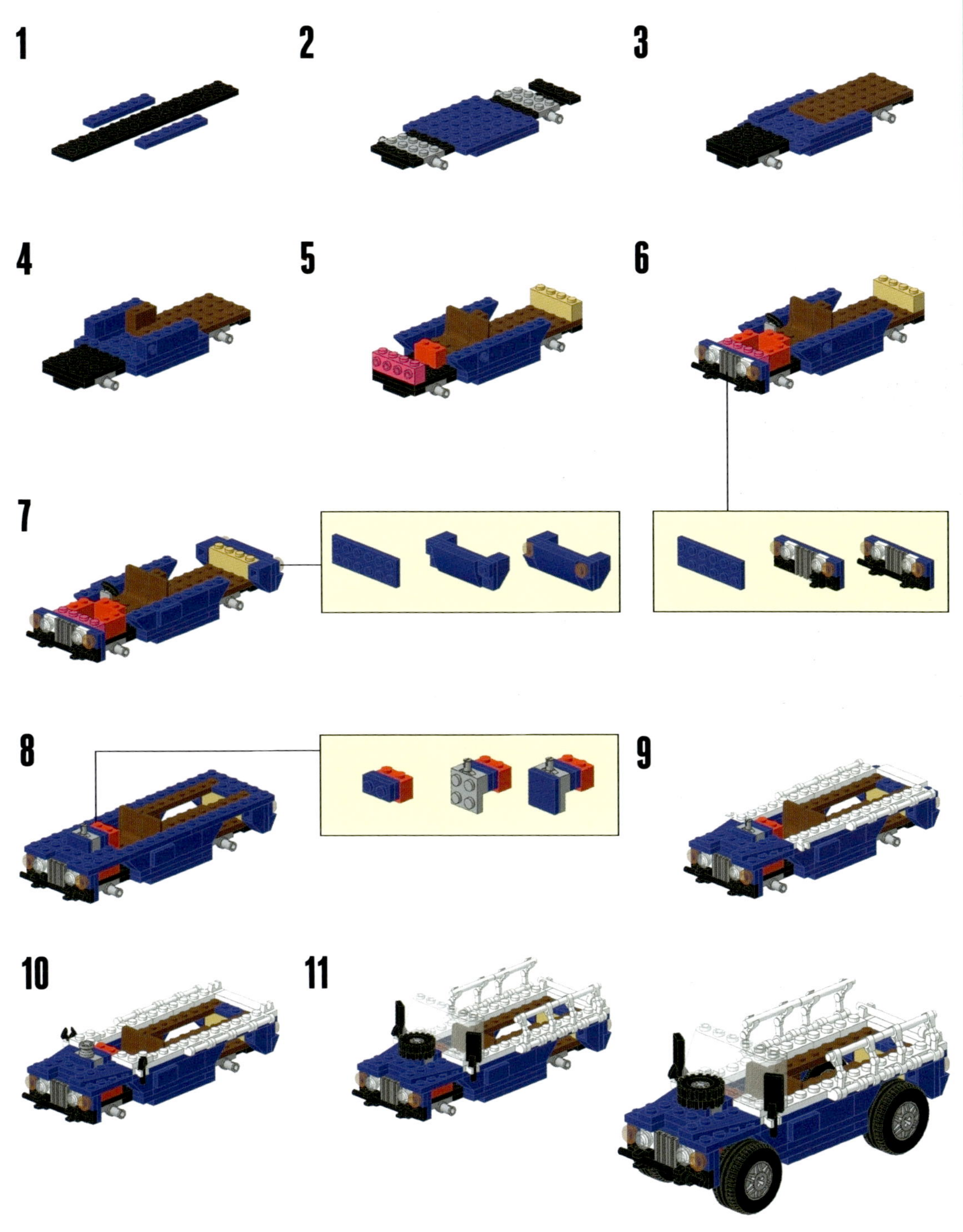

열기구 바구니

평원의 야생동물을 구경하는 데 열기구보
다 더 좋은 수단이 있을까? 실제 열기구는
내부의 뜨거운 공기가 바깥의 공기보다 가
벼우므로 공중에 뜬다. 하지만 우리의 레고
열기구는 무게가 2.5킬로그램이므로 승객
을 태우고 날아가버릴 위험이 없다.

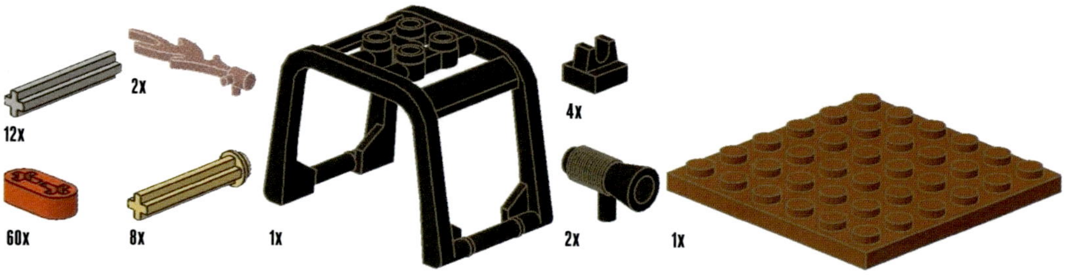

1

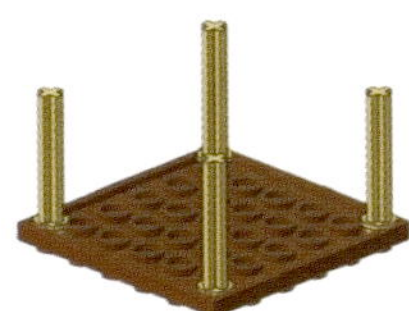

2

3

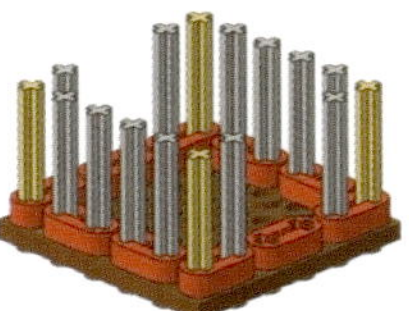

4

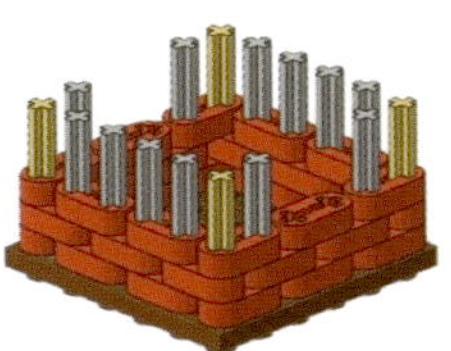

5

6

7

8

9

자연 불가사의

할롱베이

지명이 낯설지도 모르지만 전 세계 수백만 명의 사람들이 영화의 배경으로 할롱베이 Ha Long Bay를 본 적이 있을 것이다. 할롱베이는 석회암으로 된 2000개 가량의 섬으로 구성되어 있는데 그중 다수가 속이 비어 있고 내부에 거대한 동굴이 있다. 모든 섬이 밀림 지역의 식물로 빽빽하게 덮여 있으며 여러 독특한 생물들이 산다.

할롱베이는 1994년에 세계문화유산으로 지정되어 독특한 풍경을 보존할 수 있게 되었다. 이 지역은 베트남에서 가장 인기가 높은 관광명소로 매년 100만 명이 넘는 관광객이 이곳을 찾는다.

베트남의 보트

롱테일Long-tail 보트는 동남아시아의 여러 지역에서 쉽게 볼 수 있다. 보통의 선박용 엔진이 아닌 일반적인 자동차 엔진을 기다란 프로펠러축 위에 부착하여 사용한다. 이 기다란 축 덕분에 모터를 물에서 멀리 떨어진 곳에 설치할 수 있고 마른 상태로 유지할 수 있다.

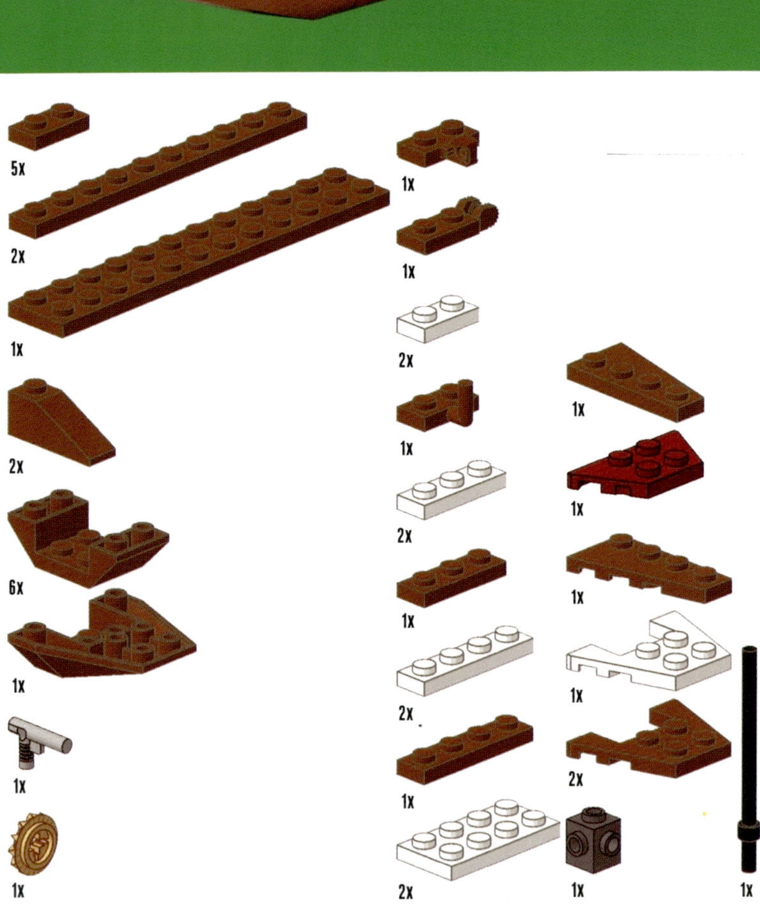

1 **2** **3**

4 **5**

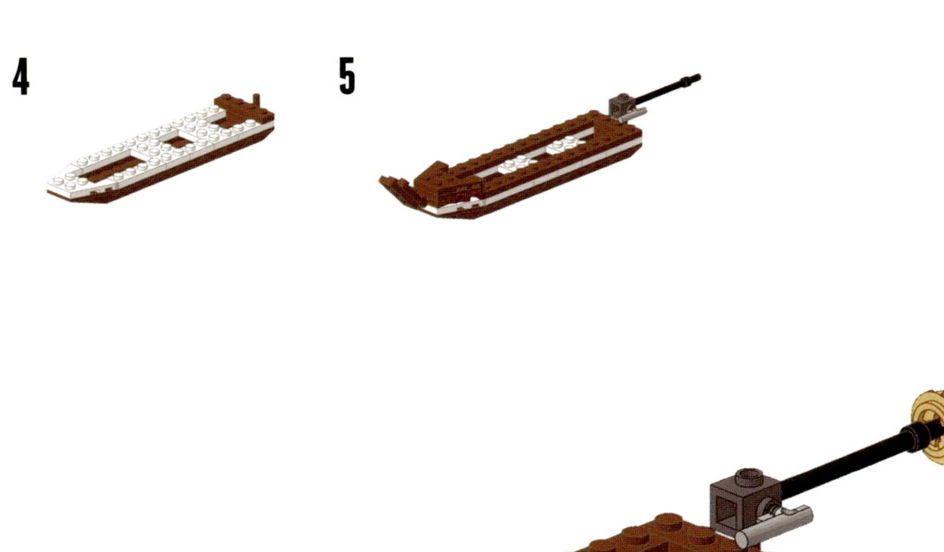

할롱베이 섬

집에 나만의 영화 세트를 만들어보는 건
어떨까? 이 모형은 할롱베이의 섬 중 하나
를 재현했다. 모든 섬이 각각 분리되어 있
으므로 하나씩 천천히 만들어가는 일은 어
렵지 않다. 물론 만 전체를 재현할 생각이
아니라면 말이다. 전체적으로 재현하려면
이런 모형을 수천 개는 만들어야 한다.

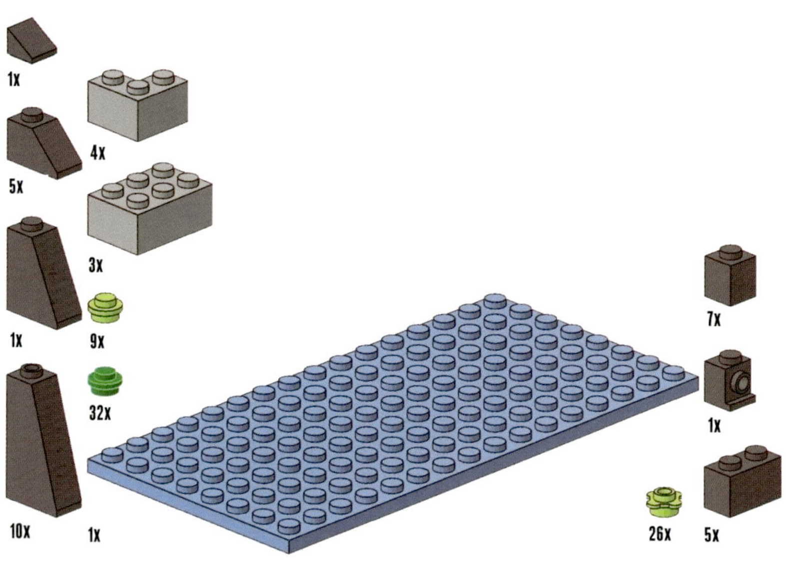

1

2

3

4

5

6

7

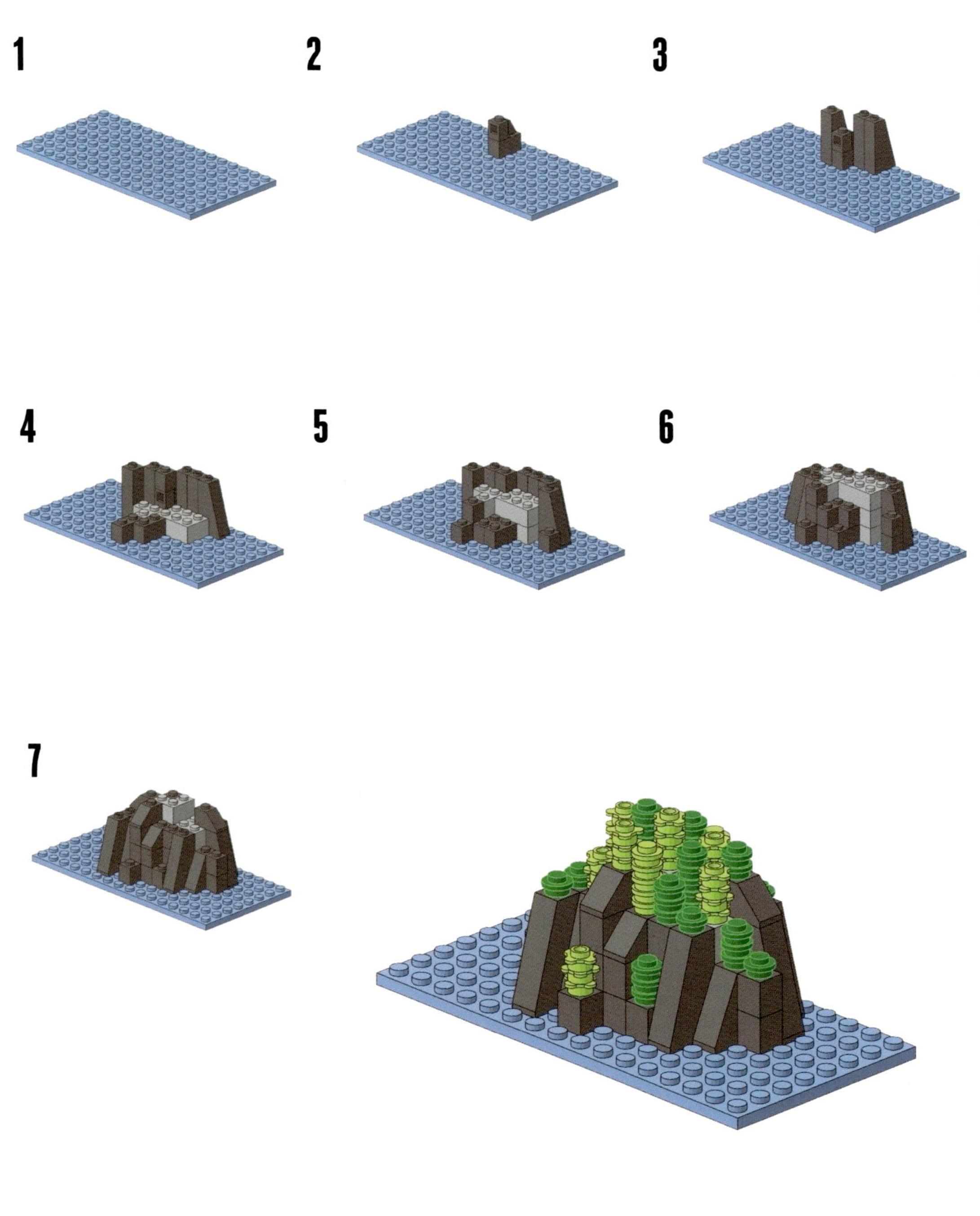

자연 불가사의

나이아가라 폭포

나이아가라 폭포는 캐나다와 미국 사이의
국경에 있는 3개의 폭포로 아래에 있는 바
위가 침식되면서 서서히 뒤쪽으로 이동하
고 있다. 매년 이 3개의 폭포는 물이 떨어
지는 지점에서 이리호 방향으로 30센티미
터씩 이동한다. 브라이들베일 폭포와 아메
리칸 폭포, 호스슈 폭포는 2개의 작은 섬에
의해 나뉘는데, 이 두 섬 사이에 전 세계에
서 가장 낙차가 큰 폭포가 있다.

50미터 높이의 폭포에서 1분에 11만 3000세제곱미터의 물이 쏟아져 내린다. 이는 올림픽 수영 경기장 45개를 채울 수 있는 양이다.

안개아가씨호

안개아가씨호는 폭포를 가까이에서 올려다 보려는 관광객들을 70년 동안 실어 나르고 있다. 적어도 한 대는 분명 70년 넘게 운행되었을 것이다. 이 선단에 가장 최근에 합류한 배는 안개아가씨 7호로 1997년에 항해를 시작했다. 우리는 이 모델을 바탕으로 모형을 제작했다.

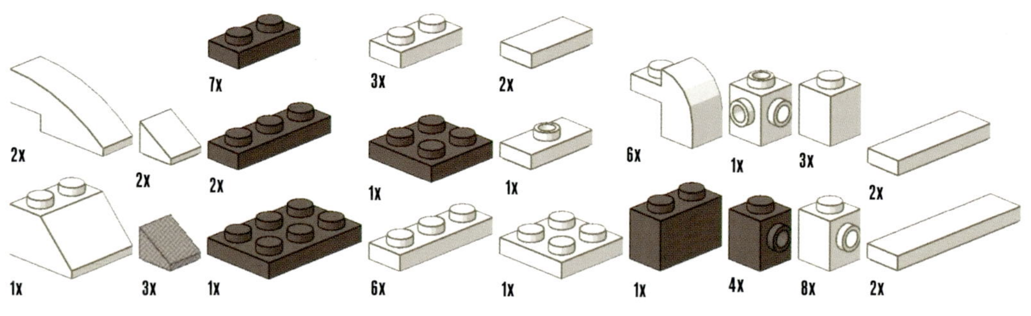

1

2

3

4

5

6

7

8

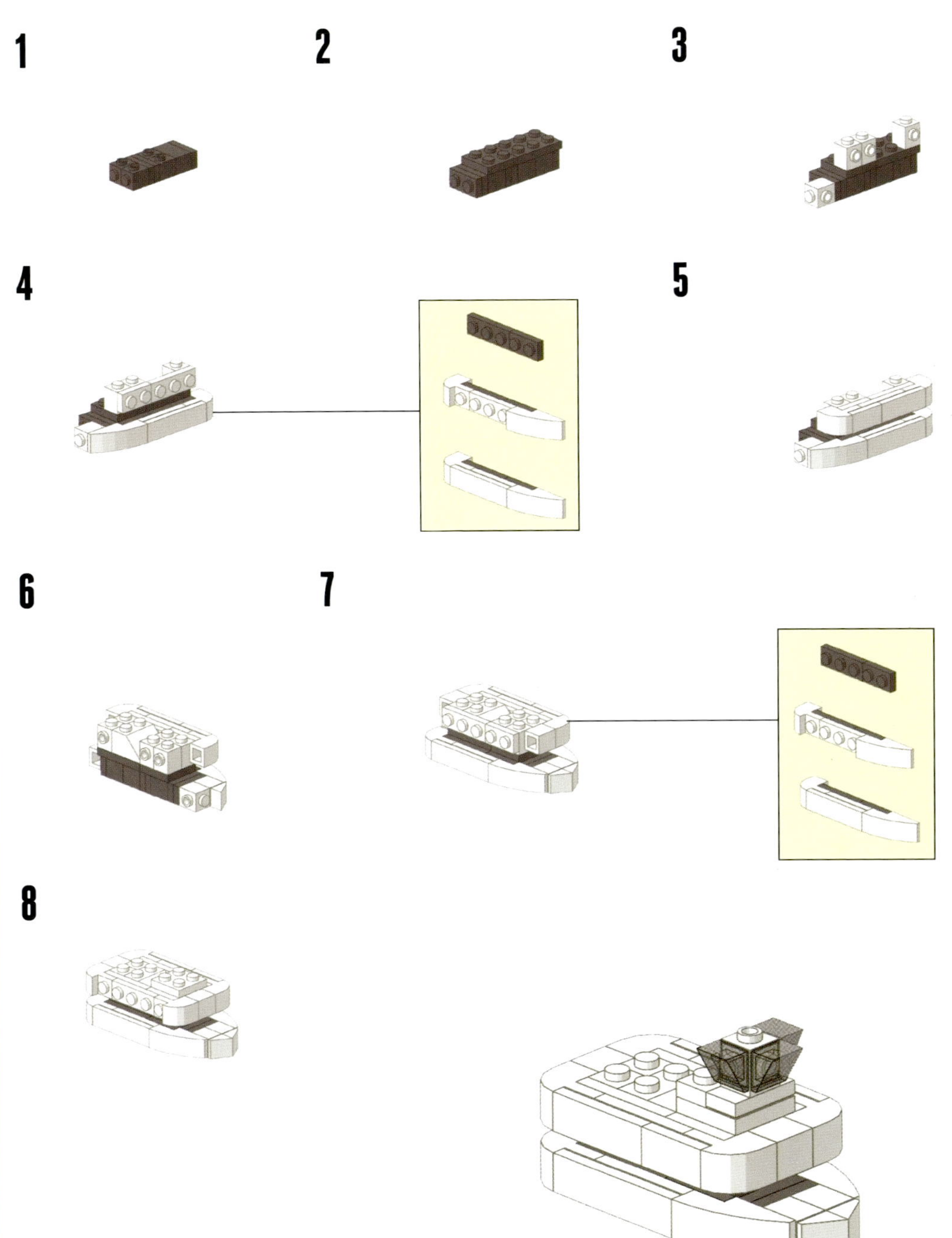

나무통 타고 뛰어내리기

최근 100년 동안 적어도 23명이 폭포에 뛰어들었다는 사실을 알고 있는가? 최초로 애니 에드슨 테일러가 1901년 자신의 63번째 생일에 나무통을 타고 폭포에 뛰어들었으며, 그 이후의 시도에는 전문적인 장비가 동원되었다. 하지만 당신은 이런 일에 도전하지 마라. 미국과 캐나다 모두 이 행위를 법으로 엄격히 금지하고 있다.

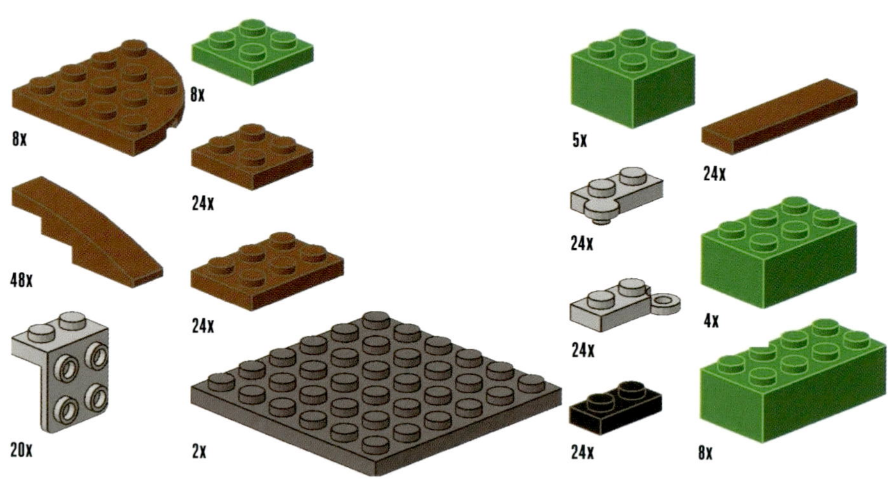

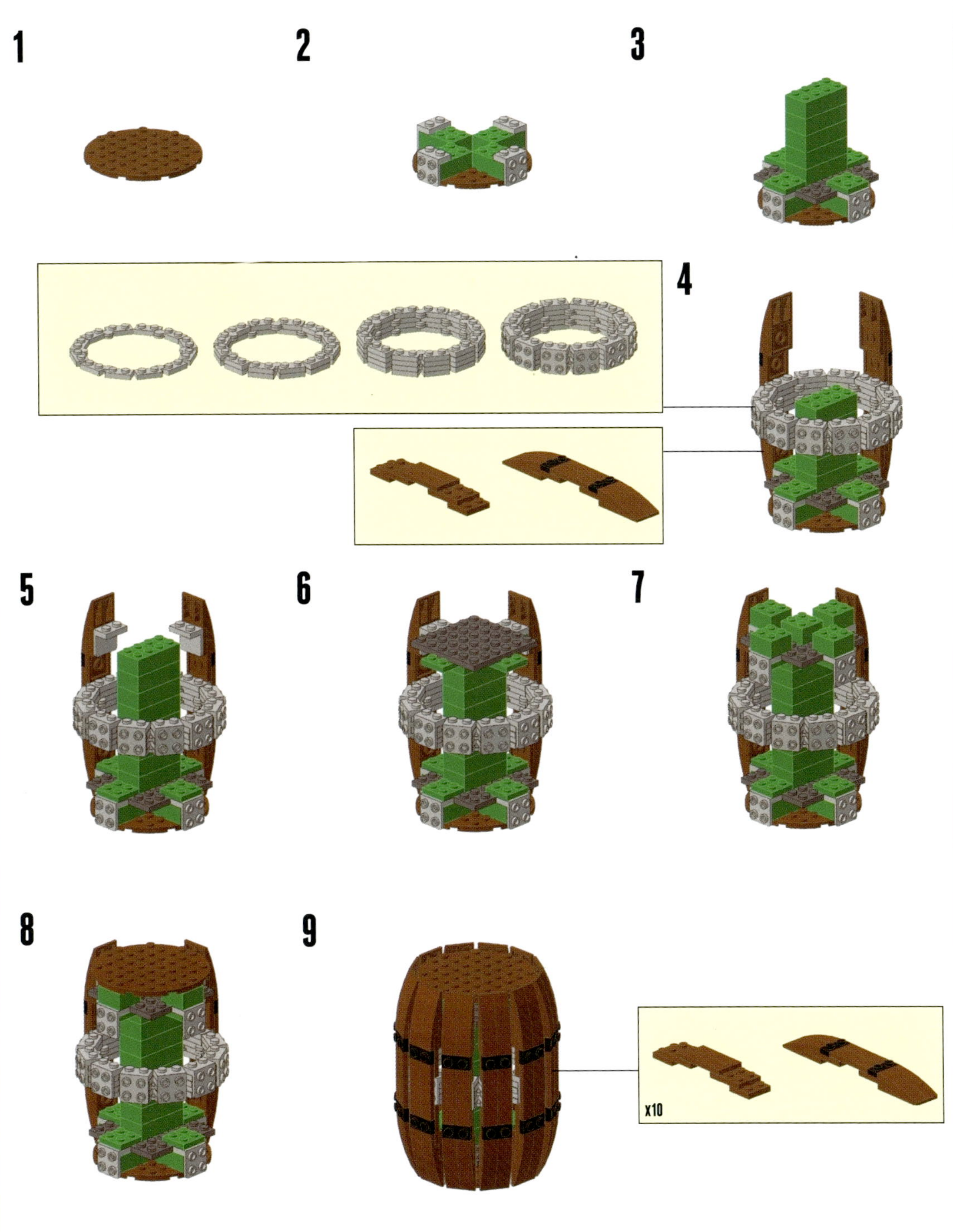

1
2
3
4
5
6
7
8
9
x10

색인

모형 제작자 및 온라인 구입처

커스틴 베디건 Kirsten Bedigan 고대 그리스·로마를 연구하는 고고학자이자 고대 사학자로 영국 에든버러에 기반을 두고 활동한다. 어렸을 때 레고에 입문했으며 그 이후로 레고 사랑을 멈춘 적이 없다.

테레사 '키티' 엘스모어 Teresa 'Kitty' Elsmore 어린 시절 레고 팬이었고 지금도 여전히 레고 브릭으로 모형을 만드는 일을 즐긴다. 테레사는 이 책에 나오는 나무와 정원 같은 유기적인 형체를 만드는 데 열정을 보인다. 테레사가 작업에 참여한 작품 중 하나는 206쪽의 그레이트배리어리프로 바다의 색감과 질감을 생생하게 잡아낸다. 2005년에 결혼한 이후 테레사는 워런과 함께 많은 프로젝트를 공동으로 작업했으며 공항과 같은 모형에 생명을 불어넣는 미니 피규어 제작을 많이 맡았다. 또한 《브릭 원더스》에 실린 여러 대규모 프로젝트에서 영감을 제공하는 역할을 하거나 수만 개의 브릭을 조립하는 과정에 참여했다.

워런 엘스모어 Warren Elsmore 레고 브릭 분야의 예술가이자 평생 레고를 사랑해온 팬으로 영국 에든버러를 기반으로 활동한다. 그는 네 살 때부터 플라스틱 브릭을 좋아했으며 지금은 레고 팬 커뮤니티에 깊이 관여하고 있다. 스물네 살에 레고를 향한 애정을 재발견한 이래 워런은 한 번도 뒤를 돌아보지 않았다. 15년 동안 IT 분야에서 성공적인 경력을 쌓은 후 2012년부터 레고 브릭으로 모형을 제작하는 일을 직업으로 삼게 되었고, 현재는 플라스틱으로 자신들의 꿈을 실현하려는 많은 기업을 돕고 있다.

워런의 첫 번째 책인 《브릭 시티》는 비평가들의 호평을 받으며 전 세계에 출시되었다. 그 이후 책에 등장한 모형들은 영국 전역의 박물관과 미술관을 순회했다. 이뿐만 아니라 워런은 1년 내내 수많은 공식 레고 행사를 기획한다. 2014년에는 고향에서 열리는 에든버러 프린지 페스티벌에서 레고 쇼를 열기를 희망하고 있다. 홈페이지인 'warrenelsmore.com'에서 워런에 관한 내용과 브릭으로 만든 그의 대작들을 더 만나볼 수 있다.

아서 구직 Arthur Gugick 오하이오 주 클리블랜드의 고등학교 수학 교사이다. 뉴욕에서 태어나고 자란 그는 40년 넘게 레고 팬이었다. 홈페이지 'gugick.com'에서 그가 만든 작품을 더 찾아볼 수 있다.

사이먼 케네디 Simon Kennedy 영국 에든버러에 거주하며 신학을 공부하고 있다. 일생 레고를 사랑했으며 특히 건축물과 기차 모형을 만드는 일에 흥미가 있다.

스티븐 로크 Steven Locke 영국 스코틀랜드의 피터헤드에서 여러 세대에 걸쳐 심해 잠수부로 일해온 가정에서 태어났다. 네 살 때부터 레고 팬이었으며 그때 이후로 조립을 멈춘 적이 없다. 스티븐의 레고 모형은 대부분 우주 공간과 공상 과학 소설의 영향을 받았다.

나단 사와야 Nathan Sawaya 예상 밖의 재료로 경외심을 불러일으킬 만한 예술 작품을 만들어내는 뉴욕 기반의 예술가이다. 그는 최근 세계적인 박물관에서 대규모 레고 작품을 내세운 전시회를 열었다. 전문 독립 예술가인 사와야는 작품을 의뢰받아 뉴욕과 마이애미, 마우이의 미술관에서 선보인다. 그의 예술 작품은 주로 입체적인 조소나 거대한 초상화의 형태를 띤다. 그는 전 세계에서 의뢰가 계속되는 한 매일 작품 제작을 멈추지 않는다.

온라인으로 브릭 구입하기

이 책에 실린 모형을 제작하는 데 필요한 모든 부품을 갖추고 있지 않거나 내가 어떤 브릭을 사용했는지 정확히 알 수 없다면 쉽게 도움을 받을 방법이 있다. 책에 만드는 법이 실린 작품에 필요한 모든 부품은 내 웹사이트 'warrenelsmore.com'에서 확인할 수 있다.

특정 프로젝트에 들어가는 부품 전부가 아닌 일부만 필요하다면 전체 목록을 작성하여 이미 소유하고 있는 브릭(또는 브릭의 개수)을 간단히 지우는 방식을 추천한다. 이렇게 하면 필요한 부품만 구매할 수 있다. 혹 여분이 조금 있다고 해도 해가 되지는 않는다.